O Documentário de

EDUARDO COUTINHO

televisão, cinema e vídeo

Consuelo Lins

O Documentário de EDUARDO COUTINHO

televisão, cinema e vídeo

2ª reimpressão

ZAHAR

Jorge Zahar Editor Ltda.
rua Marquês de S. Vicente 99 – 1º | 22451-041 Rio de Janeiro, RJ
tel. (21) 2529-4750 | fax (21) 2529-4787
editora@zahar.com.br | www.zahar.com.br

Capa: Sérgio Campante
Foto da capa: Eduardo Coutinho em Paris, 1961. Arquivo pessoal do autor.

Projeto gráfico: Ana Paula Tavares

Diagramação: Mari Taboada

2ª reimpressão: 2012

CIP-Brasil. Catalogação na fonte
Sindicato Nacional dos Editores de Livros, RJ

Lins, Consuelo

L731d O documentário de Eduardo Coutinho: televisão, cinema e vídeo / Consuelo Lins. – Rio de Janeiro: Zahar, 2004.

il.;

Contém cinebiografia
Inclui bilbiografia
ISBN: 978-85-7110-769-4

1. Coutinho, Eduardo, 1933-. 2. Documentário (Cinema) – Brasil. 3. Diretores e produtores de cinema – Brasil. I. Título.

CDD: 791.430981
07-1645 CDU: 791.229.2

Sumário

Prefácio

Num pequeno livro de entrevistas intitulado *O único e o singular*, o pensador Paul Ricoeur responde assim a uma pergunta sobre o sentido da responsabilidade: "Onde há poder, há fragilidade. E onde há fragilidade, há responsabilidade. Eu diria mesmo que o objeto da responsabilidade é o frágil, o perecível que nos solicita. Porque o frágil está, de algum modo, confiado à nossa guarda. Entregue ao nosso cuidado." Está é uma boa síntese da obra de Eduardo Coutinho.

Quem readquiriu o hábito de assistir a filmes brasileiros durante a década de 1990 certamente sabe do que estou falando. Nenhum cineasta tratou o efêmero com tanto desvelo. O cinema de Coutinho dedicou-se a reunir um conjunto de histórias fragilíssimas, oferecendo a cada uma delas aquilo que, em outros filmes e outras circunstâncias, elas não teriam: proteção. Nada mais frágil do que palavras ditas por quem não costuma ser escutado. Elas são bens perecíveis por definição, coisas sem luz de eternidade, na expressão de Simone Weil. O cinema de Coutinho pode ser percebido como uma tentativa bem-sucedida de não permitir que elas desapareçam.

Mas como fazer isso? Um espectador mais desatento talvez pense: é simples, basta apontar a câmera na direção de alguém e entabular uma conversa. O segredo parece ser o de não se deixar seduzir pela parafernália do cinema. Ao adotar uma espécie de franciscanismo cinematográfico, Coutinho teria descoberto as virtudes estéticas da escassez.

Entre os tantos méritos deste livro de Consuelo Lins, talvez o primeiro seja mostrar até que ponto essa visão é ingênua. Ao longo de nove capítulos Consuelo reconstrói, filme a filme, o arriscadíssimo percurso de Eduardo Coutinho rumo ao seu projeto de cinema. Digo *rumo* e devo me corrigir: Consuelo mostra que não se trata de chegar a um lugar idealizado no qual o projeto se cumpriria, mas precisamente de seguir andando sem repouso. Coube a ela fazer o relato dessa caminhada, uma das mais extraordinárias do cinema brasileiro. Em análises primorosas dos filmes mais importantes do diretor — "aqueles que contam", segundo o próprio Coutinho —, Consuelo revela um realizador incapaz de complacência com a obra já criada.

Não há melhor guia para a obra de Coutinho do que Consuelo Lins. Professora de cinema e crítica importante do gênero documental, nos últimos anos também se tornou colaboradora do diretor. Com clareza e brilho, ela põe à nossa disposição não apenas a sua inteligência teórica, mas também as lições aprendidas no campo, no convívio com Coutinho durante as filmagens. O resultado final é extraordinário.

Depois que terminei de ler o livro me dei conta, pela primeira vez, de que o percurso de Coutinho pode ser definido como uma aventura intelectual. O diretor não gosta do adjetivo, por tudo o que sugere de abstrato. Mas é disso que se trata, de um cinema absolutamente novo que nasce, todo ele, de um rigor da inteligência a partir do qual nenhuma decisão se revelará leviana ou fortuita. Diz-se muito que o cinema de Eduardo Coutinho é um cinema falado. De fato é mesmo, mas isso é conseqüência. Antes de tudo, o que ele faz é um cinema pensado. Trata-se de pensar, não só sobre *como* filmar, mas principalmente a respeito de *por que* filmar.

Nada acontece por acaso na obra do cineasta, e Consuelo mostra que sempre foi assim. A cada novo filme Coutinho aprofunda as questões de método, sem jamais transformá-las em exercícios de teorização. É de autoria dele o que talvez seja a melhor reflexão já produzida no Brasil sobre a natureza do cinema documental, e ele fez isso sem escrever uma só linha sobre o assunto. O que se aprende com Coutinho é ensinado pelos movimentos de câmera, enquadramentos, cortes, pela maneira como as seqüências se articulam. É uma teoria encarnada, consubstancial à prática, e Consuelo Lins, num esforço analítico notável, nos faz ver de que maneira esta vive dentro daquela, e vice-versa.

É surpreendente que essa disciplina extrema não seja sinônimo de álgebra. O rigor de Coutinho não é o do engenheiro, mas o do jazzista. Dominam-se as regras da improvisação, mas não as do improviso. (Mais uma vez Coutinho não gostará da imagem, agora por emprestar conotações de pureza artística ao trabalho do documentarista. Admito a culpa, mas não descobri imagem melhor. Que o leitor entenda *jazzista* como um especialista da improvisação, apenas isso.) Face a face com seu personagem, Coutinho vai construindo uma história a dois — a voz e o ouvido comandando em partes iguais a narrativa —, cujo desfecho não há como conhecer de antemão. Desde os anos 70, como mostra Consuelo, Coutinho já fazia filmes "*com* os outros, e não *sobre* os outros".

É claro que a decisão final do que será ou não incluído no filme — logo, do que se tornará cinema — pertence a Coutinho, mas o material que ele trabalha não teria força sem a dimensão autoral dos personagens. Todos são pessoas "que se narram bem". Ao criar um cinema tão dependente da invenção narrativa de outros, Coutinho abre mão de uma parcela da soberania que lhe pertence como autor. Ao confiar nos seus personagens, renuncia a parte de sua autoridade.

A natureza dessa prática é necessariamente fluida e incerta. Nenhum filme de Coutinho segue os mesmos princípios do anterior. É como se, a cada novo filme, o cinema dele obedecesse mais às leis da física moderna — àquela do princípio da incerteza — do que às da física clássica, com as quais sempre se pode prever onde o corpo repousará. A perspectiva do fracasso se transforma então num dado essencial da prática do documentarista. O filme pode simplesmente não dar certo, os dispositivos postos em prática podem falhar, os personagens podem falar mal. O cinema de Coutinho é infinitamente maleável e está sob o risco constante de se desmanchar.

Diante da eterna oposição entre platônicos, partidários das idéias gerais, e aristotélicos, fiéis à realidade única das coisas concretas e singulares, Coutinho não hesita. É um antiplatônico radical, mais até do que um aristotélico. Não lhe interessa a idéia platônica transcendental, mas a imanência do que existe aqui embaixo. Seu cinema não contém raciocínios sobre categorias gerais — a fé, a classe média, o morador de favela —, mas apenas sobre indivíduos. O que conta é a experiência religiosa *desta* pessoa, o mundo *deste* senhor em Copacabana e a vida *desta* mulher na favela. Como escreve Consuelo, no cinema de Coutinho ninguém está previamente condenado a nada. Todos são livres para *não* caber nos limites das sínteses. Decerto se apresentam como homens e mulheres que têm uma história política e social em comum, mas, se existem semelhanças entre essas vidas, existem também diferenças, e no fim das contas são as diferenças que contam. Sem elas não haveria identidade, apenas repetição.

De certa forma, toda generalização é contra o ser; o conceito é incapaz de acolher o que é único e intransferível, o que é imanente ao corpo e à vida singular, o que só acontece uma vez. O que escapa da idéia geral, esse conjunto de pequenas singularidades, encontrará abrigo no cinema de Coutinho, e por isso as palavras de Ricoeur citadas no início parecem adequadas. Por ser único, o singular é sempre frágil. Sobre ele pesa a constante ameaça de desaparecimento perante a violência das generalizações. Retratá-lo deixa de ser apenas uma questão de estética, para se tornar também de ética, pois significa protegê-lo. É impossível distinguir uma coisa da outra na obra de Coutinho.

A bibliografia sobre o cinema não-ficcional brasileiro é extraordinariamente escassa. Contam-se nos dedos de uma só mão os livros publicados sobre o assunto. Com *O documentário de Eduardo Coutinho*, Consuelo Lins salda uma parte importante dessa dívida, fazendo-nos compreender melhor a obra de um dos mais originais cineastas brasileiros. Não é pouco. Ocorre que, além disso, ela nos permite acompanhar um percurso que já não diz respeito apenas ao cinema. Com sua disposição inarredável de submeter o cinema que inventou a uma constante revisão crítica, Eduardo Coutinho, à margem de todo didatismo, nos induz a confiar na inteligência e a desconfiar da leviandade, a sermos responsáveis com as coisas que pedem o nosso cuidado. Com rigor e método ele construiu uma obra a partir da qual se pode saber como gostar um pouco mais de cinema — e bem mais do Brasil.

João Moreira Salles

Introdução

O cineasta Eduardo Coutinho é decididamente avesso a idealizações em torno do artista, especialmente em relação a si mesmo. Cinema para ele não é inspiração, não é genialidade, não é isolamento. É trabalho árduo, interação com o mundo e reflexão. Em um debate, mesa-redonda ou entrevista, desde o início se estabelece como que um ritual do diretor, que tenta dissolver qualquer expectativa a seu respeito e reluta em falar sem que haja questões concretas a serem respondidas. Faz isso de modo muito específico, em que um pessimismo-otimista se associa a um bom humor mal-humorado, sedutor e inusitado, que acabou por transformá-lo em personagem do cenário cinematográfico brasileiro. E basta uma simples pergunta para presenciarmos o "pensamento em ato", tal a vitalidade com que se expressa e discute, sem deixar de marcar inquietações e limites pessoais e defender ardorosamente cada imagem que realizou, cada personagem que filmou, cada corte que fez. Se há uma base comum a seus filmes e sua presença é justamente esse pensamento ao vivo, que recusa idéias prontas, imagens feitas — particularmente se forem dele mesmo.

Assim como não idealiza o artista, Coutinho dissolve os mitos em torno da "arte" do documentário. Recusa-se a lhe atribuir uma aura ou identificar essa prática ao espírito iluminado de poucos privilegiados. Descomplica o processo de filmagem e insiste na idéia de que é possível filmar e experimentar com pouco dinheiro, a partir de um desejo comum de realizar um filme e fazendo uso de tecnologias leves e de baixo custo. Seus documentários nos mostram isso: são filmes que dão vontade de fazer cinema. Talvez seja esse um dos motivos para que esse cineasta que começou a dirigir nos anos 60 atraia hoje tantos jovens interessados no documentário. Suas imagens e falas são fecundas e libertadoras. Abrem um campo de possibilidades e afirmam o cinema como arte cada vez mais impura, aberta ao mundo, à diferença, ao imponderável e ao presente.

É essa concepção de cinema que faz Coutinho desconsiderar radicalmente a feitura de roteiros, prática que, para ele, desvirtua esforços e corrói o que mais preza no documentário: a possibilidade de criação de algo inesperado no momento da filmagem, e só ali. O documentário que interessa não reflete nem representa a realidade, e muito menos se submete ao que foi estabelecido por um roteiro. Trata-se, antes, da produção de um acontecimento especificamente fílmico, que não preexiste à filmagem. Nas obras de Coutinho, o mundo não está pronto para ser filmado, mas em constante transformação, e ele irá intensificar essa mudança. O que não quer dizer que defenda uma filmagem sem princípios, sem limites, espontânea, "uma câmera na mão e uma idéia na cabeça" — muito pelo contrário. Seus filmes são frutos de muitas leituras e conversas, de intensa pesquisa e negociação; e também de inúmeros riscos, hesitações e receios. Em vez de roteiro, ele filma a partir de "dispositivos" — procedimentos de filmagem que elabora cada vez que se aproxima de um universo social.

A sinopse de um filme sobre a miséria na África ou a violência no Brasil não quer dizer nada, se não estiver indicada "a metodologia que o diretor se dispôs a botar em campo, para ter uma relação com o outro e com o espectador", diz ele. Pouco importa um tema ou uma idéia, por mais atraentes que possam ser, se não estiverem atravessados por um dispositivo, se não forem inseparáveis de um modo de expressão. Os filmes de Coutinho povoam-se de temas, mas são, antes de qualquer coisa, produtos de certos dispositivos que não são a "forma" de um filme, tampouco sua estética, mas impõem determinadas linhas à captação do material.

A possibilidade de "filmar o que existe", ou de aceitar "tudo o que existe pelo simples fato de existir", é um dos efeitos dos dispositivos de Coutinho. É verdade que essas frases do diretor — dentro de um contexto documental atravessado pela crença na transposição do real para a imagem — provocam mal-entendidos, porque podem sugerir que ele filma a realidade "tal qual ela é", ou que se conforma com o mundo como ele se apresenta: injusto, cruel e desigual. Nada mais oposto ao cinema de Coutinho. O que esse pensamento expressa é um desejo de se esquivar das idealizações que impedem justamente uma aproximação mais efetiva com o que nos cerca. É um movimento que desloca teorias, crenças, interesses, preconceitos, pontos de vista prévios, sentimentos piedosos, culpas e toda a sorte de clichês visuais e sonoros que aderem a nossa percepção e nos fazem acreditar que conhecemos o mundo. Trata-se de uma prática que se atém, na medida do possível, ao material oferecido pelo universo a ser filmado — uma favela, um prédio, um morro, um depósito de lixo —, imprimindo aos filmes uma espécie de imanência radical, em que ética e estética se articulam de modo inextricável.

Coutinho provoca e diz que a questão é ser "o menos artista possível". Eu diria que o "menos" a que Coutinho se refere é justamente uma forma de trabalho ou de arte minimalista, que se concentra em uma operação de subtração de tudo o que não lhe parece essencial. Na montagem, isso significa retirar excessos, "fazer buracos", introduzir vazios no material filmado, respeitando, de uma certa forma, características do que foi captado pela câmera. É um exercício de eliminação que exige um esforço desmesurado e uma postura extremamente ativa e trabalhosa, que pensa, repensa e discute o que está sendo produzido, distante de qualquer passividade ou submissão diante do real.

Esse é um tipo de atuação mais marcadamente oposta, entre as múltiplas maneiras de se fazer um documentário, àquela que se empenha em adicionar elementos estéticos ou ideológicos ao que foi filmado, revolver e subverter o quanto for necessário esse material, criar temporalidades e espaços que não eram indicados pela filmagem. Ambas as maneiras são legítimas, têm suas graças e também seus clichês.

Se Coutinho trabalha duro para produzir imagens "raras", sempre há o risco dessas imagens serem retomadas como fórmula, como "imagens de marca", perdendo com isso sua força expressiva. Revelar a presença da equipe na imagem, prática inaugurada por Coutinho em *Cabra Marcado para Morrer* (1984), é exemplar de um tipo de procedimento que se banalizou na produção documental brasileira. É uma situação com que Coutinho foi obrigado a se deparar, sob pena de ver suas opções se enfraquecerem. Nesse embate, ele abandonou o que era abandonável — em *Peões* (2004), as imagens da equipe praticamente desaparecem —, salvando o que é de fato crucial para o seu cinema: deixar claras as condições de produção do filme, explicitar seu dispositivo de filmagem.

Mas o confronto com a produção de imagens, especialmente as mediáticas, é permanente. Coutinho sabe que o mundo e o cinema são hoje atravessados por um fluxo contínuo de imagens e informações, e estas se colam às falas e situações que ele filma. Sabe que é somente no conflito tenso e vivo com esse fluxo, em meio a todas essas impurezas, e não afastado delas, que seus documentários têm alguma chance de existir e resistir — subvertendo, revirando, quebrando "a marteladas", em muitos casos, as imagens que a mídia faz circular.

Pois o que interessa ao cineasta é pensar de que forma é possível continuar filmando hoje, apesar de tudo, com todas as dificuldades, a falta de dinheiro, o estado do mundo, a banalização das estéticas e os riscos de ver esgotadas suas próprias opções de filmagem. O que o interessa é o presente de seus filmes, de seus personagens, o presente do mundo — não o presente instantâneo das imagens televisivas, mas um presente denso de memória e devires possíveis.

Coutinho é visceralmente antinostálgico e não se atém a um passado mítico do cinema brasileiro, a uma idade de ouro em que o melhor já teria sido feito. Ao mesmo tempo, faz filmes levando em conta que há uma história do cinema, e extrai dessa história, em particular do que ficou conhecido como cinema moderno, aspectos de enriquecimento e invenção formal. De uma certa maneira, tem abordado universos comuns à tradição documental brasileira que se iniciou com o Cinema Novo, mas tenta falar deles com precisão, captar seus movimentos, os ínfimos desvios, os acidentes, paradas, sem se prender aos grandes "tipos" que perpassam o nosso cinema: o camponês, o favelado, o religioso, o classe-média, o operário. Ele estilhaça essas imagens filme após filme e nos mostra, por trás delas, multiplicidade e diferença. Esteticamente, é um cinema que reconfigura elementos dessa tradição, associando-os a outros, retirados da prática de Coutinho na televisão, tensionando e reinventando as possibilidades do fazer documental no Brasil.

Mas o que pode o documentário hoje? O que pode essa forma de cinema que quis um dia "representar o real" em meio a uma proliferação de imagens cada vez mais "reais" e "objetivas"? Não muita coisa. Um bom ponto de partida, contudo, talvez seja afirmar de imediato uma das heranças do cinema moderno, muitas vezes esquecida, e não apenas pelos artefatos mediáticos: a imagem não reproduz o real. Isso não quer dizer que o documentário não possa estabelecer diferentes aproximações com o mundo, falar do real de variadas maneiras. Há, no entanto que se chamar a atenção, do jeito que for possível, para o caráter essencialmente subjetivo, parcial, precário e contingente de toda e qualquer narrativa documental. Coutinho parte desses princípios simples e luminosos — que, sozinhos, não bastam para fazer bons filmes — e os articula a seus dispositivos. Produz imagens e sons a nos dar notícias de personagens e situações reais que não conhecíamos, ou que conhecíamos mal, capturando-nos e impondo uma outra maneira de ver e pensar o Brasil.

O que sempre me atraiu no projeto de escrever este livro sobre o cinema de Eduardo Coutinho foi a possibilidade de me deter mais demoradamente sobre seus documentários. Eu queria muitíssimo pensar esses filmes que tanto me impressionaram em meados dos anos 90, quando eu voltava da França, depois de um período estudando justamente o cinema documentário. De uma certa maneira, foram seus vídeos *Santa Marta, Duas Semanas no Morro* (1987) e *Boca de Lixo* (1992) que me reconectaram com o Brasil e fizeram com que eu tivesse a vontade e o prazer de escrever sobre cinema: queria entender melhor aquilo que me marcara.

O processo foi longo, e quando comecei de fato a escrever este texto, tinha uma certa impressão de que as principais características do cinema de Coutinho estavam bastante claras para mim, e que o trabalho seria reorganizar críticas já escritas e coisas já pensadas. Mas não foi o que aconteceu. Não se tratou em absoluto de expressar algo que eu já sabia, mas de uma experiência de aprendizado no confronto diário com imagens que, não apenas provocavam meu pensamento, mas "excediam" em inúmeros aspectos tudo o que eu já tinha escrito sobre os filmes. Esse excesso só me confirmou a riqueza inesgotável do seu cinema, apontando, felizmente, para a incompletude de toda e qualquer análise gerada por uma relação específica, em um momento específico, contingente.

Decidi, logo no início, acompanhar a trajetória de Coutinho "filme a filme". Esse caminho me pareceu o mais justo, porque manteria a singularidade de cada documentário, evitando reduzir um filme a outro. Também me permitiria estabelecer relações mais pontuais entre eles. Assim seria possível identificar mais claramente os movimentos dessa obra, suas permanências, mudanças, suspensões e rupturas.

Aproveitei portanto a cronologia dos documentários como fio condutor para analisar os procedimentos de criação, os métodos de trabalho, as condições de realização, as posturas éticas e as opções estéticas e técnicas de Eduardo Coutinho. Estabeleci também, quando me pareceu necessário, conexões dessa obra com a história do cinema e com a produção de imagens no cenário contemporâneo. Não se trata porém de uma abordagem que abarca todos os documentários de Eduardo Coutinho. Optei pelos filmes que o próprio diretor considera como "aqueles que contam" — os que, de uma forma ou de outra, colocaram questões para sua prática e sua reflexão. De toda a maneira, se há recorrência de alguns procedimentos de filmagem, cada filme apresentou problemas específicos e me fez entrar em universos diferentes, solicitando novas leituras, associações, e gerando na minha escrita novas angústias e também várias alegrias.

É importante ressaltar que o tom do livro não é o mesmo do começo ao fim. A partir de 1999 passei a ter com Eduardo Coutinho uma relação de trabalho e um convívio mais pessoal, o que me fez experimentar de outro modo sua prática cinematográfica. Portanto, até *Santo Forte* (1999) minha abordagem é essencialmente analítica. Em *Babilônia 2000* (2001) e *Edifício Master* (2002), a análise se mistura a uma narrativa mais subjetiva, em que descrevo concretamente as condições de produção dos documentários.

Embora tenha acompanhado de perto a realização de *Peões*, não participei do filme, situação que imprimiu novamente pequenas alterações à escrita. Cumpre também observar que o livro é atravessado por conversas que tive com Coutinho durante o processo de elaboração do texto, sobretudo na etapa final. Nele, todas as citações que não trazem referência bibliográfica foram extraídas dessas conversas.

A escola da televisão

Eduardo Coutinho tem uma trajetória bastante singular no cinema brasileiro. É contemporâneo de muitos integrantes do Cinema Novo, amigo e colaborador de alguns deles, mas somente se afirmou como diretor de documentários no início dos anos 80, com cerca de 50 anos, em um contexto estético e político inteiramente diferente daquele do Brasil na década de 1960. Até 1975, ano em que começou a trabalhar no programa *Globo Repórter*, na TV Globo, era essencialmente um cineasta de ficção, sem experiência alguma no campo do documentário. Ao longo dos anos 60, participou de alguns roteiros e dirigiu quatro filmes: o inacabado *Cabra Marcado para Morrer* (1964), "O Pacto", um dos três episódios de *ABC do Amor* (1966), o longa metragem *O Homem que Comprou o Mundo* (1968) e, já em 1970, *Faustão*, que veio a ser a última experiência de ficção que realizou.

As relações que ele tinha com os cineastas integrantes do núcleo central do Cinema Novo passavam quase sempre por Leon Hirszman, muito amigo de Coutinho e que esteve associado a diversos trabalhos do diretor. Primeiro, Leon foi produtor executivo de *Cabra Marcado para Morrer*; no ano seguinte convidou-o para escrever com ele o roteiro de *A Falecida* — filme que se tornou um clássico do Cinema Novo; foi também Leon quem coordenou o projeto do longa metragem *ABC do Amor*. O episódio dirigido por Coutinho neste filme estava destinado inicialmente a Nelson Pereira dos Santos. Leon morava então no Chile, onde o contrato seria fechado. Coutinho viajaria com Nelson Pereira para um trabalho sobre a reforma agrária. Na véspera da viagem, Nelson Pereira teve um problema e não pôde ir. "E chego eu, um ilustre desconhecido. Desânimo total. Daí, ficou um impasse. Então, começaram a falar: 'O Coutinho faz'. Eu entrei assim, fui um substituto que apareceu ali."[1]

Foi também como substituto que dirigiu *O Homem que Comprou o Mundo*, comédia produzida por Zelito Vianna e inicialmente destinada a Luís Carlos Maciel. Coutinho foi chamado para assumir o filme depois de um desentendimento entre produtor e diretor. *Faustão* fazia parte de um projeto da Saga Filmes — produtora dirigida por Leon Hirszman e Marcos

Eduardo Coutinho ao lado de Eliezer Gomes, ator que interpreta o papel-título de *Faustão* (1971).

Farias — para realizar quatro longas sobre o cangaço no Nordeste. A idéia era aproveitar mitos populares e produzir filmes diferenciados. Marcos Farias fez o primeiro da série, *A Vingança dos Doze*; Coutinho, o segundo. Não houve um terceiro, porque Leon Hirszman foi rodar *São Bernardo* (1972). Na época, os diretores acreditavam que o cangaço ainda era popular no Brasil, mas na verdade, segundo Coutinho, aquele foi um erro de cálculo, o ciclo de filmes de cangaço já estava no fim. *Faustão* é longinquamente inspirado em *Henrique IV*, peça de Shakespeare, e, assim como seus outros filmes daquele período, não foi muito bem de público. “Foi mal e fez um público de 400 mil pessoas. Era mal para um filme que queria ser popular. Hoje, para se chegar a 400 mil pessoas, tem que suar.”

Uma obra a cada dois anos pode parecer média razoável no cinema brasileiro. Mas nas circunstâncias difíceis em que essas produções aconteciam, Coutinho sobrevivia mal. À exceção de *Cabra Marcado*, nenhum dos trabalhos realizados em cinema o havia efetivamente mobilizado. Diz ele: “Não os renego [esses filmes], mas não me envolveram de fato.” O diretor vivia em dificuldades, o primeiro filho tinha nascido e ele passava por uma situação que acabou lhe impondo a decisão de procurar outro trabalho. Conversou com Alberto Dines, então diretor do *Jornal do Brasil* e antigo colega da revista *Visão* — onde Coutinho havia trabalhado como copidesque de 1954 a 1957. Foi contratado para a mesma função, permanecendo no *Jornal do Brasil* por quatro anos. Durante esse período, sua relação com o cinema se limitou a algumas críticas no Caderno B — “nunca sobre filmes brasileiros” — e à participação em três roteiros de longas-metragens: *Os Condenados* (1973) de Zelito Viana, *Lição de Amor* (1975) de Eduardo Escorel, e *Dona Flor e seus Dois Maridos* (1976) de Bruno Barreto, até hoje a maior bilheteria do cinema nacional.

Os anos do *Globo Repórter*

Enquanto trabalhava como copidesque no *Jornal do Brasil*, Coutinho foi chamado para o *Jornal Nacional* da TV Globo, mas o salário era praticamente o mesmo, e ele achou que não valia a pena trocar de emprego. Decidiu deixar o jornal em 1975, no segundo convite da TV Globo, mas desta vez para ocupar uma vaga no *Globo Repórter* e ganhando o dobro.

Apesar da ditadura e de uma censura oficial intensa, o *Globo Repórter* estava conseguindo realizar uma experiência de documentário bastante singular.[2] A equipe era formada por jornalistas, profissionais da própria televisão e vários cineastas, como Walter Lima Jr e João Batista de Andrade, contratados da emissora, e Maurice Capovilla, Hermano Penna, Sílvio Back, Jorge Bodanski, entre outros, que eram convidados para dirigir alguns programas. Do cinema vinha também Dib Lufti, cuja experiência como câmera foi fundamental em muitos filmes do programa.

Eduardo Coutinho na época em que trabalhava no *Globo Repórter*, da TV Globo.

Diversas circunstâncias fizeram com que o trabalho naqueles anos na Globo fosse menos controlado do que se poderia imaginar. Primeiro porque a censura maior era a externa. Depois a concorrência não era tão brutal. Além disso, até 1981, o programa era feito em película reversível, um filme sem negativo, obrigando que a montagem fosse feita no próprio original. Isso complicava o visionamento freqüente do material por parte da direção do telejornalismo. E mais: a equipe do *Globo Repórter* não trabalhava na sede da emissora, mas em uma casa próxima, o que dificultava o controle mais assíduo da produção. Isso não quer dizer, contudo, que trabalhar ali fosse tranqüilo, longe disso.

Coutinho não idealiza esse período do programa nem sua participação nele. Foi chamado para trabalhar como funcionário, para exercer as várias funções existentes em uma redação, e não exclusivamente para dirigir, como acontecia com outros cineastas. A maior parte da produção era de documentários estrangeiros, com custo baixo para a emissora. A produção nacional era pequena e em geral formada por programas que agrupavam filmes de apenas dez minutos. A luta, lembra Coutinho, era para aumentar essa participação, que dependia do trabalho de toda a equipe. Era possível, contudo, filmar com regularidade, o que trazia um certo prazer para quem vinha do cinema.

Trabalhar na televisão naquele momento, no entanto, significava afastar-se do universo cinematográfico, porque as pessoas de cinema viam esse meio de comunicação com desprezo, tanto estética quanto politicamente — como sinônimo de cumplicidade com a ditadura, com a direita, com Roberto Marinho. "Havia um preconceito de algumas pessoas ligadas ao Cinema Novo com a televisão, principalmente com a TV Globo, símbolo da opressão da ditadura", lembra Walter Lima Jr, que começou a fazer documentários para a emissora ainda no período de *Globo Shell*, programa criado em 1971 e que antecedeu o *Globo Repórter*: "O pessoal franzia o nariz e achava que a gente tinha se vendido. Os filmes eram malvistos pelos cineastas, e tudo o que saía de lá sofria ataques ferozes. Mas eu fazia um filme todo mês e não precisava carregar cruz para isso. Podia errar e acertar."[3]

Para Coutinho, o trabalho na televisão foi uma verdadeira escola. Ali aprendeu a fazer documentário, exercitou sua relação com o outro e, durante os nove anos que permaneceu no programa, teve a certeza de que era aquilo o que queria fazer na vida.

"Foi uma experiência extraordinária. Aprendi a conversar com as pessoas e a filmar, aprendendo ao mesmo tempo as técnicas de televisão, de filmar chegando, filmar em qualquer circunstância, pensando em usar depois de uma forma diferente. Além disso, pela primeira vez na vida eu recebia um salário bom e pago em dia."

A experiência no *Globo Repórter* — anterior à entrada do vídeo nas produções de Coutinho, em 1986 — foi bastante rica[4] e merece um estudo à parte. Contudo, a análise de pelo menos um dos filmes dirigidos por ele durante aqueles anos permite-nos vislumbrar o que foi possível realizar no programa, apesar de todas as dificuldades. Coutinho foi editor de vários filmes, redator de muitos textos, dirigiu inúmeros programas e seis documentários de média-metragem: *Seis Dias em Ouricuri* e *Superstição* (ambos de 1976), *O Pistoleiro de Serra Talhada* (1977), *Theodorico, Imperador do Sertão* (1978), *Exu, uma Tragédia Sertaneja* (1979) e *O Menino de Brodósqui* (1980). A maioria deles tem marcas da estética-padrão do programa, que já começava a se consolidar e contava com um apresentador e narrador oficial, embora ainda sem a figura do repórter como mestre-de-cerimônias — sempre presente na imagem e muitas vezes mais importante que o próprio tema, que só surgiria em 1983.

Os repórteres que trabalhavam no *Globo Repórter* faziam pesquisa e tinham uma presença bastante discreta nos programas mais relacionados à atualidade. O diretor não podia aparecer na imagem, e muito menos a equipe — só em casos excepcionais e inevitáveis, mas jamais falando para a câmera. Há contudo programas originais distantes desse padrão, ou seqüências em

Seis Dias em Ouricuri (1976), primeiro programa dirigido por Eduardo Coutinho para o *Globo Repórter*.

vários deles nas quais é possível identificar um trabalho autoral de filmagem e montagem. Em *Seis Dias de Ouricuri*, por exemplo, há um plano sem cortes, de três minutos e dez segundos, no qual um nordestino fala sobre as diferentes raízes que foi obrigado a comer durante as secas por que passou. "Um plano como esse desapareceu da televisão", diz Coutinho. "E o plano longo é o plano essencial, é aquele que tem o acaso, o tempo morto, que interessa muito mais do que o tempo vivo." Se o programa sofreu durante anos uma censura de conteúdo, os impedimentos atuais para se realizar documentários estão muito mais ligados à estética, e portanto é política, de uma outra maneira.

"O que é estética? ... É também a forma de dizer, que é política. Este é o problema ... Se você fica só no conteúdo ... Pode haver na televisão um programa feito até pela CUT. ... Sem contar que o repórter, como herói, pode aparecer, mas o repórter-diretor não pode aparecer, não pode revelar os segredos. É insuportável, inaceitável, tudo o que revela que o que estamos vendo é uma filmagem. Deve haver esse padrão de naturalismo. Um plano de dois minutos não pode. Ninguém fala mais de 30 segundos. E está cada vez pior: hoje não há plano nem de oito segundos. Um plano fixo de oito segundos é inconcebível, não só para o *Jornal Nacional*. Estou falando de reportagens maiores." [5]

***Theodorico, Imperador do Sertão*: Como filmar os poderosos?**

Dentre a produção de Eduardo Coutinho, é *Theodorico, Imperador do Sertão* que imprime de fato uma diferença estética em relação

Theodorico no desfile que organiza anualmente para exibir os produtos de sua fazenda.

aos programas que dirigiu no *Globo Repórter*. Quando surgem os créditos finais, "Rede Globo apresentou", há mesmo um estranhamento. Não são apenas alguns planos ou uma abordagem original que se destacam, o que interessa é todo o documentário de 49 minutos. O filme é centrado apenas em um personagem, com muitos planos longos e uma narração que pertence inteiramente ao próprio "major" Theodorico Bezerra,[6] fato bastante raro nos documentários brasileiros do período, especialmente na televisão.

As produções cinematográficas documentais tinham, naqueles últimos anos de ditadura, uma dimensão política bastante clara. Na sua maioria eram engajadas nas lutas dos movimentos sociais reprimidos com violência durante a fase mais crítica dos governos militares. Havia toda uma produção ligada ao movimento operário paulista;* filmes que expressavam diferentes formas de representar o "povo" na tela, muitos se colocando a serviço dos movimentos sociais, outros problematizando a relação do intelectual com o povo. Todos eles situavam-se em um campo temático tradicional às esquerdas. Uma parte da produção no final dos anos 70, e sobretudo no início dos 80, ligava-se a "grandes personagens da história", das artes ou da política.**

O Theodorico Bezerra que dá título ao filme de Coutinho é um integrante da elite rural brasileira, fazendeiro e político desde os anos 40, em 1978 eleito deputado estadual pelo Rio Grande do

---

* Entre os filmes realizados na época figuram: *Os Queixadas* (1978) de Rogério Correia; *Greve e Trabalhadores Presente!* (1979) de João Batista de Andrade; *Greve de Março* (1979) realizado por um coletivo tendo à frente Renato Tapajós; *Braços Cruzados, Máquinas Paradas* (1979) de Sérgio Toledo e Roberto Gervitz; *Linha de Montagem* (1982) também de Renato Tapajós; *ABC da Greve* (1979-1990) de Leon Hirszman.

** Alguns exemplos são: *O Aleijadinho* (1978) de Joaquim Pedro de Andrade; *P.E. Salles Gomes* (1979) de David Neves; *Arraes de Volta* (1979) de Lauro Escorel; *Os Anos JK: uma Trajetória Política* (1980) e *Jango* (1984), ambos de Silvio Tendler; *A Céu Aberto* (1985) de João Batista de Andrade, sobre Tancredo Neves.

Norte. Não se trata, definitivamente, de um "grande personagem da história". Ele concentra em si as características de déspota e líder populista, é uma pessoa machista, elitista e faz uso do dinheiro público em causa própria. Esses traços o tornam um personagem que, na maior parte das vezes, os documentaristas ligados a uma tradição de esquerda gostariam de inserir em um pensamento ou em um quadro conceitual de imediato associado ao "mal".

Filmar Theodorico naquele final de ditadura — e veicular o filme na TV Globo — era tarefa árdua. O pior é que o major é carismático, diz as coisas com sinceridade, "dentro da simplicidade", como ele próprio afirma. Pois se "de perto ninguém é normal", outra formulação também verdadeira é: "de perto todo mundo é normal". Tudo é e não é, como diz Guimarães Rosa: "Quase todo mais grave criminoso feroz sempre é muito bom marido, bom filho, bom pai, e é bom amigo-de-seus-amigos!".[7] O perturbador é justamente encontrar no latifundiário, no ditador, no monstro, aquilo que o aproxima de nós. "A complexidade, para mim, está nisso", diz Coutinho, "e não na outra frase, 'de perto ninguém é normal'. 'De perto todo mundo é normal' é tentar encontrar as semelhanças por baixo da diferença."

De todos os personagens que Coutinho filmou até hoje, Theodorico é o único que pertence à elite brasileira. Este também é o único filme do cineasta que se focaliza na trajetória de apenas um personagem. No entanto, são essas diferenças mesmas que fazem de *Theodorico* um documentário emblemático. Elas realçam justamente o que há em comum entre este filme e o que virá mais tarde: não um tratamento estético específico, mas um movimento em direção ao mundo e ao outro, um tipo de interação que quer "entender as razões do outro, sem lhe dar necessariamente razão", diz Coutinho. Algo que Pierre Bourdieu define como um "exercício espiritual, visando a obter, pelo esquecimento de si, uma verdadeira conversão do olhar que lançamos sobre os outros nas circunstâncias comuns da vida."[8]

Trata-se de uma possibilidade de se colocar no lugar do outro em pensamento, sem anular a diferença entre os que estão dos dois lados da câmera; distante portanto da "visão populista, que tem como ponto cego seu próprio ponto de vista".[9] Na trajetória de Coutinho, veremos que esse exercício espiritual se repete, mas na diferença. Ele produz uma obra que possui uma espécie de "identidade em fluxo", feita de elementos reconhecíveis nos filmes, mas que, a cada vez, emergem diferenciados.

Entender as razões do outro pode parecer menos complicado quando o outro em questão é o povo sofrido, humilhado, explorado, morador do sertão, do lixão ou da favela. Nos filmes de Coutinho passados na favela, por exemplo, a adesão do espectador aos personagens acontece mais

Theodorico lê para os empregados o regulamento que criou e que eles devem seguir à risca.

facilmente. Quando o outro é representante de uma oligarquia rural nordestina, responsável por grande parte das misérias da região, os desafios são diferentes. Como superar os limites da nossa "natureza" e entrar na "natureza" alheia? Como lidar com a imagem do outro, quando esse outro é um personagem de cuja visão de mundo não compartilhamos?

O equilíbrio é frágil, pois é preciso impedir tanto a cumplicidade moral entre cineasta e personagem quanto o desrespeito ao pensamento de quem foi escolhido para ser protagonista do filme. Porque, finalmente, não é muito difícil ridicularizar Theodorico, criticá-lo de fora, ser cordial na filmagem mas cruel na montagem. A câmera é definitivamente um instrumento de poder que pertence a quem filma, dirige e monta. É possível prejudicar uma pessoa com um simples enquadramento ou manipular na montagem o que é dito.

A opção de Coutinho foi pelo registro da situação, no sentido de "deixar o inimigo se mostrar como ele deseja, na sua própria *mise-en-scène*, para que, mostrada e desvendada, ela se torne explícita e crítica."[10] Filmar sem forçar o traço, sem caricaturar, intervindo o menos possível. O contato entre o diretor e o major é sempre cordial. Coutinho jamais o coloca "contra a parede", como modo de enfatizar para o espectador que o que está sendo dito é um despautério e que Theodorico é o diabo do sertão. O que interessa ao cineasta não é definir o personagem à revelia dele, nem tratá-lo como um fenômeno da realidade, dotado de rígidos traços típico-sociais. O que interessa é a visão de mundo do personagem, o ponto de vista específico que ele tem sobre o mundo e sobre si mesmo.[11] É o próprio major que, nos diálogos com Coutinho, com os seus empregados e amigos, revela e fundamenta sua razão de ser, sem que o filme precise expressar simpatia ou antipatia, acordo ou desacordo, nem fazer avaliações conclusivas sobre o que está sendo dito.

Coutinho toma cuidado com as ênfases das perguntas, de forma a não constranger Theodorico. Limita-se a acompanhar a lógica dele, para que o major possa elaborar seus pensamentos sem imposições, e o que vemos e ouvimos nos surpreende, tamanhos são o desvendamento e a exposição. Estamos colocados diante das idéias "brutas" de Theodorico: "Na política, ficar contra o governo é errado"; "Na política não se diz não, só se diz sim"; "Não há motivo de aposentadoria do homem que não tem cultura ... Eles não têm ambição, não têm ganância, não têm vaidade, julgam ser felizes da maneira que vivem."

Tais afirmações nos levam a pensar na impossibilidade de se fazer hoje um documentário desse tipo, pois o que pode, e o que não pode, ser dito por um político já está há muito mais bem estabelecido e mapeado. Não é raro assistir-se na mídia a um discurso bem-comportado e às vezes até progressista dos políticos mais conservadores. São poucos os que exibiriam a clareza de Theodorico com relação ao alistamento eleitoral, quando declara aos empregados em um alto-falante da fazenda:

Major Theodorico Bezerra, integrante da elite rural brasileira, personagem-título de *Theodorico, Imperador do Sertão* (1978).

> Sabem vocês que todos são obrigados na propriedade a ser eleitor, e eu mesmo é que quero tirar a fotografia de vocês. Para quê? Para você olhar para mim e eu ver você. Seu título será entregue por mim a você, porque eu só quero que more nessa propriedade aquele que for eleitor. Quem não for eleitor não pode morar aqui. ... É como eu digo sempre, ... a única coisa que posso precisar de você é o seu voto. ... Você não tem um automóvel para me emprestar, você não tem dinheiro para me emprestar, você não tem uma vaca para me dar para eu tirar leite. ... Mas o voto você tem, se esse voto você não me dá, não quero mais conversar com você e perder tempo. Por isso estou avisando.

Cabe ao espectador produzir os sentidos do que vê e escuta, e construir o retrato de Theodorico, embora seja difícil "concluir" ou fechar o personagem, ter dele uma imagem integral. A forma como Theodorico fala das mulheres revela um profundo machismo. Aponta mulheres nuas em fotos coladas nas paredes de seus aposentos e faz comentários "respeitosos" sobre as diferentes poses. "Quem não gosta de ver isso? Veja que seios bonitos dessa menina, ela sentada toda direitinha...". Defende também o direito "natural" de o homem ter várias mulheres: "A natureza é clara e mostra isso. ... Você veja, eu tenho dez galinhas no chiqueiro, só tenho um galo; 20 vacas no curral, só um touro; ... 20 ovelhas, um carneiro."

No entanto, ao final do filme, quando fala da solidão que sente em função da doença da mulher — "uma criatura muito boa, passeei com ela o mundo todo, diplomada, bonita, e ela hoje está doente" —, chora sinceramente e diz, com a voz embargada, que sua alegria está desaparecendo. Não que esse choro redima seus atos e pensamentos, mas ele aponta para outras dimensões do personagem. Somos obrigados a nos confrontar com o fato de que "os brutos também amam". E, mais duro ainda, com o fato de serem muitas vezes gentis e sedutores, "uma verdade difícil de admitir, mas em relação ao poder e aos poderosos, existe lição maior a ser aprendida?"[12]

Nos filmes posteriores de Coutinho, veremos uma radicalização gradual dessa postura cinematográfica. Mas é *Theodorico* que inaugura tal movimento ético na obra do cineasta. É esse movimento que permite aos personagens desenvolver suas visões de mundo no limite da capacidade de convencer, com uma intervenção pequena por parte do diretor; pequena, pontual e absolutamente necessária para que o personagem aprofunde o seu pensamento.

Filmar a relação

No documentário, é o próprio Theodorico quem entrevista os trabalhadores da fazenda. As perguntas que faz são claramente impositivas; os entrevistados repetem palavras contidas na pergunta e respondem com elogios à administração do proprietário. A decisão de deixar as entrevistas por conta do fazendeiro surgiu no início da filmagem. Theodorico interveio em duas conversas de Coutinho com os empregados da fazenda, o que bastou para o diretor decidir "fazer da dificuldade uma vantagem, dar uma volta nas coisas". Percebeu que de nada adiantaria interrogar os moradores com o objetivo de fazer algum tipo de denúncia, como confirmam exemplarmente as únicas entrevistas que faz sem a presença do major.

"Tem momentos que você não precisa inventar nada para capturar uma verdade antropológica, filosófica e política muito maior", diz o diretor. Muito mais revelador do que qualquer pergunta que se possa fazer é acompanhar as entrevistas do major, seus gestos, expressões, a forma e o conteúdo das perguntas. São menos questões do que palavras de ordem, misturadas a conselhos, orientações, condenações, acusações, observações, auto-elogios e auto-explicações que ele coloca para os empregados. Não há dúvidas de que "o escravo está falando na frente do senhor", diz Coutinho. Se eles por descuido dissessem algo que desagradasse Theodorico, poderiam sofrer represálias mais tarde.

Theodorico, Imperador do Sertão é portanto um documentário que registra não apenas as relações do personagem com o diretor, como veremos freqüentemente nos filmes posteriores de Coutinho. Registra também, e especialmente, as relações do personagem com o que o cerca: empregados, amigos, correligionários — dimensão rara no trabalho do cineasta. E até mais do que nas entrevistas pontuais com Coutinho, essas relações destilam e desvelam o que há de essencial na prática de Theodorico. Sua fala é quase sempre declamatória, afirmativa, autoritária, segura de que profere a verdade. O artificialismo é evidente em todas as situações nas quais o major dialoga com outras pessoas, uma auto-*mise-en-scène* nitidamente perceptível, assim como o embaraço dos trabalhadores em responder às perguntas que ele faz. Este é um artificialismo absolutamente bem-vindo. Sem ele, o filme correria o risco de naturalizar uma encenação, de simular uma transparência em relação ao real e estabelecer um certa cumplicidade com o que está sendo mostrado e dito.

Cabe notar que Theodorico é o personagem ideal para esse tipo de filmagem, em razão da fluência em discorrer sobre sua vida privada e pública, indicando nesse relato os desmandos da política brasileira. No entanto, Coutinho não se limita a filmar a *mise-en-scène* de Theodorico. Ele dá algumas indicações do que a produz e provoca: o processo de filmagem, o fato de que tudo o que estamos vendo é criado pela filmagem. Comparado a seus filmes posteriores, esse mecanismo está presente de forma tímida. Em nenhum momento, por exemplo, vê-se a equipe de filmagem — o que era proibido no *Globo Repórter*. Ouvem-se porém as perguntas do diretor em várias conversas. As falas inicial e final de Theodorico apontam para as circunstâncias da filmagem, anunciando procedimentos que serão adotados mais tarde pelo cineasta:

> Me falaram lá em Natal, me perguntando se eu aceitava ser televisionado. Eu estranhei, porque realmente eu não era um homem da altura, da vaidade, nunca escrevi livro. Mas aceitei, fiquei satisfeito, e vieram me televisionar. Estou gostando porque eles estão televisionando dentro da simplicidade, televisionando gado, agricultura, conversando com os moradores e também me fazendo certas perguntas. Mas tudo dentro de uma simplicidade. ... Eu falei dentro da maior simplicidade, porque eu disse o que eu quis, eu disse o que eu sentia, eu disse o que eu achei que estava certo, a verdade, a realidade, do que é a minha vida e a maneira como eu vivo.

Hoje é possível associar essa apresentação do personagem a um dos princípios centrais dos trabalhos mais recentes de Coutinho: o de explicitar para o espectador que se trata de um documentário, portanto, de um filme que foi pensado e construído, e não da realidade. Naquele momento, porém, o objetivo de Coutinho foi outro, ligado às condições de produção dentro da TV Globo. O diretor percebeu as potencialidades desse documentário, mas se fosse obrigado, em função do padrão do *Globo Repórter*, a inserir um narrador, *Theodorico* não teria a força que tem.

"A filmagem já tinha acabado, e eu disse: 'Você vai comentar como se eu estivesse começando o filme agora'; e depois: 'agora como se o filme estivesse acabando'. Aquilo foi realmente escolhido — o ponto de vista, a invenção de artista, se você quiser —, mas para poder passar o filme sem locutor. No momento em que o filme começava com o personagem se apresentando e terminava com ele se despedindo, era possível evitar o locutor. A batalha foi ganha assim."

Embora *Theodorico, Imperador do Sertão* inaugure na prática cinematográfica de Coutinho um movimento de abertura à visão de mundo do personagem — liberando ao mesmo tempo o espectador para produzir os sentidos do que está vendo —, há procedimentos de montagem francamente contrários a essa concepção e que serão abandonados na trajetória posterior do cineasta. Estes são procedimentos habituais na televisão, que buscam facilitar a compreensão do espectador e marcam claramente o significado do que está sendo mostrado.

Em uma seqüência na qual Theodorico discorre sobre os açudes existentes na sua fazenda e se vangloria da sua generosidade em deixar as pessoas pescarem à vontade, sem nunca ter cobrado por isso, há uma breve inserção de uma entrevista com um amigo dele, o ex-deputado Lauro Arruda. Ele conta que os açudes foram construídos com o dinheiro do governo. "Esse é que é o espírito do negócio", ironiza. A seqüência volta então para Theodorico.

O próprio major Theodorico encarrega-se de conduzir as entrevistas com seus empregados.

Em um outro momento, quando o major fala da felicidade de quem vive no campo, na sua fazenda, a montagem "comenta" o que ele diz com um plano-seqüência mostrando as expressões tristes de uma família enfileirada. Essas foram decisões tomadas durante o processo de montagem, com o objetivo de contradizer enfaticamente o que o fazendeiro fala, de desmascará-lo diante do espectador. No limite, o recurso é desnecessário, porque o que há de grave e absurdo na organização do mundo segundo Theodorico é exposto de forma bem mais contundente por ele mesmo, sem intervenções dessa natureza. Contudo, estes são atos isolados de montagem que não colocam em questão as inovações do filme. Não se pode esquecer, além disso, que aquele foi um programa produzido pela Rede Globo e exibido no horário nobre da televisão brasileira, atingindo certamente um público bem maior do que qualquer outro documentário de Coutinho até hoje alcançou.

Notas

1. Todas as falas de Eduardo Coutinho sem indicação de nota foram extraídas de conversas que tivemos ao longo da realização deste ensaio.

2. *Globo Repórter* contava com três núcleos de produção: Núcleo de Reportagens Especiais, sediado no Rio de Janeiro e dirigido por Paulo Gil Soares, de 1973 — ano de criação do programa — até 1982; Divisão de Reportagens Especiais de São Paulo, criada em 1974; e Blimp Filmes, produtora independente também sediada em São Paulo.

3. Entrevista de Walter Lima Jr a Beth Formaggini, realizada durante a pesquisa para o documentário *Walter.doc* (Formaggini, 56', 2000).

4. Essa foi uma produção que apontou caminhos inovadores para o documentário brasileiro, evidenciados na mostra Cinema na TV, organizada por Beth Formaggini para o Festival Internacional de Documentários É Tudo Verdade (2002). Figuram entre esses filmes: *A Mulher no Cangaço* (1976) de Hermano Penna; *Wilsinho da Galiléia* (1978) de João Batista de Andrade; *Retrato de Classe* (1977) de Gregório Basic; *Os Índios Kanela* (1974) de Walter Lima Jr.

5. Entrevista a José Carlos Avellar, *Cinemais*, n.22, p.55-6.

6. O título de major, assim como o de coronel, é herança das patentes concedidas pela Guarda Nacional (criada no século XIX) aos latifundiários do Nordeste.

7. Guimarães Rosa, *Grande sertão: veredas*, p.5.

8. Pierre Bourdieu, "Compreender", p.704.

9. Pierre Bourdieu, op.cit., p.699.

10. Jean-Louis Comolli, "Como filmar o inimigo?", p.150.

11. Retomo aqui uma observação de Mikhail Bakhtin a respeito da relação entre narrador e personagens na obra de Dostoiévski que me parece extremamente fértil para se pensar o cinema de Eduardo Coutinho. Voltaremos a essa questão mais especialmente na análise de *Edifício Master*. Mikhail Bakhtin, *Problemas da poética de Dostoiévski*.

12. João Moreira Salles, "Theodorico, Imperador do Sertão", São Paulo, *Ilha Deserta – Filmes*, PubliFolha, 2003, p.188.

|2| *Cabra Marcado para Morrer*: um novo modo de se fazer documentário

No final dos anos 70, Eduardo Coutinho começou a pensar mais seriamente em retomar um projeto que na verdade nunca lhe saíra da cabeça. Tratava-se do longa metragem *Cabra Marcado para Morrer*, iniciado 17 anos antes e interrompido pelo golpe militar de 1964. Essa era uma questão visceral em sua vida, "um troço do fundo do coração, um pesadelo, uma dor no fígado, um negócio brutal". Se ele não o fizesse, ficaria "envenenado para o resto da vida".

Ter um trabalho regular em meio a um processo de abertura política – que já se fazia sentir nesse momento com a aprovação da Lei da Anistia – permitiu a retomada, sobre novas bases, da obra que se tinha transformado em uma espécie de lenda do cinema brasileiro do início dos anos 60: um filme de ficção, baseado em fatos reais, que contava o assassinato de um líder camponês, com um elenco de atores camponeses; o único filme interrompido pelo golpe militar de 1º de abril; uma interrupção seguida de fugas, prisões e apreensão do material pelo exército; as latas do copião ficaram escondidas durante anos debaixo da cama do pai do cineasta David Neves, que era general; os negativos foram salvos por acaso e retirados clandestinamente, depois de 11 anos, do laboratório da Líder e depositados na Cinemateca do Museu de Arte Moderna, sob o título *A Rosa do Campo*...

"Milagrosamente, o essencial se salvou", diz Coutinho, que a partir de 1979 começou a organizar a produção do filme. Embora ainda bastante frágil, com recuos, ameaças e ações efetivas da linha-dura do Exército, a liberalização política foi um fator decisivo para que ele refizesse os contatos e tentasse descobrir o paradeiro dos camponeses que haviam participado das filmagens de 1964.

O trabalho de Coutinho no *Globo Repórter* foi fundamental para a realização de *Cabra Marcado para Morrer*. Primeiro porque lhe deu condições financeiras para fazer um filme como bem desejava, no tempo necessário, sem ficar submetido à "lei do dinheiro". Acumulou dois meses de férias para poder filmar permanecendo no programa e, sem ganhar absolutamente nada da produção do filme, muito pelo contrário, investiu nela o que podia.

“O que significava continuar na Globo? Ter independência para *Cabra Marcado* ser o que é. O filme parava três meses, parava cinco meses à espera de mais dinheiro, e só deu para continuar porque eu recebia todo mês o salário da TV Globo.”

Os anos no *Globo Repórter* serviram também para o diretor conhecer melhor o Nordeste, uma vez que filmou nessa região a maior parte dos documentários do programa, em uma espécie de “vestibular” para o *Cabra Marcado*. Coutinho conseguiu ainda fazer a pré-montagem do material filmado na moviola da TV Globo, aos sábados e domingos, ao longo de quatro meses, primeiro clandestinamente, e depois com a autorização de Paulo Gil Soares, então diretor do programa.

A produção executiva de *Cabra Marcado* ficou a cargo de Zelito Vianna, e foi a Embrafilme que financiou a maior parte das filmagens, realizadas essencialmente em fevereiro e março de 1981. Além da direção, Coutinho fez a produção do filme. Viajou para o Nordeste sozinho, para contatar os atores da primeira filmagem. Depois, de volta ao Rio de Janeiro, formou a equipe técnica, alugou o equipamento, que contava com duas câmeras 16mm, e partiu com o fotógrafo Edgar Moura, o técnico de som Jorge Saldanha e o assistente Nonato Estrela, que fazia a segunda câmera. Foi para São Rafael, no Rio Grande do Norte, levando o copião do primeiro *Cabra Marcado*. A idéia, que lhe foi sugerida por Carlos Augusto Calil, então diretor da Embrafilme, era exibir essas imagens para os camponeses que tinham trabalhado no filme em 1964.

Cinema, história e memória

Dos filmes de Eduardo Coutinho, *Cabra Marcado para Morrer* tem efetivamente um lugar à parte, tamanha a importância que assume no cinema brasileiro. É um divisor de águas, para Jean-Claude Bernardet; um filme-síntese, para Ismail Xavier, que recapitula as imbricações do cinema brasileiro com a política nas décadas de 1960 e 1970, por meio de diferentes procedimentos cinematográficos que retomam, por conta própria, a tradição do documentário no Brasil. “É reportagem, é resgate histórico, metacinema, traz a voz do outro, a intertextualidade.”[1] Ainda segundo Ismail Xavier, é um filme que encerra o período mais vigoroso do cinema brasileiro, marcado pela tradição do cinema moderno, e que articulou de forma inventiva e heterogênea a dimensão estética com as questões políticas nacionais.

Na obra de Coutinho, além de *Cabra Marcado para Morrer*, apenas outros dois filmes iriam estabelecer mais diretamente uma relação com a história brasileira e com a memória: *O Fio da Memória*, realizado entre 1988 e 1991, e *Peões*, em 2002. Os demais documentários estariam centrados no presente das situações e dos personagens filmados. *Cabra Marcado*, contudo, é mais radical nessa relação e faz do resgate da história um meio de invenção formal. É efetivamente um filme que imprime mudanças decisivas nas relações entre o documentário, a política e a história do Brasil, retomando uma certa visão de cinema político, que busca mudar o mundo, típica da década de 1960, para deslocá-la e apontar outros caminhos.

Cabra Marcado estrutura a matéria da história de modo diferente daquele encontrado em documentários históricos das décadas de 1970 e especialmente de 1980: em vez dos grandes acontecimentos e dos grandes homens da história brasileira, ou de acontecimentos e homens exemplares, o filme se ocupa de acontecimentos fragmentários, personagens parciais e anônimos, aqueles que foram esquecidos e recusados pela história oficial e pela mídia. É "a vida dos homens infames" que interessa ao filme, para retomar o título de um belíssimo artigo de Michel Foucault,[2] no qual a infâmia em questão não diz respeito àquele que é "baixo e vil", mas àquele que é não-famoso, segundo a etimologia latina da palavra.

No artigo, Foucault aborda a vida dos homens infames do século XVII e XVIII, a partir da análise de algumas páginas ou mesmo linhas encontradas em livros de internação de hospitais, arquivos públicos e da polícia. São vidas que se perderam no tempo, nomes sem glória, biografias menores e erráticas, trazidas à luz por um *fait-divers*, pela queixa dos vizinhos, por um processo. Em *Cabra*/84, o que traz à tona esses anônimos é a própria filmagem, é o reencontro do cineasta com os camponeses que haviam participado do primeiro *Cabra*, em 1964.* É portanto a luz do cinema que recupera fragmentos dessas existências que estavam destinadas a não deixar rastro, a desaparecer.

A memória de cada um dos envolvidos, assim como a do próprio diretor — essenciais para o filme — surgem misturadas a acontecimentos da história brasileira daquele período. O filme articula duas formas de abordar o passado, privilegiando a memória de um grupo e levando em conta que ela conserva em relação ao passado uma abertura diferente daquela da história. No filme,

---

* Refiro-me ao longo desse capítulo ao material que foi filmado em 1964 como o "primeiro" *Cabra* ou *Cabra*/64, embora as filmagens não tenham sido concluídas, nem as imagens montadas. O que há é um copião reunindo o que foi filmado.

a história recolhe dados, acontecimentos, informações que contextualizam a memória, e surge em uma narração em off mais "objetiva". Ela é o substrato necessário para que a memória, formada pelas narrativas individuais, possa irromper. Essa memória não é porém apenas individual.

Trata-se do que o filósofo Paul Ricoeur define como a constituição mútua, cruzada, de uma memória pessoal e de uma memória coletiva.[3] Para lembrar, mesmo que solitariamente, recorremos à linguagem e, portanto, a uma mediação que já imprime à memória individual uma dimensão social. A língua utilizada nessa rememoração não é individualizada, mas comum, compartilhada e com expressões próprias à história e ao contexto de um determinado grupo. É, portanto em um mesmo movimento que se constituem a identidade e a memória coletiva, identidades e memórias pessoais. Contudo, as narrativas individuais têm singularidades que não se restringem à memória do grupo, muito pelo contrário.

O que faz *Cabra Marcado* é justamente identificar as variações, as inflexões, as marcas sutis que mostram que essas trajetórias anônimas não são homogêneas e que não há o "camponês" propriamente. Há, sim, uma multiplicidade de existências com uma experiência comum nas lutas sociais dos anos 60, mas com inserções diferenciadas nessas lutas e caminhos posteriores bastante distintos.

A reorganização da matéria da história e da memória em *Cabra Marcado* é tão mais complexa e interessante porque está intrinsecamente ligada à reestruturação da "matéria" do cinema documentário. É, com efeito, um movimento duplo de deslocamento, tanto em relação à história quanto em relação ao documentário. Em *Cabra Marcado*, diferentes elementos da tradição do cinema documentário surgem alterados, transformados, torcidos, a começar pela clássica separação entre cineasta e personagens: Coutinho é também personagem do filme, o que inclui de imediato uma dimensão da subjetividade do diretor na própria imagem.

Nos documentários brasileiros do início dos anos 60, a presença do diretor na imagem estava fora de questão. Havia uma separação radical entre quem filma e quem é filmado, uma "exterioridade" do sujeito em relação ao seu objeto, não havendo contaminação possível entre os dois lados da câmera. Na produção documental posterior há casos excepcionais, como o filme de Glauber Rocha sobre o velório e enterro do pintor Di Cavalcanti em 1977, em que o diretor era tão ou mais central que o morto ilustre. O filme, afinal, chamou-se *Di/Glauber*.

A inserção que o diretor faz em *Cabra Marcado* é de outro tipo. Mas tanto a presença de Glauber quanto a de Coutinho têm pelo menos um aspecto em comum: um caráter imprescindível para a existência dos filmes. É claro que, no limite, pode-se dizer isso a respeito de todo e qualquer filme, mas em algumas obras esse caráter é mais flagrante. Só Glauber Rocha teria a ousadia e a desfaçatez de invadir, à revelia da família de Di Cavalcanti, o velório do pintor e mandar o fotógrafo filmar "a cara do morto", como vemos e ouvimos no filme.

No caso de *Cabra Marcado*, Coutinho dirigiu as filmagens de 1964 e foi quem manteve, desde então, o desejo de retomar o projeto. Só ele poderia voltar ao Nordeste em 1981 para filmar e reencontrar os camponeses que dirigiu. Só ele poderia voltar, não apenas como documentarista tentando recuperar uma história perdida, mas como cineasta, com uma história em comum, com uma experiência de filmagem compartilhada 17 anos antes com determinado grupo de pessoas. Por isso, em muitos momentos, a narração é feita na primeira pessoa. Não se trata, é evidente, de um filme essencialmente pessoal, de um relato intimista, na linha dos "diários filmados", cada vez mais freqüentes no cinema documentário. Mas é uma obra que captura um momento em que a história de vida de um diretor de cinema se misturou à de alguns camponeses, e em que ambas foram afetadas por um acontecimento dramático da história do Brasil.

Cabra Marcado reúne um material de imagens e sons bastante heterogêneo e com grandes descontinuidades espaciais e temporais — o que marca uma diferença significativa com relação à maior parte dos filmes que Coutinho fará depois, centrados em um espaço único e praticamente sem outras imagens além daquelas filmadas por sua equipe. A montagem de *Cabra Marcado* organiza as imagens documentais do início dos anos 60, o copião do primeiro *Cabra*, fotografias e recortes dos jornais da época, depoimentos dos antigos atores, narrações em off, reportagens investigativas sobre o paradeiro dos filhos do líder camponês assassinado, imagens do processo de filmagem do *Cabra*/84.

Se podemos afirmar, contudo, que esse filme efetua desvios radicais nas formas dominantes de se fazer documentário no Brasil, ele também não deixa de dialogar com diferentes estéticas dessa forma de cinema, retomando algumas delas quando é preciso, reinventando outras na maior parte das vezes. As passagens em que uma narração em off contextualiza as lutas camponesas e os acontecimentos em torno do golpe militar se aproximam da estética dos documentários clássicos. As seqüências de interação explícita entre Eduardo Coutinho e seus personagens e as imagens da equipe — o fotógrafo, o técnico de som, o diretor — se filiam ao chamado cinema-verdade francês. O improviso de muitas situações, a precariedade assumida de algumas tomadas, as imagens em movimento das chegadas aos locais são tributárias dos cinemas novos que surgiram nos anos 60, das tecnologias mais leves e da experiência da televisão.

O primeiro *Cabra Marcado* e o *CPC da UNE*

Cabra Marcado para Morrer era, no início da década de 1960, um projeto de filme de ficção sobre um líder camponês assassinado a mando de um grande proprietário de terras nordestino. Foi produzido pelo Centro Popular de Cultura (CPC)[4] da União Nacional de Estudantes (UNE) e pelo Movimento de Cultura Popular (MCP) de Pernambuco, criado por Miguel Arraes, então prefeito de Recife. Tratava-se de uma história exemplar com personagens exemplares, bem ao gosto de uma arte popular revolucionária já colocada em prática nos curtas que compunham o filme *Cinco Vezes Favela* (1962),[5] única produção cinematográfica do CPC que foi concluída.

O povo, para essa arte engajada, era formado por personagens em condições de compreender as situações miseráveis em que viviam e de se conscientizar ao longo de uma narrativa, tendo como cenário o sertão nordestino ou a favela — vistos como expressão do que o Brasil tinha de mais "autêntico" e paisagens privilegiadas de boa parte dos filmes produzidos pelo Cinema Novo. Ao mesmo tempo, o espectador poderia também sair de sua alienação e ser forçado a pensar na direção sugerida, ou melhor, imposta, por aquilo que via e ouvia.

Coutinho, então com 28 anos, compartilhava dos ideais cinematográficos dos jovens integrantes do Cinema Novo. Em uma entrevista dada a Alex Viany em 1962, pouco antes de se agregar a uma caravana da UNE pelo país como membro do CPC — e durante a qual surgiria a idéia de filmar *Cabra Marcado* —, ele dizia: "O estilo do Cinema Novo deve ser livre, normalmente, pois todos os caminhos — a montagem intelectual,[6] a improvisação, o plano demorado — podem levar ao que interessa: o tratamento crítico de um tema vinculado à realidade brasileira."[7]

Já no segundo semestre de 1962 irrompiam tensões entre o CPC e o Cinema Novo, logo depois do lançamento de *Cinco Vezes Favela*. Artigos de Glauber Rocha e Cacá Diegues criticavam a concepção didático-instrumentalista de cinema e a tendência dos ideólogos do CPC a "legitimar como verdade científica suas posturas ideológicas, o que de imediato conduzia a uma atitude normativa e cerceadora da liberdade de criação artística".[8]

No Cinema Novo, a questão da arte articulada ao compromisso social era sem dúvida central, mas havia uma preocupação com a estética, uma recusa das fórmulas fáceis. Os filmes do grupo, com visões de mundo complexas, eram contestados por alguns integrantes do CPC, para quem a "indefinição ideológica" dos jovens cineastas transformava-os em "instrumentos da dominação". Formalismo, esteticismo, "os rapazes [do Cinema Novo] ... não querem compreender que, para falar com o povo, é preciso usar a linguagem que o povo entende",[9] afirmava Carlos Estevam, sociólogo e um dos fundadores do CPC, afastando com isso, do movimento cultural ligado à UNE, a maior parte dos integrantes do Cinema Novo. Apesar de discordarem das posições de Estevam, Leon Hirszman e Eduardo Coutinho continuaram ligados ao CPC até o golpe militar.

Elizabeth Teixeira, viúva de João Pedro.

A tarefa de Eduardo Coutinho naquela viagem era dirigir pequenas reportagens cinematográficas sobre a precariedade da vida dos brasileiros e registrar as atividades dos estudantes. Ao chegar à Paraíba, soube do assassinato, duas semanas antes, de João Pedro Teixeira, fundador da Liga Camponesa da cidade de Sapé, naquele estado, e de uma manifestação de protesto prevista para o dia seguinte. Decidiu filmar ele mesmo o comício, porque o cinegrafista estava doente. Essas imagens estão no *Cabra/84*, são elas que nos apresentam Elizabeth Teixeira, viúva de João Pedro, personagem fundamental para a realização do segundo *Cabra*, e seis dos seus 11 filhos. Foi nessa ocasião que Coutinho conversou com ela pela primeira vez. As filmagens da caravana foram interrompidas, e o diretor voltou ao Rio de Janeiro. A direção do CPC lhe propôs, então, dirigir um outro filme.

"Quem me escolheu para fazer o segundo filme do CPC depois de *Cinco Vezes Favela* foi o Carlos Estevam. Imagino que o Leon tenha participação nisso. Eu nunca perguntei para ele, mas um dia o Carlos Estevam falou: 'Você vai fazer o próximo filme'. Foi, assim, eleição dele. Então, de repente, ele escolhe para o segundo filme um cara que era extremamente vacilante. Ele sabia que eu não era comunista, nem ligado a nenhuma organização. Por que me escolheram? Sei lá. O que prova que o CPC não era assim tão fechado como se diz. Eu era o cara que não tinha militância nenhuma, nenhuma. A ponto de ter entrado para o Partido Comunista mais ou menos em outubro de 1963 por uma razão muito simples: porque comecei a assistir a uma reunião do partido em função do lugar onde estava. Eles não perguntavam nada e começavam a se reunir na minha frente. Daí eu entrei para o PC e durou pouco. Entrei em outubro, e o golpe foi em março. ” [10]

Coutinho sugeriu a princípio adaptar os poemas de João Cabral de Melo Neto: "Cão sem plumas", "O rio" e "Morte e vida Severina", mas o poeta recuou na autorização já concedida. Propôs então à direção do CPC realizar um longa-metragem sobre a vida do líder camponês assassinado. O roteiro se baseava essencialmente nas informações de Elizabeth sobre a vida de João Pedro e foi escrito por Coutinho em três dias, depois de uma outra viagem de quatro meses à Paraíba e a Pernambuco, em 1963, quando passou a conhecer melhor a viúva.

Elizabeth Teixeira e os atores que representam seu marido e seus filhos em *Cabra/64*.

Inicialmente previa-se que as filmagens seriam realizadas nos próprios locais dos acontecimentos e com os participantes reais da história. Mas só começaram dois anos depois, em fevereiro de 1964, no engenho Galiléia, município Vitória de Santo Antão, Pernambuco. Não puderam ser feitas em Sapé, porque estavam ocorrendo graves conflitos na região. Isso implicou a mudança do elenco original, do qual só restou a viúva de João Pedro. Os outros atores foram escolhidos entre os camponeses de Galiléia e de Vitória de Santo Antão. Trinta e cinco dias depois, as filmagens foram interrompidas pelo golpe militar. O exército invadiu a região, prendeu vários líderes camponeses e alguns integrantes da equipe, apreendeu o equipamento e o material de filmagem. O resto da equipe se dispersou, e uma boa parte do material já rodado — cerca de 40% do roteiro — foi salva, porque fora enviada ao laboratório no Rio de Janeiro dias antes do golpe. Mais tarde recuperaram-se oito fotos de cena e o roteiro original.

O cinema e o mundo

É dessas imagens que Coutinho partiu, 17 anos depois, para realizar um novo filme. Seria um documentário, era certo, mas de um novo tipo, em torno de um filme inacabado, sem roteiro ou idéias preconcebidas. Havia apenas um plano de filmagem teoricamente "fácil", que consistia "em reatar o contato com as pessoas, saber se elas estavam vivas".[11] Em uma entrevista de 1984, na semana de lançamento do filme, Coutinho declarou que percebera, logo em seguida ao golpe, que algo estava errado no projeto inicial. "Um ano depois sabia que teria de ser um filme diferente, mas ainda não tinha uma noção exata."[12]

Em 1979, o diretor chegou à conclusão de que aquele não poderia ser um filme igual aos outros, uma vez que necessariamente ele seria um personagem. E não só ele, o diretor, como também a equipe que o acompanhava e as imagens de 1964. Por isso, levou com ele o copião do primeiro *Cabra* e uma segunda câmera, justamente para poder filmar a câmera principal, dois elementos indispensáveis para a feitura de um filme que "teria que contar a sua própria aventura".

A cena inicial de *Cabra Marcado para Morrer*, em que algumas pessoas armam um projetor de cinema ao ar livre para projetar o copião aos trabalhadores rurais do Galiléia, indica a primeira grande diferença entre o primeiro e o segundo filme — e, por tabela, entre uma visão mais clássica de cinema e uma outra, marcada pela modernidade cinematográfica. Não se trata mais de filmar de forma "justa" um real já dado, de reconstituir a realidade como ela efetivamente se deu, mas partir de imagens, sabendo que elas se misturam às memórias individuais e coletiva, que estão mescladas ao mundo. Sabe-se também que é essa mistura, e não "a realidade em si", que vai permitir a reconexão entre o cineasta e os atores que participaram do filme interrompido em 1964. No caso do primeiro *Cabra*, havia um acontecimento trágico a ser reproduzido nas imagens: o assassinato de um líder camponês. O roteiro reconstituía essa história e era, segundo o próprio diretor, bastante convencional, com personagens muito tipificados.

Essas imagens que servem de estímulo à memória dos personagens envolvidos não são "neutras", longe disso. Trazem nas características dramáticas e estéticas o valor de documento de uma determinada época, uma determinada concepção de cinema político. São fragmentos que nos fazem experimentar visualmente essa concepção, na sua versão CPC: um cinema engajado, com ousadias e riscos nos esquemas de produção (equipes pequenas, orçamentos baixíssimos, atores "naturais" em locações), mas sem ambigüidades ou experimentações estéticas. A direção de atores, os enquadramentos, a iluminação, o que vislumbramos do roteiro original (personagens esquemáticos desprovidos de conflitos internos em uma narrativa linear, com uma mensagem bastante clara), tudo indica ao espectador do *Cabra*/84 um "de onde viemos", propiciando uma avaliação mais precisa do tipo de deslocamento estético e político que o filme efetua.

As cenas de pobreza filmadas por Coutinho para a UNE Volante em 1962 estão no início do *Cabra/84*, e o texto que acompanha essa seqüência, narrado pelo poeta Ferreira Gullar, apresenta de forma resumida o contexto histórico em que surge o projeto do primeiro *Cabra* e faz referências ao pensamento do período : "A imagem da miséria contrastada com a presença do imperialismo: essa era uma tendência típica na cultura daqueles tempos. Como demonstra a 'Canção do subdesenvolvido', um dos clássicos do CPC". Em seguida, é Coutinho quem ouvimos: "Como integrante do CPC e responsável por estas filmagens, também paguei meu tributo ao nacionalismo da época, indo filmar em Alagoas um campo de petróleo que a Petrobras começava a explorar."

Se houve sectarismos estético-políticos, é inegável a abertura que o CPC propiciou a jovens das classes médias que desconheciam completamente o Brasil. A possibilidade de contato e efetiva convivência com outras classes sociais era absolutamente excepcional, permitindo, no caso de Eduardo Coutinho, iniciar um filme de ficção que tinha como atores os próprios trabalhadores do campo organizados, experiência única no cinema brasileiro. "A gente se imaginava praticamente no poder, trabalhando com os camponeses, João Goulart no poder ... Todo mundo fazendo aquilo. ... Esta coisa de jovem que acha que vai transformar o mundo mesmo",[13] lembra Vladimir Carvalho, assistente de Coutinho em 1964.

Roberto Schwarz enfatiza essa possibilidade de convivência, ao afirmar que *Cabra/84* traz a "riqueza daquele momento extraordinário", expressa "o encontro entre os movimentos estudantil e camponês, através do cinema, num momento de radicalização política nacional".[14] O documentário de 1984 contém, na verdade, "homenagem e crítica ao processo de se fazer arte política há 20 anos", diz Coutinho. "Homenagem porque não poderia fazer o filme se não tivesse estado no CPC; e crítica porque acho que não tem nada a ver com a postura da época."[15]

Cabra Marcado para Morrer e o cinema moderno

A segunda grande diferença entre o *Cabra/64* e o *Cabra/84* — marcando uma outra ruptura entre o cinema clássico e o moderno — é a aposta de Coutinho no processo de filmagem como aquele que cria, produz acontecimentos e personagens. Ele aposta no encontro entre diretor, atores do primeiro filme e câmera como aquilo que torna o documentário possível. Em outras palavras, não se trata de filmar uma realidade pronta, mas uma realidade sendo produzida no contato com a câmera. Nas imagens de 1964 não há qualquer

Elizabeth Teixeira no copião de *Cabra/64* projetado em São Rafael, 1981.

indício da interação entre os dois lados da câmera. Em 1981, quando Coutinho volta ao Nordeste, trata-se fundamentalmente dessa interação e de deixar claras as condições de produção do filme, o processo de filmagem — uma dimensão crucial na obra de Coutinho daí em diante.

É verdade que entre 1964 e 1981 muita coisa de importante aconteceu na história do cinema. As novas cinematografias dos anos 60 reinventaram o cinema, imprimindo variações e múltiplos rumos às inovações do "primeiro" cinema moderno — o de Orson Welles (*Cidadão Kane*, 1942) nos Estados Unidos, o de Jean Renoir (*A Regra do Jogo*, 1939) na França, o de Roberto Rossellini (*Roma, Cidade Aberta*, 1944-46) e o neo-realismo na Itália do imediato pós-guerra. Os cinemas novos da década de 1960 aprofundaram a recusa do classicismo cinematográfico, com sua narrativa linear, a montagem invisível,* o ilusionismo, a "impressão de realidade". Ao mesmo tempo reafirmaram uma nova relação com o espectador, que, em lugar de aderir passivamente aos significados produzidos pelas obras, foi "intimado" a construir os sentidos daquilo que via e escutava. Essa é aliás uma das contribuições centrais do pensamento crítico de André Bazin para a história do cinema: ter identificado na modernidade cinematográfica uma nova relação com o espectador; um novo modo de consumo proposto pelos filmes que o cinema de Coutinho retoma, como veremos, de variadas maneiras.

Se, no início dos anos 60 — especificamente até o golpe militar de 1964 — existia uma concepção mais estreita de cinema político,

---

*A montagem invisível ou "transparente" define um tipo de montagem que não se revela, típica da decupagem clássica e de um cinema que se coloca como uma "janela transparente para o mundo". O espectador deve esquecer que está assistindo a um filme em favor da história narrada. É a montagem dominante no cinema e se opõe à montagem "opaca", aquela que se mostra.

que aliás rendeu poucas obras, também foi uma década excepcionalmente marcada por uma renovação cinematográfica que perturbou radicalmente as relações entre a imagem e o mundo. A idéia, implícita ao cinema clássico, de que a imagem reproduz o real — na ficção e no documentário — sofreu abalos consideráveis, e o cinema tornou-se também produtor do real, de acontecimentos, motor de comportamentos, falas, gestos e atitudes. Foi um momento em que as fronteiras entre vida e arte, ficção e documentário, ator e personagem, sujeito (cineasta) e objeto (personagens e situações) se dissolveram, em que se experimentavam novas relações entre a imagem e o som, em obras tão diferentes e modernas como as do Cinema Novo, do cinema independente norte-americano de John Cassavetes, da Nouvelle Vague, do cinema-verdade francês, do cinema italiano dos anos 60.

Os filmes de Jean-Luc Godard são exemplares dessas mudanças. De uma certa maneira, são documentários sobre a ficção; filmes de atualidade sobre a filmagem de um filme; obras que tematizam o próprio cinema; as dificuldades de se fazer um filme, a relação com os atores, com as estrelas, com o dinheiro; filmes dentro de filmes. *Cabra Marcado para Morrer* é posterior a essa modernidade, mas, de várias maneiras traz os sinais dela. Não deixa, a seu modo, de subverter as fronteiras entre vida e arte, entre ator e personagem, entre cineasta e situação filmada, entre o filme e o espectador; não deixa de ser um documentário sobre uma ficção, um filme dentro de um filme.

O cinema-verdade francês,* particularmente o filme de Jean Rouch e Edgar Morin *Crônica de um Verão* (1961), sempre me pareceu uma inspiração possível à metodologia de *Cabra Marcado para Morrer* (1984),[16] apesar das profundas diferenças temáticas. O filme foi rodado no verão parisiense de 1960, em plena Guerra de Independência da Argélia. Na primeira parte, aborda problemas existenciais de moradores de Paris, escolhidos ao acaso, a partir de uma questão central: você é feliz? Na segunda parte, as conversas focalizam a política, o racismo e a guerra. Rouch e Morin vão às ruas, aos bares e restaurantes da cidade; organizam encontros, jantares, diferentes situações em que colocam em relação os personagens e filmam tudo o que é possível.

---

*O cinema-verdade francês e o cinema direto norte-americano surgiram no final dos anos 50 e faziam uso das mesmas tecnologias do "direto" recém-criadas (câmeras leves sincronizadas com o som); também compartilhavam de um elemento estético comum: a filmagem em plano-seqüência; se diferenciam contudo na forma de filmar os acontecimentos: os cineastas do cinema-verdade participavam dos acontecimentos; os do cinema direto se limitavam a observar o mundo, sem interagir. Há teóricos que definem ambos os movimentos como "cinema direto", expressão rara no Brasil, mas que se impôs na Europa e nos Estados Unidos para designar os documentários contemporâneos.

O filme é portanto uma crônica da sua própria filmagem, ao longo da qual os papéis dos protagonistas se invertem inúmeras vezes.

O que há de essencial em *Crônica de um Verão*, que resiste ao tempo com tanto frescor, é justamente a possibilidade de um outro tipo de relação entre quem filma e quem é filmado, e a transformação dos envolvidos em função do filme. A interação entre cineasta e personagens — que necessariamente acontece em qualquer documentário, mas é dissimulada em muitos casos — é recolocada sobre novas bases e explicitada na imagem. O espectador assiste ao encontro dos cineastas com vários personagens, a inclusão de alguns deles como integrantes da equipe, a participação ativa dos diretores para produzir acontecimentos que serão filmados. O que é registrado, segundo Jean Rouch, é uma "singular metamorfose", um "cine-transe", quando, "graças a esse pequeno monstro de cristal e aço, ninguém é mais o mesmo".[17] É esse o interesse do filme, insiste Rouch, "a transformação das pessoas em função do filme".[18]

Crônica de um Verão tem ainda uma outra característica que o torna fundamental para a história do documentário: o fato de Rouch e Morin terem mostrado o copião a quem participou do filme e inserirem essa seqüência na montagem final. As avaliações são múltiplas. Constrangimento, desconforto, mas também prazer de ser ver na tela. "Cerca de seis meses de esforço, de paixão, de disputa, de camaradagem, de experiência, de busca, tornam-se bruscamente lembranças", diz Morin, lembrando que as críticas entristeceram Rouch. Alguns personagens "se queixam de que o filme apresentou apenas um aspecto unilateral deles mesmos. Todos se sentem mais ricos, mais complexos que a imagem deles no filme, o que é — segundo Morin — verdadeiro".[19] Este é portanto um filme que traz à discussão, de forma inovadora, a dimensão ética das imagens e da relação dos cineastas com seus personagens — dimensão também fundamental para o cinema de Eduardo Coutinho.

Identificar as origens de certos procedimentos não retira qualquer mérito de *Cabra Marcado*, muito pelo contrário. Porque o filme os atualiza de forma tão singular, associando-os a elementos do universo filmado, que é, na verdade, uma reinvenção, e não uma atualização. Coutinho conhece evidentemente o filme de Rouch e Morin, porém aponta a experiência na televisão como determinante da forma como filmou *Cabra Marcado*: "A televisão trouxe essa agilidade, a câmera leve tinha que ser usada, ela ia na intimidade, filmava tudo, acompanhava as trajetórias das pessoas, os tempos mortos, arriscava o erro. O cinema não tinha isso, era comportado." Ao mesmo tempo, ressalta que aquilo que fez em *Cabra Marcado* seria inaceitável na televisão.

"Ali eu sou personagem, sou parceiro eventual daqueles caras. Na verdade, fui juntando o que a televisão fazia, mas cortava ou usava mal, com aquilo que o cinema não fazia, e isso de uma forma muito mais instintiva do que pensada. É nesse sentido que eu digo que quero fazer da reportagem uma das belas-artes. O que chamo de reportagem, no final? A coisa se produz de improviso, e você tem que filmar. Filmar a chegada e a saída em uma casa, ninguém filmava. Eu devia ter isso na cabeça em *Cabra*, porque o fato era que o câmera filmava sempre, a equipe entrando ou não na imagem, não tinha importância, porque você sentia que ela estava em jogo. E na primeira vez, com Elizabeth, não pude fazer, estava tudo tenso. No segundo dia, estava livre, liguei as duas câmeras na esquina, e ela apareceu na janela. E no final, quando ela fala do Figueiredo, aquilo foi produto da câmera filmar o tempo todo. E você não tem como elaborar o seu ponto de vista como artista ou ideólogo, você filma, e se ela se virar, você vai junto. Isso me fascina, é uma situação viva que é diferente do que eu tenho feito nos últimos filmes, nos quais a surpresa vem de outra forma."

Reencontro entre a equipe de Eduardo Coutinho e Elizabeth Teixeira, 1981.

Em *Cabra Marcado* não são poucas as imagens nas quais a equipe aparece, bem mais, e de forma diferente, de *Crônica de um Verão*. Não apenas o diretor de fotografia, o técnico de som e o diretor são filmados em muitas seqüências, mas a própria narração de Coutinho indica as condições de produção de diversas entrevistas, mostrando ao espectador a relatividade do que está sendo filmado. "Quer dizer, hoje as pessoas falam dessa maneira, numa determinada situação; no dia seguinte, de surpresa, podem falar de outra maneira."[20] É essa explicitação das condições de filmagem que define melhor o que conhecemos hoje por "cinema-verdade", uma expressão infeliz criada por Rouch no início dos anos 60 e que gerou muito mais equívocos para o movimento do que gostaria seu inventor.

O termo, que não passava de uma homenagem à Dziga Vertov e ao seu Kinopravda — o "cinema-verdade" soviético —, foi visto por muitos como a pretensão maior desses novos documentários: captar a verdade do mundo. O que Rouch fazia de fato era problematizar a questão da verdade na tradição do documentário, dizendo que a verdade possível dessa forma de cinema é aquela que inclui a presença dos cineastas e revela as condições de produção. Não se trata, pois, da filmagem da verdade, como o próprio nome cinema-verdade leva a crer, mas no máximo de uma verdade do momento da filmagem, como também defende Eduardo Coutinho.

> "A verdade da filmagem significa revelar em que situação, em que momento ela se dá — e todo o aleatório que pode acontecer nela. ... É importantíssima, porque revela a contingência da verdade que você tem ... revela muito mais a verdade da filmagem que a filmagem da verdade, porque inclusive a gente não está fazendo ciência, mas cinema." [21]

Cabra Marcado para Morrer não é a retomada de uma obra inacabada, nem um documentário sobre os fatos que separam o primeiro filme do segundo, nem um filme sobre os trabalhadores rurais que participaram das lutas políticas no início dos anos 60. Pelo menos não é apenas isso, ou não é esse o núcleo que produz a imensa força que o filme tem. Esse núcleo de força se constitui do reencontro do cineasta com seus personagens e das falas produzidas nessas ocasiões, especialmente as de Elizabeth Teixeira e outros camponeses que participaram das filmagens de 1964 — sobretudo João Mariano, Zé Daniel, Cícero e João José, conhecido pelo apelido de Duda; e também a do ex-líder camponês João Virgínio. São essas seqüências que fazem do filme o que ele é, o que já estava claro para o diretor desde o momento da filmagem. Elizabeth Teixeira foi a primeira pessoa filmada em 1981. Não houve qualquer preparação, a não ser as negociações, árduas segundo Coutinho, com o filho mais velho, Abraão.

> "Filmei a Elizabeth em três dias, dois dias e meio. ... Nós íamos fazer a primeira parte na Paraíba e depois a parte de Pernambuco. Mas, quando acabei de filmar a Elizabeth, já senti o filme com tal vida, que decidi: 'Vamos direto para Pernambuco. Vamos liquidar Galiléia, porque se for bem na Galiléia, o filme está pronto.' Daí nós fomos para Pernambuco e fizemos aquela cena da projeção. ... Enquanto estávamos preparando as coisas, o João Virgínio deu aquele grande depoimento sobre a tortura ... A projeção foi complicada, porque tivemos de buscar os atores que moravam longe, e foram todos. Foi maravilhoso ... Naquela noite eu já sabia que tinha o filme, tinha certeza, um filme fortíssimo, ... tinha certeza absoluta de que o filme era bom." [22]

São essas seqüências dos reencontros de Coutinho que estruturam a narrativa de *Cabra Marcado*, assim como a sessão de projeção do copião para os atores que trabalharam no primeiro filme e para a comunidade de Galiléia. A interação de Coutinho com Elizabeth Teixeira e os outros camponeses nas filmagens de 1981 impõe uma inversão da forma como o primeiro *Cabra Marcado* representou os camponeses. São seqüências em que há uma concentração extrema para que uma fala vigorosa possa surgir.

Parece-me fundamental ressaltar esse aspecto e analisá-lo com mais vagar, em função justamente da trajetória posterior de Coutinho. É como se ele extraísse dessas seqüências o princípio central do seu cinema pós-*Cabra Marcado*. É como se, a partir desse documentário, impusesse a seus filmes uma depuração lenta e gradual — com recuos, interrupções, desvios — dos elementos estéticos com os quais trabalhava, e passasse a se concentrar no que ele considerava essencial já em *Cabra Marcado para Morrer*: o encontro, a fala e a transformação de seus personagens. Walter Lima Jr afirma essa novidade de *Cabra Marcado* em um excelente artigo publicado à época do lançamento.

> [O filme] vem enriquecer a observação da ação do cinema sobre o real, em aspectos bastante significativos: um deles, a sua capacidade de interagir entre seus personagens, transformando-os e com isso se transformando. Os camponeses que vêem o copião de Coutinho não são mais os mesmos no dia seguinte. Provocados por uma realidade (cinematográfica) anterior, eles voltam a agir, desta vez estabelecendo novos rumos para o filme que está sendo feito. O que existe realmente de novo em *Cabra Marcado* talvez esteja exatamente aí, na sua extraordinária cumplicidade com a vida.[23]

Transformações de dona Elizabeth no cinema e na vida

Até reencontrar Coutinho nas filmagens de 1981, dona Elizabeth Teixeira vivia na clandestinidade — como Marta Maria da Costa — em São Rafael, pequena cidade perdida no interior do Rio Grande do Norte. Estava escondida ali há 16 anos. O filme não apenas permite que ela retome seu verdadeiro nome, como também produz nela uma mudança radical. Elizabeth Teixeira faz um inusitado reencontro com uma dimensão de sua vida ao longo dos três dias de filmagem em São Rafael. Conversa longamente com Coutinho em duas ocasiões: assim que a equipe chega à cidade e na manhã do dia seguinte, depois de ter visto o copião.

O primeiro encontro é marcado pela emoção, mas também por constrangimentos, em função da presença do filho Abraão, que pressiona a mãe para

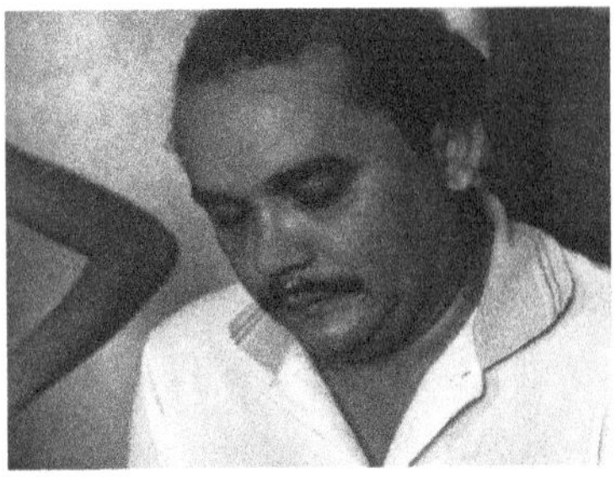

Abraão, filho mais velho de Elizabeth Teixeira, leva a equipe de Eduardo Coutinho ao encontro da mãe, 1981.

que ela faça algumas declarações de princípio: "Mãe, reconheça a abertura política do presidente Figueiredo, graças a ele nós estamos aqui." Seus vizinhos, amigos e seu filho Carlos — o único que vive com ela —, também estão ao seu redor. As fotos que restaram da filmagem do primeiro *Cabra Marcado* circulam de mão em mão.

Ruídos ambientes, silêncios, palavras entrecortadas ou inaudíveis se misturam às falas da mãe e do filho. Em alguns momentos, Elizabeth diz o que Abraão deseja, agradece a possibilidade de reencontrar os filhos e o próprio Coutinho ao presidente Figueiredo. Em outros, relembra seu sofrimento, a clandestinidade e os companheiros que morreram; sua voz ganha então confiança.

Novas interrupções de Abraão acontecem durante esse primeiro encontro, sempre impositivas: "... diga, não é lhe orientando politicamente, todos os regimes são iguais, desde que a pessoa não tenha proteção política, todos são rústicos, violentos, arbitrários, dependendo das camadas e das situações econômicas, todas as facções políticas esqueceram de Elizabeth Teixeira, simplesmente porque não tinha poder." Nessa intervenção, há, implícita, uma crítica à própria esquerda e indiretamente ao próprio Coutinho, a quem Abraão se dirige: "Está aqui a revolta do filho mais velho. ... Agora, se o filme não registrar esse meu protesto, essa minha veemência ...". Coutinho não contesta: "eu registro tudo o que os membros da família quiserem..." Como se soubesse que poderia eventualmente ser cortado na montagem, Abraão insiste: "Mas quero que o filme registre esse nosso repúdio a quaisquer sistemas de governo...". Coutinho afirma: "Estará registrado, te garanto".

A seqüência tem cerca de quatro minutos e é repleta de tensões. Elizabeth se constrange, hesita, confia; Abraão é enfático, autoritário, desconfiado. Coutinho fala pouco, apenas o suficiente para que o encontro continue. Não se opõe a Abraão, não coloca em questão o que ele diz. Sabe que a força desse momento está justamente nessa multiplicidade de sentimentos e que todos ali têm razão, ou pelo menos suas razões. "Em cena" — como bem lembra Regina Novaes — "não há heróis ou bandidos, dominadores e dominados. Há interesses e sentimentos diferentes explicitados, à flor da pele."[24] Trata-se, para Coutinho, de intervir o menos possível, e o equilíbrio é extremamente frágil. Essa é uma seqüência primorosa a demonstrar o que pode um documentário: a ausência de controle por parte do cineasta, a impossibilidade de um único sentido para o que estamos vendo, a palavra de Elizabeth tomando corpo e encontrando pouco a pouco sua vitalidade.

Elizabeth e os dois filhos, num momento tenso do filme.

No segundo encontro, Abraão não está mais presente. Animada, disposta, Elizabeth pede a Coutinho para refazer a entrevista. "... Ontem à noite eu me deitei e fiquei imaginando. A entrevista, eu falei muito mal ontem, mas eu fiquei também muito emocionada. ... Porque eu devia ter começado direitinho, a vida como você queria, de início. ... Se você tinha deixado pra hoje eu tinha me expressado melhor." É surpreen-dente o "conhecimento intuitivo"[25] que Elizabeth possui do que é relevante falar. Ela percebe a importância do filme para reunir o que estava disperso. Ao mesmo tempo, essa fala deixa claros os efeitos que o primeiro encontro e a sessão de projeção do copião do primeiro *Cabra Marcado* produziram sobre sua memória e suas reflexões; ela já está em plena transformação.

Insisto nesse aspecto porque ele é exemplar da abordagem cinematográfica dos personagens de Eduardo Coutinho na maior parte dos filmes que iria realizar em seguida a *Cabra Marcado*. Ele parte de personagens reais, porém, o que filma não é a pessoa "tal qual ela é" na vida cotidiana. Da mesma forma, não pretende obter de seus entrevistados palavras que expressem uma verdade ou reproduzam o que efetivamente aconteceu. Mesmo no caso de Elizabeth Teixeira e de outros personagens de *Cabra Marcado*, em que está em questão um passado, uma memória — diferentemente da maioria de seus filmes posteriores —, o que importa é como essas lembranças surgem no presente, como são narradas no momento da filmagem, mesmo que não coincidam com o que está estabelecido pela história oficial. É a "memória do presente" que interessa, a alteração que suas lembranças imprimem no presente, em seu corpo, gestos, voz e na sua vida. Narrar, nesse sentido, já é uma prática, ativa, produtiva.

"Jamais quis fazer um filme que fosse uma análise do movimento camponês. ... Também não pretendi que as pessoas reconstituíssem

o passado. Quis fazer algo sobre a memória do presente, como me disse um espectador. Nunca tentei recuperar na fala delas a reconstituição da integridade do movimento camponês e suas contradições. ... O importante era a memória delas, falando depois da anistia e diante de uma câmera. O que é, afinal, um filme histórico? Você pode recuperar integralmente o que aconteceu? Nunca. As reconstituições são sempre falsas. ”[26]

A modificação sofrida por Elizabeth Teixeira durante o filme pode também ser entendida como uma liberação. Talvez tenha sido Edgar Morin o primeiro a fazer uma relação entre uma dimensão do documentário e a psicanálise. Não no sentido literal, mas identificando no objetivo do filme a "idéia terapêutica" de que uma "comunicação pode significar liberação".[27] Nesses dias de filmagem em que Elizabeth narra para a câmera diferentes momentos do seu percurso, há efetivamente uma liberação dessa ordem. Ocorre uma operação de autoformulação, ou mesmo de reinvenção, a partir de fragmentos de sua vida, e essa liberação expressa o fim de um longo período de clandestinidade. As conversas com Elizabeth, embora fragmentadas ao longo do filme, têm a cronologia de filmagem respeitada. Isso significa dizer que o espectador testemunha um processo semelhante àquele presenciado por Coutinho: uma espécie de reencarnação da mulher corajosa e combativa que ela efetivamente foi. Talvez não daquela maneira, mas o que importa é o que acontece com ela no interior do filme e a partir dele: uma metamorfose vigorosa.

Cercada das amigas que manifestam carinho e solidariedade, ao lado do presidente do sindicato local dos trabalhadores rurais — o único com quem partilhava suas experiências políticas —, passando a tabuada a seus alunos, Elizabeth já é outra. Orgulhosa do seu passado, agora tornado público, ela se libera, tem expressões, olhares, gestos. Quando a equipe deixa a cidade, vemos ainda a senhora ao lado do carro, falando entusiasmadamente com Coutinho: "A luta que não pode parar, enquanto se diz 'tem fome e salário de miséria', o povo tem que lutar. Quem é que não luta por melhores dias de vida? ... É preciso mudar o regime, é preciso que o povo lute, que enquanto tiver esse regimezinho, essa democraciazinha aí ... Democracia sem liberdade, ... não pode, ninguém pode."

A seqüência provocou diversos comentários, entre os quais o de que Elizabeth teria se expressado de forma tão espontânea porque pensou que a câmera estivesse desligada. Essa é uma observação que não me parece fazer sentido, diante da proposta geral do filme. É para os técnicos do filme, para Coutinho, para os amigos que a rodeiam, e talvez para a câmera também, pouco importa, que Elizabeth usufrui desses momentos finais com quem produziu nela tal mudança.

Elizabeth Teixeira é efetivamente a personagem central de *Cabra Marcado*. Isso não estava previsto, mas aconteceu. Um pouco antes de iniciar o filme, Coutinho não sabia nem se ela estava viva. É o relato da sua vida em comum com João Pedro e da trajetória do marido que organiza o filme; é a desagregação de sua família que o filme nos mostra. É seu reencontro com Coutinho que faz com que ela estabeleça uma aliança entre o passado e o presente para além do filme, pois, ao sair da clandestinidade, ela volta a ter uma participação política efetiva nas lutas sociais no campo.

Por um cinema ambíguo

Há, porém, outros personagens que contribuem imensamente para que a narrativa de *Cabra Marcado* se constitua. São eles João Virgínio, líder da Liga de Galiléia, João Mariano, que fazia o personagem de João Pedro no primeiro *Cabra*, Cícero, Zé Daniel e Duda, todos envolvidos nas filmagens de 1964. Entre os camponeses que participaram do filme, quem era procurado pela repressão acabou se entregando nos dias que se seguiram ao golpe. A própria Elizabeth se entregou uma vez, antes de entrar para a clandestinidade. Nenhum deles tinha condições de mudar de cidade, muito menos de país.

João Mariano faz o papel de João Pedro, e é o ator que mais aparece no copião e quem mais nos habituamos a ver nas imagens. A presença dele em *Cabra*/84 enfatiza as diferenças nas trajetórias individuais e na relação que cada um dos antigos atores estabelece com o material filmado. Ao contrário dos demais trabalhadores, não tinha inserção no movimento das ligas. Expulso de um engenho, aceitou trabalhar no filme e foi pouco a pouco se identificando com o papel de João Pedro.

Na conversa com Coutinho, João Mariano, hoje dirigente de uma igreja batista, expressa seus temores de se ver envolvido de novo. Em seu relato, percebe-se que ele não diferencia as reivindicações do movimento camponês e o objetivo do filme: "Quando os senhores me procuraram eu ingressei dentro dessa carreira, mas sem saber o que estava fazendo. Mas quando eu entendi que era para viver assim dentro das propriedades, agindo por terras... Isso é um movimento revolucionário, e eu não quero revolução comigo." Fala com certa dificuldade e hesita em retomar a conversa com Coutinho depois de uma interrupção momentânea na entrevista, causada por um problema técnico. Crítico às ações dos camponeses de então, é bastante reticente nas suas respostas, revelando a amargura de ter sido expulso da sua igreja em 1964 por uma suposta participação no movimento camponês. Coutinho pergunta se o engajamento dele nas filmagens de 1964 o prejudicara. João Mariano diz que não e que ficou satisfeito em assistir à projeção em Galiléia, porque pôde "desfrutar" do trabalho dele: "foi uma coisa natural, não foi coisa que prejudicasse A ou B".

De todos os camponeses reencontrados por Coutinho, João Mariano é o mais radicalmente distante daqueles que lutaram nas ligas e, ironicamente, sem qualquer relação com o líder camponês que ele representava no projeto original do filme. Ouvir as suas razões, é o que Coutinho faz, sem julgá-lo. "O filme é contra heróis e aceita a contradição que existe na vida das pessoas. Quando reencontrei João Mariano, ... não esperava que ele tivesse uma postura agressiva nos classificando de 'comunistas'", afirma Coutinho em 1984. "Não queria que fosse assim, mas, ao mesmo tempo, é bom que tenha acontecido dessa forma. E isso foi mantido no filme, ou seja, a contradição entre o ator arrependido e seu personagem militante. Nos tempos do CPC, seria impossível manter isso no filme."

João Virgínio relata a Eduardo Coutinho as torturas que sofreu depois do golpe militar de 1964.

Da mesma maneira, é também uma contradição com um certo pensamento de esquerda do início dos anos 80 João Virgínio afirmar, depois de uma descrição terrível da tortura que o deixou cego de um olho, surdo de um ouvido e com problemas no coração: "... mas não tem melhor do que um dia atrás do outro com uma noite no meio, e a ajuda de Nosso Senhor Jesus Cristo é que vai proteger a gente. As graças de Deus estão caindo aí de hora em hora."

Na época do lançamento do filme, Coutinho manifestava sua irritação com respeito a uma postura que não aceita a complexidade dos personagens e das situações: "As pessoas nem sempre aceitam o discurso inteiro. Eu já ouvi gente comentando: 'que alienação'. A pessoa que acha isso deve pensar: 'Como é possível acreditar em Deus numa situação dessas?' Fico furioso com essa coisa. Como se não houvesse um sentimento religioso de outro tipo nos partidos que querem transformar o mundo."[28] O mesmo se dá com o discurso final de Elizabeth, quando ela espontaneamente, sem a presença do filho, elogia a abertura política e o presidente Figueiredo.

"Existem dois momentos em que ela fala da abertura. No primeiro, é empurrada pelo filho. No segundo, com uma certa liberdade. Um ano mais tarde eu vou entrevistar a filha e, na carta que Elizabeth lhe mandou, há uma referência à abertura. Está claro que é uma coisa que existe nela. ... Eu aceito as contradições do discurso dela, porque, se a gente não aceitar as contradições, não faz filme. Como podemos julgar o que pensa um camponês que está há 17 anos sem ver os filhos? Não é com o nosso critério." [29]

É espantoso que essa postura ética possa receber interpretações absolutamente equivocadas. Há, no caso de *Cabra Marcado*, uma suposição de que Coutinho teria ficado incomodado com as manifestações de Elizabeth ou de João Mariano, porque iriam contra supostas crenças do cineasta. Esquece-se com excessiva facilidade que se trata de um filme, e que o diretor pode simplesmente cortar falas e imagens que o perturbam. Se são mantidas, é porque fazem parte da proposta do filme.

Em muitos momentos do filme, não há como identificar o "bom sentido" para o que está sendo mostrado. O sentido pode tomar duas ou mais direções ao mesmo tempo, na continuidade de uma mesma fala, no auto-retrato de um mesmo personagem. Isso implica necessariamente uma outra relação com o espectador, a quem não é dada uma verdade pronta e acabada, nem um sentido único para os acontecimentos filmados. Ele é obrigado a "trabalhar" também, a estabelecer relações, a participar ativamente da construção dos sentidos do filme, ou a se deparar simplesmente com a impossibilidade de pensar "aquilo".

A seu modo, Coutinho se aproxima da noção de ambigüidade, tão cara à André Bazin e à arte moderna em geral. Só que, para Bazin, a ambigüidade de um certo tipo de cinema estava "ontologicamente" ligada a estruturas profundas da realidade, a relações preexistentes que a câmera deveria respeitar e captar. Nada mais distante do cinema de Coutinho. Ele sabe que a câmera provoca alterações, filma essas alterações, sem se importar com as "estruturas profundas da realidade", que, se por acaso existissem, seriam certamente infilmáveis.

De toda maneira, apesar dessas diferenças de base, é interessante notar que a prática e o pensamento mais recentes do cineasta se aproximam de algumas noções elaboradas pelo crítico francês, mas como que liberadas do aspecto religioso. Se há alterações no que é filmado — condenadas pelo crítico —, há posteriormente um respeito radical de Coutinho pelo material captado. Isso ocorre em um processo de montagem no qual o que acontece basicamente é a "eliminação inevitável de uma realidade excessivamente abundante", uma rejeição profunda de quaisquer simbolismos e uma recusa em acrescentar elementos estéticos que não pertençam ao universo filmado, como pregava Bazin. A resistência de Coutinho nos seus filmes mais recentes em não inserir músicas que não foram captadas no local é exemplar dessa recusa.

Marcados para morrer

"Tem gente lá fora", diz temerosa a personagem de Elizabeth na última cena das filmagens de *Cabra Marcado* realizada na noite de 31 de março de 1964. No roteiro original, João Pedro estava reunido com camponeses para discutir a criação da Liga de Sapé. Elizabeth ouve ruídos e vai até a janela. Não haveria mais filmagens. O que aconteceu com a equipe e com os camponeses em seguida ao golpe militar é contado especialmente por Zé Daniel e seu filho Duda.

Zé Daniel foi quem levou Coutinho e os integrantes do filme a um esconderijo no mato, quando as tropas do exército chegaram no dia 1º de abril, e ficou com eles até o amanhecer do dia seguinte. Depois da partida da equipe, Zé Daniel foi se entregar ao exército. Ao relatar o depoimento que prestou a um sargento, sua voz, até então bastante frágil, se torna mais firme, e ele expressa uma indignação muito grande. Por um momento recupera a força que o moveu nas lutas camponesas do início dos anos 60.

O mesmo acontece com o filho dele, Duda, que não era ator, mas ajudou a equipe na chegada dos soldados. Um entusiasmo toma conta pouco a pouco de suas palavras. Então com 20 anos, viu as violências sofridas por sua família em seguida ao golpe e a apreensão do material de filmagem pelo exército. Depois de uma discussão com um capitão, consegue salvar dois livros que pertenciam aos "meninos" do filme. Diz uma frase que inicialmente parece ser sua, mas é, na verdade, um trecho da introdução do livro de Curzio Malaparte, *Kaput*, em que o narrador conta como seu manuscrito foi salvo das mãos da Gestapo por um camponês.

Duda diz a Coutinho que a história de *Cabra Marcado* é parecida com a do livro. Não é, no entanto, a narrativa do primeiro *Cabra* que se parece com a do livro, e sim a própria história da realização do filme. Parecida também é a atitude de Duda, ao guardar os livros ao longo dos anos, e toda a ajuda e solidariedade dos camponeses em relação à equipe de Coutinho — tanto durante as filmagens quanto naquele momento de extrema tensão em que eles mesmos estão ameaçados de prisão, tortura e morte. Uma aliança objetiva entre esses estudantes e esses camponeses. Galiléia foi considerada pela imprensa o maior foco de subversão comunista no interior de Pernambuco. O material de filmagem ali encontrado foi usado como mais um argumento para confirmar essa tese.

O relato de Duda dá detalhes das acusações feitas "ao povo do filme" pela repressão: eram "cubanos barbudos que queriam fazer a revolução". Um comentário em off e recortes de jornais informam o que os jornais diziam sobre a apreensão do material "subversivo" e de "agitação". *Cabra Marcado* passa a ser *Marcados para Morrer*, exibido naquela semana pelos "esquerdistas internacionais". "A película ensinava como os camponeses deviam agir de sangue frio, sem remorso ou sentimento de culpa, quando fosse preciso dizimar pelo fuzilamento, decapitação ou outras formas de eliminação, os 'reacionários' presos em campanha..."

Duda conta minuciosamente o que aconteceu, reproduz, com evidente licença poética, o diálogo entre ele e o coronel: "É, mas você vai contar, você vai mostrar onde tá as armas aqui e aonde tava os cubanos ... Julião disse que tinha 20 mil armas pra vocês fazer a revolução aqui, tá ouvindo? E os comunistas tava aqui fazendo filme aqui pra fazer a revolução aqui, é pra você mostrar...". Nesse momento, Duda fala mais alto, ri da sua própria representação e diz que o coronel "foi criando raiva". É como se a expressão daqueles fatos naquele momento estivesse organizando o seu pensamento diante de Coutinho e de nós, espectadores. Suas respostas são altivas, politizadas: "Coronel, aqui não tem nada de comunista aqui, nem cubano nem nada. Tem um povo morrendo de fome, doente, sofredor, como eu mesmo tô doente... tá ouvindo? E precisa de remédio e de comer, esse povo aqui, liberdade e terra para trabalhar."

Duda assiste ao copião de *Cabra Marcado para Morrer* no engenho Galiléia.

São depoimentos filmados continuamente, muitas vezes um rolo inteiro de dez minutos. "É isso que permite grandes atuações", diz Coutinho, "de ator mesmo. Quem lembra o passado é também ator. Aquele cara que fala dos cubanos [Duda] falou durante dez minutos, sem cortes. Guardei uns quatro. ... Procurei [preservar] o máximo possível o tempo real."[30] O entusiasmo de Coutinho ao constatar as potencialidades da filmagem longa, sem cortes, para o documentário, já em 1985, nos faz compreender seu caminho imediatamente posterior a *Cabra Marcado* em direção ao vídeo — técnica que permitiria a ele conversar com seus entrevistados sem limite de tempo e com um custo bem menor.

Na parte final do filme, ficamos sabendo o que aconteceu com os filhos de Elizabeth Teixeira. Marluce, a mais velha, se suicidou pouco tempo depois do assassinato do pai. Isaac, estudante de medicina em Cuba, foi entrevistado por uma equipe cubana. Abraão, que morava em Patos, e Carlos, o único que ficou com Elizabeth, já haviam falado ao lado da mãe. Coutinho consegue encontrar e filmar mais cinco dos filhos que Elizabeth tinha perdido de vista desde que fugira. Nevinha e Peta em Sapé; Marta, Marinês e Eudes no Rio de Janeiro. Essas são conversas curtas, pequenas reportagens em que cada um conta o que faz e do que se recorda. Em alguns casos, as lembranças dos pais são praticamente inexistentes, em outros, emocionadas.

Se a repressão política foi responsável pela separação inicial da família de João Pedro, a trajetória da maioria deles não é muito diferente dos percursos de milhares de nordestinos pobres naquele período. Agora trata-se de seqüências em que a memória não está mais em questão. O filme ganha, nesse momento, uma atualidade de outro tipo. Não são mais mostrados os camponeses que participaram de uma luta coletiva e que sofreram os efeitos da ditadura. São nordestinos nascidos nos anos 50 e 60, com a existência marcada pela precariedade, com poucas chances na vida.

Cabra Marcado para Morrer tem uma dimensão de "final feliz" para Elizabeth Teixeira. Ela deixa a clandestinidade, reencontra o filho mais velho, tem possibilidades de reencontrar os outros filhos e reingressar na luta política. A imagem dessa mulher se despedindo de Coutinho em São Rafael, enquanto a Kombi que transporta a equipe se afasta, é uma das mais fortes do filme, dessas que se mantêm na memória. Um final de filme ideal.[31] "Dramatúrgica e politicamente ideal", diz o diretor. Mas o filme não termina aí. A narração de Coutinho diz: "Até outubro de 1983, quando este texto foi escrito, Elizabeth só tinha reencontrado dois dos seus oito filhos." Ele tinha razões bastante claras para isso.

"Primeiro, o filme termina se referindo ao cinema — 'quando este texto foi escrito' — ou seja, há a contingência do tempo. Segundo, eu estava querendo dizer: olha, passaram-se dois anos, e ela nem os filhos viu. E mais:

o filme volta para o João Virgínio, e o texto diz que ele morreu dez meses depois das filmagens. Ou seja, a catástrofe é sempre iminente, você está sempre precisando resgatar, porque está sempre perdendo. Um ano depois não haveria mais filme, e a memória daquele cara teria se perdido. Então, ao contrário daquela coisa triunfalista que eu odeio nos filmes em geral, documentário e ficção, *Cabra* tem esses dois lembretes, que a pessoas esquecem um pouco. O filme não resolveu a vida de Elizabeth com os filhos, um dos personagens morreu e a memória dele podia ter-se perdido como a de tantos outros. Esse troço é essencial: evitar de todas as formas resolver a sociedade nos filmes. O cinema não vai resolver o social."

Elizabeth Teixeira, 1981.

A montagem de *Cabra Marcado para Morrer* foi feita em três etapas, ao longo de quase três anos, por falta de dinheiro. Eduardo Escorel, encarregado da montagem, começou a trabalhar em 1983, a partir do material que tinha sido pré-montado na moviola da TV Globo. Foi um trabalho dificílimo, com uma variedade imensa de imagens e quase 20 anos de histórias pessoais e coletivas misturadas. "A montagem tinha um norte, tinha um rumo, tinha um projeto, que era explicitar o processo todo. Mas era um arco de tempo tão extenso, com tantas diferenças, que o trabalho que nós tivemos foi o de tornar esse processo claro para quem fosse ver", lembra Escorel.

Os problemas não terminaram depois do filme pronto, em 1984. Ele tinha sido rodado em 16mm e precisava de uma ampliação para 35mm. Só assim poderia ser exibido nas salas de cinema. No Brasil a ampliação era precária, e Coutinho decidiu que ela seria feita nos Estados Unidos. Empenhou-se pessoal e inteiramente nessa tarefa. Fez cerca de 15 exibições em várias cidades do Brasil para inúmeras organizações não-governamentais e entidades sindicais, para a Pastoral Operária, a Pastoral da Terra, jornalistas, intelectuais e críticos de cinema. Muitos escreveram sobre o filme, a favor da ampliação. Em meio a essa campanha, Coutinho continuava trabalhando na TV Globo, só que agora com maiores dificuldades para dividir seu tempo.

Em julho de 1984, decidiu pedir uma licença sem vencimentos por cinco meses, mas ainda finalizou o programa que estava editando: os 50 anos do Pato Donald. O presidente do Banco do Estado de São Paulo, Luiz Carlos Bresser Pereira, ex-crítico de cinema, decidiu investir na ampliação do filme. Em seguida, Coutinho conseguiu também um apoio financeiro de organizações internacionais, usado para comprar uma casa para Elizabeth Teixeira e fazer mais quatro cópias, que circularam por associações e entidades do Brasil inteiro.

> **"Esse filme, foi realmente a primeira vez na minha vida que eu quis fazer uma coisa. O resto, o que eu fiz antes, é brincadeira, eu não levo a sério. Não porque não goste, mas porque foi feito com a metade do corpo, com a metade da pessoa. E o *Cabra* não, fiz tudo que podia e que era possível. Eu realmente quis fazer e reuni as condições para fazer."**

Cabra Marcado para Morrer foi exibido pela primeira vez no Festival Internacional do Rio de Janeiro, em 1984, ocasião em que foi aclamado pelo público e premiado com o Tucano de Ouro de melhor filme. Como a licença do *Globo Repórter* estava chegando ao fim, Coutinho decidiu pedir demissão para acompanhar o filme nos inúmeros convites que ele recebeu. Compareceu a vários festivais internacionais e ganhou prêmios em Havana, Berlim, Salso (Itália), Tróia (Portugal) e em Paris.

Notas

1. Ismail Xavier, *O cinema brasileiro moderno*, p.124.

2. *O que é um autor?*, p.89-126.

3. Paul Ricoeur, «Histoire et mémoire», p.17-28.

4. O CPC foi criado em 1961, por iniciativa do dramaturgo Oduvaldo Viana Filho, do sociólogo Carlos Estevam Martins e do cineasta Leon Hirszman.

5. *Zé da Cachorra* de Miguel Borges; *Um Favelado* de Marcos Farias; *Escola de Samba, Alegria de Viver* de Cacá Diegues; *Pedreira de São Diogo* de Leon Hirszman; *Couro de Gato* de Joaquim Pedro de Andrade.

6. Noção criada por Eisenstein para definir um tipo de montagem que deve conduzir o espírito do espectador, por meio da associação de imagens, a conceitos e idéias preestabelecidas pelo cineasta.

7. Eduardo Coutinho, entrevista a Alex Viany, *O processo do Cinema Novo*, p.29.

8. Jean-Claude Bernardet, *O nacional e o popular na cultura brasileira*, p.146.

9. Carlos Estevam, in Jean-Claude Bernardet, op.cit., p.159.

10. Coutinho não tinha atividades específicas no Partido Comunista e freqüentou as reuniões de forma intermitente até 1965. O pouco que lhe restara de ilusão acabou definitivamente com a invasão da Checoslováquia pelos soviéticos em 1968. Ele se encontrava neste país na época: tinha

ido à Bulgária, levar seu filme *O Homem que Comprou o Mundo* ao Festival da Juventude, e fora convidado em seguida para ir a Praga.

11. Eduardo Coutinho, entrevista a Alex Viany, op.cit., p.413.

12. Eduardo Coutinho, entrevista a Fernando Molica, "Coutinho: um filme 'contra heróis'".

13. Vladimir Carvalho, *Cinemais*, n.16, p.23.

14. Roberto Schwarz, "O fio da meada", p.71-7. Além desse artigo de Schwarz, outros dois são especialmente marcantes nas discussões que seguiram o lançamento do filme: o de Walter Lima Jr, "O cinema 'cúmplice da vida' de Eduardo Coutinho", p.33-6; e o de Jean-Claude Bernardet, "Vitória sobre a lata de lixo da história".

15. Eduardo Coutinho, entrevista a Marcos Barros Pinto, "O artista precisa ensinar e aprender".

16. O filme foi exibido pela primeira vez no Brasil no início de 1962, na Semana do Cinema Francês. Eduardo Escorel, cineasta e montador de *Cabra Marcado para Morrer*, lembra do impacto provocado: "Para mim *Chronique d'un Été* foi um dos filmes mais marcantes, quando eu estava começando no cinema. Todo o debate entre Rosselini e Jean Rouch, entre cinema direto e cinema didático, foi uma coisa que, pessoalmente, me mobilizou de uma maneira extraordinária. Nessa época eu não tinha um contato com o Coutinho assim tão próximo, então não sei até que ponto ele acompanhou isso."

17. Jean Rouch, «Le vrai et le faux», p.181.

18. Jean Rouch, *Chronique d'un Été*, p.28.

19. Edgar Morin, *Chronique d'un Été*, p.25-7. Segundo Jean Rouch, Robert Flaherty já havia feito essa experiência em *Nanook, o Esquimó* (1920-1922). Sob condições absolutamente precárias, Flaherty conseguiu exibir imagens do filme para Nanook e sua família.

20. Eduardo Coutinho, entrevista a Ana Maria Galano, Aspásia Camargo, Zuenir Ventura e Cláudio Bojunga, p.42.

21. Eduardo Coutinho, "O cinema documentário e a escuta sensível da alteridade", p.167.

22. Eduardo Coutinho, entrevista a Alex Viany, op.cit., p.414.

23. Walter Lima Jr, *Filme Cultura*, n.44, p.34-5.

24. Regina Novaes, "Violência imaginada: João Pedro Teixeira, o camponês no filme de Eduardo Coutinho", p. 204.

25. Henri Gervaiseau, *O abrigo do tempo*, tese de doutorado, p.297. Um dos capítulos da tese, "Comunidade de memória", analisa longamente *Cabra Marcado para Morrer* e enfatiza essa dimensão na fala de Elizabeth Teixeira.

26. Eduardo Coutinho, *Filme Cultura*, n.44, p.44.

27. Edgar Morin, op.cit., p.38.

28. Eduardo Coutinho, op.cit., p.46.

29. Idem.

30. Ibid., p.41.

31. Na época do lançamento do filme, Jean-Claude Bernardet analisou esse final com muita propriedade. Disse a respeito da informação sobre a morte de João Virgínio: "Essa imagem é bem menos forte e bem menos conclusiva que as imagens finais das despedidas. Ela dá uma informação de fato importante. ... Mas, a meu ver, não uma informação tão decisiva que impedisse de colocá-la na seqüência em que Virgínio e seus filhos dão seus depoimentos, e justificasse a sua posição no extremo fim do filme. A não ser num aspecto: esta é a última filmagem de Virgínio. Terminado dessa forma, o filme reafirma sua concepção de trabalho histórico. ... Isso foi resgatado, isso foi salvo, ... foi reconquistado, foi integrado à história", mas poderia ter sido diferente. "Vitória sobre a lata de lixo da história". Bernardet, op.cit., p.4-5.

|3| *Santa Marta, Duas Semanas no Morro*: a favela, o vídeo e o cinema possível

Depois da epopéia que foi realizar *Cabra Marcado para Morrer*, Eduardo Coutinho decidiu entrar em um projeto bem menos complicado e dirigir um documentário para o Instituto Superior dos Estudos da Religião (ISER), uma organização não-governamental. *Santa Marta, Duas Semanas no Morro* foi fruto de um concurso do Ministério da Justiça realizado em 1986 para a produção de um vídeo sobre violência nas favelas do Rio de Janeiro. O dinheiro era pouco e o filme tinha que ser feito rapidamente. Apesar de condições de produção tão pouco "nobres", esse pequeno documentário de 52 minutos tem uma importância estratégica na trajetória de Eduardo Coutinho. Ele iria imprimir mudanças significativas na sua forma de filmar, abrindo um campo de possibilidades para o cinema do diretor, tanto no que diz respeito à técnica quanto à metodologia de realização e montagem.

Há, como não poderia deixar de ser, inúmeros fios que ligam essa experiência a *Cabra Marcado para Morrer*, como a presença da equipe na imagem, reafirmando que a obra é produto do encontro entre quem filma e quem é filmado, além de informações sobre as condições de realização. Logo no início do filme, ouvimos Coutinho dizer que colocou um aviso no morro anunciando que a equipe estaria na associação de moradores para conversar com quem quisesse falar sobre violência e discriminação. Há também opções estéticas que Coutinho abandonará mais tarde. Por tudo isso, *Santa Marta* nos permite identificar com mais clareza rupturas e continuidades na trajetória do cineasta.

Coutinho estava com 53 anos. Havia feito *Cabra Marcado* em película, mas não se sentia encorajado a continuar trabalhando em cinema. Ele poderia ter entrado com um projeto na Embrafilme, instituição em crise, mas ainda atuante na época. O sucesso de *Cabra Marcado para Morrer* abria essa possibilidade, mas o diretor não tinha nenhuma idéia específica, não sabia muito o que fazer. "Voltei ao cinema para fazer este filme, não voltei para fazer uma carreira. Mesmo porque ... cinema, hoje em dia, não é profissão. ... A crise anda tão grave que as pessoas não podem sobreviver de cinema ... Tenho dois filhos e não tem conversa", dizia ele em 1985, reafirmando sua opção pelo documentário: "... Se um cara me der quinhentos mil para fazer um filme amanhã, de ficção, devo fazer mesmo sem estar interessado? Não, não vou fazer se não estou interessado mesmo...". E declarava também a necessidade premente de se inventar outras formas de se fazer cinema.

> “Devemos encontrar sempre novos meios de furar o bloqueio. ... Temos que inventar outro tipo de coisa. É mais complicado, porque teremos de mexer com outros meios de comunicação. O desafio hoje é no audiovisual. Amanhã teremos de entrar no negócio da televisão, no negócio do vídeo, teremos de entrar em todas. O desafio agora é quanto a novas formas de fazer — e este foi o caso do Cinema Novo. ... Tem de mudar os filmes, por isso não quero fazer um filme grande, sabe? ... Essas novas formas têm de ser inventadas...” [1]

Há, nessa conversa com Alex Viany, em meados dos anos 80, uma certa angústia em relação ao seu presente, ao presente do cinema e do mundo, mas também uma tentativa de extrair alternativas do que o cercava. Ou seja, estava a anos-luz de uma postura nostálgica em busca de um cinema perdido. Hoje Coutinho constata que realizar esse pequeno documentário foi uma forma de evitar cobranças, expectativas excessivas tanto dele mesmo quanto dos outros, o que não era fácil depois do sucesso de *Cabra Marcado*.

> “Me sentia livre, porque esse segundo filme era na verdade um vídeo, uma coisa modesta, sobre violência na favela, sem expectativa de nada. Fui lá e filmei 23 horas, com pouquíssimos recursos e em um suporte que praticamente não existia. Não me sentia preso a nada. Não era um filme de um milhão de dólares, não vou filmar Antônio Conselheiro, nada disso. Eu não tinha ainda muita consciência do que eu queria fazer em documentário, não sabia muito o que fazer, por isso *Santa Marta* foi importante, porque eu vi que esse era o caminho.”

Sua experiência na televisão e na realização de *Cabra Marcado*, aliada a uma perspicácia com relação ao momento que o documentário atravessava, foi um dos fatores fundamentais para a opção de filmar em vídeo, antes da emergência da técnica digital e especialmente da kinescopagem — processo de transferência da fita magnética para a película. Antes também dos outros cineastas, com uma ou outra exceção. Andrea Tonacci, diretor de *Bang-Bang* (1970), um dos clássicos do cinema marginal, é um raro exemplo de cineasta que, já na década de 1970, filmou em vídeo, misturando métodos e formatos. Postura semelhante adotou o cineasta francês Jean-Luc Godard, que, ao menos na França, "fez todos os gestos decisivos antes dos outros",[2] no percurso original de articular cinema e vídeo já na primeira metade dos anos 70. O que importa é que na prática desses cineastas há uma abertura, ligada a uma concepção libertadora de cinema — que aposta na impureza de técnicas, estéticas e gêneros — e conectada ao presente. Para eles, o fato de um filme ser realizado em película não o torna necessariamente cinematográfico.

No Brasil, quem trabalhava exclusivamente com vídeo estava ligado às artes plásticas (videoarte, videoinstalação) ou à jovem geração de videomakers, que, mesmo mantendo nas suas produções uma base documental, tinham a marca de uma estética fragmentada, próxima do videoclipe. De forma bem mais precária, a militância política também se utilizou do vídeo em suas produções. Distante desses caminhos, Coutinho opta — por sobrevivência, intuição, sentido de realidade, adequação ao tipo de documentário que queria fazer — por uma prática de documentário em vídeo que se tornaria dominante só a partir do final dos anos 90. Opta, na verdade, por um cinema possível.

A favela que Coutinho vai filmar em 1986 é muito diferente daquelas que conheceu no início da década de 1960 e que viu no cinema de ficção daquele período. Na produção documental do Cinema Novo, a favela não era um universo presente.

Recém-chegado da Europa — depois de mais de três anos morando em Paris, dois dos quais estudando cinema no Instituto de Altos Estudos Cinematográficos (IDHEC) com uma bolsa do próprio instituto — Coutinho trabalhou em 1961 como gerente de produção de *Cinco Vezes Favela* (1962). Tinha viajado em 1957 com dois mil dólares que ganhara no programa *O Dobro ou Nada*, da TV Record, respondendo sobre a vida de Charlie Chaplin. Em novembro de 1960 voltou para São Paulo, onde morava, e encontrou o Cinema Novo em formação. Decidiu ir para o Rio de Janeiro, com a ajuda de Leon Hirszman, que o aproximou dos integrantes do Centro Popular de Cultura da UNE e convidou-o para trabalhar na produção de quatro dos cinco curtas de ficção que compunham *Cinco Vezes Favela*.

Coutinho trabalhou duro em diferentes favelas do Rio de Janeiro ao longo de três meses. As condições de produção eram absolutamente precárias. *Zé da Cachorra* foi filmado no morro do Borel, e o transporte da equipe era feito de ônibus. "O fantástico é o seguinte: a gente ia nas favelas sem problema. ... Quando eu lembro as coisas que eu fiz, eu estava morto se fizesse hoje. Nunca vi um cara de arma e passei três meses dentro de favela, Borel, Cabuçu, Morro da Providência..."[3] Coutinho deixou o filme um pouco antes do final da produção para integrar a caravana da UNE pelo Brasil.

Em meados dos anos 80, as favelas cariocas eram muito mais populosas e violentas. Mas não fora apenas a favela a se transformar; mudara também o cinema, que, naquela década, praticamente abandonara o universo tão caro ao Cinema Novo, para voltar a esse cenário de forma diferente e com muita força a partir de meados dos anos 90. Mudou também a concepção de cinema de Eduardo Coutinho, que filmaria ainda em outras favelas da Zona Sul do Rio de Janeiro: na Vila Parque da Cidade, no alto do bairro da Gávea, em 1997, onde realizou *Santo Forte*; e no morro da Babilônia, no Leme, onde se situam as favelas do Chapéu Mangueira e da Babilônia, no final de 1999, onde filmou *Babilônia 2000*.

Eduardo Coutinho em Paris com o amigo holandês Rolf Orthel, seu colega no IDHEC.

Princípios de filmagem e de montagem

Filmar em um espaço restrito — em apenas uma favela — e em um curto espaço de tempo foram dois procedimentos de filmagem criados para realizar *Santa Marta*. Eles vieram a servir de base para a maior parte dos filmes que Coutinho iria fazer em seguida. Naquele momento, não eram claras as potencialidades desse método; era o possível de ser feito em função das condições do projeto, misturado a uma intuição de que poderia dar certo.

O tráfico de drogas, que já começava a ficar bem alarmante, está presente, mas não é a questão central do documentário. O morro Santa Marta foi escolhido justamente porque vivia um período relativamente tranqüilo. Isso significa dizer que o grupo de traficantes dominante respeitava os moradores, impedia assaltos na vizinhança e não criava um ambiente de terror. Houve porém um incidente durante as filmagens, expressivo do que era a "calmaria" e o nível de violência capaz de se manifestar ao menor contratempo. A maleta com o equipamento de som foi roubada, e a associação de moradores avisou ao tráfico. Quando a equipe voltou ao morro no dia seguinte, um adolescente armado lhe disse: "A gente pode

Santa Marta, Duas Semanas no Morro registra o cotidiano da vida numa favela da cidade do Rio de Janeiro.

ter que matar, mas vocês terão o material em menos de 24 horas." Foram 24 horas exatas. Pelo que foi apurado, o roubo fora cometido por dois adolescentes, e eles apanharam a noite toda. Talvez um deles tenha levado um tiro na mão.

A base da comunidade constituía-se — e continua a se constituir — de trabalhadores, e o objetivo principal do filme era focalizar as estratégias dos moradores para sobreviver, ou seja, identificar os estratagemas de sobrevivência em meio a diferentes tipos de violência. Se *Santa Marta* é ou não o primeiro documentário a registrar o cotidiano dos moradores de uma favela, essa é uma questão secundária. Podemos ao menos constatar que esse filme recoloca de vez o universo da favela como questão a ser pensada pelo documentário brasileiro.

A constatação pode parecer estranha, hoje, quando imagens das favelas estão fortemente presentes em inúmeros documentários, vídeos comunitários, universitários e no cinema de ficção. Mas aquele era o contexto do documentário brasileiro na época. A favela aparecia na mídia, mas na maior parte das vezes de forma negativa. Coutinho filma dificuldades, pequenas alegrias, medos, momentos de descanso, opções religiosas, a relação com os moradores do "asfalto", amores, encontros, amigos, educação, a preocupação com os filhos e também a violência policial, o preconceito e a pobreza.

A intervenção que Coutinho faz no morro Santa Marta, em Botafogo, foi intensa, mas curta: apenas duas semanas, como o título do filme já informa. Também não pesquisou, mas tem como assistente de direção Sérgio Goldenberg, hoje cineasta e roteirista, na época um jovem de 18 anos que fazia trabalho comunitário na favela. Sérgio mantinha, junto com amigos, um cineclube no morro, com projetor de cinema para exibir filmes brasileiros.

Integrar à equipe pessoas que já possuíssem uma relação anterior com a comunidade é uma prática que Coutinho iria adotar em muitos dos seus filmes a partir de *Santa Marta*, fazendo ou não pesquisa prévia.[4] Um critério que se mostrou justo, diz ele, pois nesse caso há uma transferência bastante rápida de confiança. Também incorporou à equipe um garoto e duas mulheres, todos moradores da favela, como assistentes locais, ajudando-o nas entrevistas. Além das conversas individuais com quem atendeu à convocação, Coutinho produziu dois encontros coletivos. O primeiro com um grupo de diretores da associação de moradores, e o segundo com jovens da comunidade. O resto das entrevistas foi realizado em casas, biroscas e ruelas locais.

O mundo que o cineasta nos revela em *Santa Marta* não está centrado em um comentário, nem em informações precisas sobre pessoas e lugares. Foi abolida a narração em off, bastante presente em *Cabra Marcado*. Em vez de uma narrativa linear, o vídeo se realiza a partir de uma série de depoimentos intercalados por imagens com som direto ou músicas. Contrariamente às informações telejornalísticas, em que a lógica do texto determina a edição das imagens, aqui é a lógica das imagens e do que dizem os entrevistados que pesa na construção das seqüências. O espectador percebe o resultado de uma mistura de personagens, falas, sons ambientes, imagens, expressões, e jamais significações prontas, fornecidas por uma voz em off.

Santa Marta possui uma trilha sonora singular, e talvez seja o documentário mais musical de Eduardo Coutinho. Ele insere na montagem final oito seqüências com músicas de compositores do próprio morro, algumas incluindo a composição inteira. Os temas são variados: letras que idealizam a favela, letras românticas, que falam de religião, letras realistas (menor abandonado, invasão da polícia no morro, bebedeira), ou que afirmam a raiz africana. A utilização de uma trilha sonora essencialmente "local" se transformará em um princípio bastante rigoroso nos filmes de Coutinho. Pouco a pouco ele eliminará qualquer música que não esteja ligada ao ambiente filmado e que não tenha sido captada pela equipe técnica no local. Adicionar uma trilha traduz, segundo Coutinho, a opinião do diretor sobre aquele universo, "conota algo, conduz o público, e eu não quero conotar nada. Prefiro a riqueza estética do som direto".

Um dos compositores do morro que fizeram as músicas do filme. Eduardo Coutinho começa em *Santa Marta* a utilizar uma trilha sonora essencialmente local.

Uma das personagens mais contundentes de *Santa Marta* dá um depoimento que escapa a qualquer tipo de classificação, admitindo vários sentidos.

No entanto, algumas escolhas de Coutinho em *Santa Marta* podem surpreender a quem só conhece seus filmes mais recentes, como o critério temático para estruturar o material filmado. No filme, são os temas — violência, religião, educação dos filhos, vida cotidiana, trabalho — que organizam a "entrada em cena" dos personagens. Em função desse critério, eles podem voltar à imagem outras vezes. O depoimento mais contundente, o de uma negra forte vestida com uma camiseta da peça norte-americana *Cats*, distribui-se em oito momentos ao longo do filme. Uma longa conversa entre uma moradora e um policial que revista os "suspeitos" na subida do morro é inserida em seis seqüências, de acordo com os assuntos tratados. Na verdade, os personagens mais fortes são aqueles que veremos algumas vezes na imagem, mas a força do que é dito acaba diminuindo, em razão da quantidade e da brevidade das inserções. Há moradores que só aparecem uma ou duas vezes, para dizer frases curtas relativas ao tema da seqüência, e não necessariamente porque se expressam bem.

Em suma, a fragmentação das falas e das imagens é, em *Santa Marta*, bastante intensa, mas perderá importância nos filmes posteriores do diretor. Neles, se uma seqüência valer a pena, não será fragmentada ao longo do filme para manter a tensão ou por qualquer outro motivo. Contudo, há momentos em *Santa Marta* que anunciam o tratamento que o diretor irá dar mais tarde a seus personagens, como uma longa seqüência com um ex-travesti que dura cerca de quatro minutos. Em *Boca de Lixo*, Coutinho já deixará de lado o tema como fio condutor da montagem e escolherá os personagens, não mais em função do conteúdo do que é dito. O decisivo será a forma como a pessoa se expressa, como conta sua vida.

Outro elemento estético que será gradualmente excluído da montagem de Coutinho é a imagem de "cobertura", uma imagem que "cobre" — ilustrando, provando, evidenciando — uma fala, uma

Jorge, ex-travesti, conta sua vida como Jorgina, na seqüência mais longa do filme.

música ou sons ambientes, um recurso central em *Santa Marta*. Quando um dos moradores fala em mutirão na favela, vemos uma imagem de pessoas carregando sacos de cimento; quando a professora de ginástica fala das diferenças entre o "asfalto" e a favela, vemos um plano de Botafogo; quando um personagem fala da dificuldade de "segurar" os filhos em casa depois dos nove anos, vemos um plano de uma criança brincando. Essas são imagens de cobertura que servem também para disfarçar os cortes na fala dos personagens, simulando uma continuidade onde ela não há.

Os pequenos clipes musicais — imagens da favela associadas a uma música — ainda estarão presentes nos seus outros filmes, mas, a partir de *Babilônia 2000*, o sincronismo da imagem com o som — música, fala, sons diversos — será praticamente absoluto. Se um personagem está falando, é isso que veremos na imagem, e não uma outra imagem relacionada ao que ele diz — ele descendo o morro, dançando no pagode, conversando com amigos. Se um personagem está cantando, estará na imagem ele cantando, e não uma pipa no céu, um varal colorido, uma mulher na janela.

Depois de *Santa Marta*, Eduardo Coutinho iria parar gradualmente de empregar imagens ilustrativas da fala dos personagens.

Efeitos de um método de filmagem

O princípio da "locação única" revelou-se, para Eduardo Coutinho, um ponto de partida extremamente fértil para filmar. Como falar de religião? Percorrendo o país inteiro? Como falar da favela? Filmando várias delas? Como filmar a classe-média? Coutinho percebeu que delimitar claramente uma geografia era se ater — dentro da multiplicidade de escolhas possíveis ao realizar um documentário — a algo de essencialmente concreto,* era criar os seus próprios limites, inventar sua própria "prisão".

*As locações escolhidas foram: a favela Dona Marta (*Santa Marta, Duas Semanas no Morro*), a favela do Parque da Cidade (*Santo Forte*), as favelas do Chapéu Mangueira e da Babilônia (*Babilônia 2000*); o lixão de São Gonçalo (*Boca de Lixo*); um prédio em Copacabana (*Edifício Master*).

Imagens sobre cultos ilustram os depoimentos sobre religião, um dos temas do filme.

> Fazer uma adaptação de um livro... Hoje eu não quero nem ouvir falar disso porque ... já entro vencido, tenho que corresponder no cinema à grandeza do livro do Graciliano Ramos. ... Não quero a prisão de começar da grande obra, eu construo a minha prisão. A prisão que eu construo é a seguinte: vou filmar num lugar só, vou conversar com pessoas, não vou fazer cobertura visual ...Você constrói os limites em que você quer trabalhar.[5]

Essa é uma prisão que implica riscos — o espaço delimitado pode simplesmente não dar filme, ou o diretor pode não encontrar uma forma a partir dele, ou pode haver uma recusa das pessoas em falar —, mas já imprime outra densidade ao material registrado, impondo determinadas linhas ao que será filmado. É um princípio que permite fugir de abstrações ou idéias preconcebidas sobre o universo escolhido: em vez de procurar situações ou depoimentos sobre violência ou religião em várias favelas do Rio de Janeiro, delimita-se um campo para ver o que nele se passa. Esse princípio estabelece uma outra relação com o presente, com a história e a memória, e ajuda a evitar a tipificação ou folclorização dos personagens. Isso significa filmar em um espaço delimitado e dele extrair uma visão que evoca um "geral", mas não o representa, não o exemplifica, porém nos diz imensamente sobre o Brasil.

O que não quer dizer que filmes realizados a partir do mesmo princípio se pareçam. Nada mais longe da estética de Coutinho do que o cinema do documentarista norte-americano Frederick Wiseman, por exemplo. Ambos, porém, trabalham com uma delimitação espacial. Wiseman filma diferentes instituições americanas em um sentido bastante amplo, abordando não apenas instituições literais, como um manicômio judiciário, uma escola, um hospital.[6] Ele registra também locais que exercem de forma mais branda uma função institucional: um parque, uma estação de esqui, um zoológico.[7] Coutinho só se interessa em filmar pessoas.

O espaço delimitado, "como as linhas brancas de uma quadra de tênis",[8] serve de enquadramento para Wiseman observar o comportamento e a palavra das pessoas. Coutinho delimita para interagir explicitamente com elas. No decorrer de uma carreira de mais de 30 anos, Wiseman interveio o mínimo possível no que filmou; jamais interagiu diretamente com nenhum dos personagens; nunca fez uma pergunta e imprimiu pouquíssimas mudanças ao seu estilo de filmar. Apesar de tantas e tão profundas diferenças entre os dois cineastas, o princípio da "locação única" faz com que seus filmes tenham pelo menos um aspecto em comum: a preservação da singularidade das situações e dos personagens filmados.

A geografia e suas histórias

Ao contrário de *Cabra Marcado para Morrer*, em que há uma efetiva retomada de acontecimentos do passado por meio de uma narração e de imagens de outras épocas, nos filmes de Coutinho em que há uma concentração espacial só interessa o que vive no presente. Em *Santa Marta*, por exemplo, as marcas do passado coexistem com o presente na fala dos personagens, sem que sejam estabelecidas relações de causalidade ou sucessão entre o que está sendo mostrado. O objetivo não é contar a história do morro nem a história de seus moradores, mas, em meio às conversas, surgem fragmentos de como as pessoas foram parar ali. "Eu queria só saber quem foi que teve essa idéia e por que o pobre aceitou. Agora não adianta desfazer o negócio, porque já sabe, veio do Ceará, vem de pau-de-arara, tem que subir pra favela. E aí vem de Minas, vem do Norte, vem não sei de onde. ... É pobre, tem que subir para a favela" — diz uma moradora.

A história e a memória ganham uma outra substância quando se parte de uma geografia específica; irrompem ligadas à terra, às pessoas, a suas falas, aos encontros, misturadas ao cotidiano. Há uma superposição não cronológica das histórias, um cruzamento das violências cometidas contra os pobres — a maioria negra — no passado e nos dias atuais. A imensa, desmesurada e injusta violência da polícia contra os moradores, que atravessa quase todos os depoimentos, nos faz ter certeza de que "todo camburão tem um pouco de navio negreiro",[9] e que assistimos à cristalização de um conflito de pobres matando-se entre si. O trabalho mal pago, as atividades mais duras, o desemprego, o desprezo e o preconceito de hoje convivem com marcas de escravidão, miséria e humilhações passadas.

A seqüência em que acompanhamos a conversa da equipe com vários adolescentes é de uma tristeza sem par, tamanho o grau de consciência em relação às suas expectativas de vida e de trabalho. Há um mesmo tipo de formulação gramatical — "Eu gostaria de ser", "Eu pensava em ser", "Eu queria ser" — e uma mesma constatação: "O que eu quero ser na vida eu sei que nunca vou ser." Alguns desejos são aos nossos olhos bastante simples: marinheira, professora, trabalhar com computador. Mesmo assim a impossi-

Eduardo Coutinho organiza uma conversa com os jovens da favela Santa Marta. O futuro traficante Marcinho VP está entre eles.

bilidade é a mesma daquele que quer ser advogado. A reação mais comum é de aceitação: "Vou tentar ser dentro da norma uma coisa que eu conseguir, se eu for ali e arrumar um negócio de gari, o que eu posso fazer? Vou ter que ser aquilo."

Entre esses garotos está o futuro traficante Marcinho VP, mais resistente ao "roteiro" preparado para ele. Reclama da inexistência de universidades para pobres e diz que trabalho para ele é difícil,

> ... porque o trabalho que eles querem dar pra gente é um trabalho que a gente não quer. Eles querem que a gente continue sendo gari, continue sendo o que a gente não é. A gente não quer ser isso. Eu, por exemplo, queria ser desenhista profissional, [mas] posso não conseguir, se eu não conseguir, é aquele lance, sou pobre, não vou me ligar tanto.

Marcinho VP entrou para o tráfico um pouco depois desse documentário; foi preso em 2000, condenado a 27 anos de prisão e assassinado em sua cela, no presídio de segurança máxima de Bangu-3, no Rio de Janeiro, no final de julho de 2003.

O documentário clássico e o personagem exemplar

Entre todas as características já mencionadas de *Santa Marta*, existe uma de maior importância com relação ao que se fazia em documentário na época — e também com referência à tradição do documentário: ter inventado uma forma de lidar com a "generalização" e com os problemas que ela traz para essa forma de cinema. É certo que os filmes de Coutinho não generalizam, mas também não caem na armadilha oposta, de permanecer na anedota ou no folclore, de retratar um caso completamente à parte, como produto de uma singularização excessiva de pessoas e situações.

O excesso de singularidade implica uma impossibilidade de conexão. Portanto, que tipo de relação entre o particular e o geral esses filmes estabelecem?

A tradição do cinema documentário, desde a sua constituição, nos anos 20, se vê envolvida por essa questão. *Nanook, o Esquimó* (1920-1922), do norte-americano Robert Flaherty, é não apenas o marco inaugural do documentário, como também o filme que coloca em cena o primeiro personagem exemplar dessa forma de cinema. Nanook é o exemplo maior de um tipo de vida, ele é todos os esquimós do norte do Canadá, e muito pouco alguém chamado Nanook. ("Aqui vive o povo mais alegre do mundo, o corajoso, amável e divertido Esquimó", diz um dos primeiros entretítulos do filme).

O inglês John Grierson, um dos líderes da escola inglesa de documentários, filmou em *Drifters* (1929) vários pescadores em ação, mas na verdade todos eles formavam o modelo do pescador inglês, inspirado nos moldes do herói coletivo do cinema soviético. Grierson e Flaherty chegaram a trabalhar juntos, mas o primeiro seguiu uma vertente mais urbana, criticando o "romantismo nostálgico" de Flaherty, que filmava povos distantes, o combate mítico entre um herói e a natureza hostil, sem levar em conta os problemas sociais e a função didática do cinema. Apesar das diferenças temáticas, eles são, juntos, os inventores do que conhecemos hoje como documentário clássico, filmes que trabalham com grandes acontecimentos e grandes homens, ou, como no caso de Grierson e Flaherty, acontecimentos e personagens modelares ou exemplares.[10]

Os documentários que se filiam a esse modelo estruturam-se a partir de um argumento desenvolvido por uma narração em off, ilustrado por imagens e exemplificado ou comprovado por entrevistas ou depoimentos. *Nanook* e *Drifters* são filmes do período mudo do cinema, mas os entretítulos que separam as imagens funcionam como uma voz gráfica de autoridade. Assim que o cinema se tornou sonoro, instituiu-se no documentário inglês, já no início dos anos 30, a voz em off, que narra, a voz de Deus desencarnada e não sincrônica em relação à imagem. A montagem do modelo clássico elimina qualquer referência ao processo de produção, seleção e organização dos acontecimentos filmados e estrutura o filme a partir de uma narração — "a voz do saber" — que desenvolve uma idéia geral de maneira linear, dentro de uma lógica causa-efeito e problema-solução. Essa voz interpreta o que vemos nas imagens e fornece ao espectador o significado unívoco do filme. A fala dos entrevistados converge para o mesmo significado do comentário; é integrada e subordinada a essa voz onisciente e onipresente, reforçando, justificando ou comprovando a idéia central, sem ambigüidades.

Não é de hoje que diferentes aspectos estéticos e éticos do modelo clássico são questionados. Com o advento de novos modos de se fazer documentário no final dos anos 50, os filmes de inspiração inglesa foram extremamente criticados, em especial a intervenção excessiva da narração em off para a compreensão da obra. Para muitos jovens documentaristas dos anos 60, tratava-se de respeitar o espectador, evitando a imposição de uma visão única dos acontecimentos filmados. Era crucial preservar a "ambigüidade" do real, tal como defendia o crítico francês André Bazin, criando, se fosse o caso, novas utilizações do comentário em off. Porque o que era criticado por cineastas como Jean Rouch, por exemplo, não era a voz off propriamente, mas a forma de autoridade que ela assumia nos documentários.

Eu, um Negro (1958), filmado por Rouch sem som, foi sonorizado em seguida com um comentário improvisado por um dos personagens do filme a partir do que ele via nas imagens. É uma voz que fala o francês de ex-colônia, com ritmo e sotaque particulares. É uma voz que exprime sentimentos, está contente, triste, confusa, sempre em transformação, radicalmente distante do atributo tradicional da narração. Em filmes do cinema direto norte-americano, a opção foi eliminar todo e qualquer off e reduzir ao mínimo possível a intervenção da equipe na filmagem — que devia ser a mesma provocada por "uma mosca na parede". As técnicas do "direto", então recém-inventadas — câmeras mais leves e um sistema de gravação de som sincronizado com a imagem —, favoreceram essas filmagens de "observação", e o plano-seqüência (sem cortes), sincronizado com o som (diálogos, conversas, sons ambientes), tornou-se o elemento estético central desse movimento.

O "modelo sociológico" do documentário

No documentário brasileiro dos anos 60, a situação foi diferente. As inovações técnicas estavam chegando,[11] as estéticas se faziam sentir, mas a narração tradicional, tão desprezada nos Estados Unidos e na Europa, viveu ainda seus dias de glória em vários filmes realizados na primeira metade da década. As propostas políticas do Cinema Novo criaram uma situação especial para o documentário, que recorreu à "voz do saber" para construir com clareza os significados sociais e políticos dos filmes; a maior parte deles não conseguiu inventar uma estética que fosse muito além de uma dimensão social e pedagógica, contrariamente aos filmes de ficção do mesmo período. Eram filmes que integravam o que Jean-Claude Bernardet chama de "modelo sociológico", cujas características, definidas por ele no ensaio sobre os documentários brasileiros entre 1960 e 1980,[12] coincidem em inúmeros aspectos com a estética do documentário clássico; em especial, os mecanismos de produção de significação do filme, centrados na relação entre o particular e o geral.

Os filmes analisados por Bernardet transmitem "uma informação que não diz respeito apenas àqueles indivíduos que vemos na tela, nem a uma quantidade muito maior deles, mas a uma classe de indivíduos e a um fenômeno". Para que isso ocorra, "é preciso que os casos particulares apresentados contenham os elementos necessários para a generalização, e apenas eles". Se, por exemplo, um personagem emigrou do Nordeste porque brigou com a mulher, e não por causa da miséria e da seca, ficará fora do filme; "os outros terão suas motivações reduzidas a uma". Esse processo de "limpeza do real" transforma o personagem em um "tipo sociológico" — o camponês, o operário qualificado, o favelado —, do qual estão excluídos os traços singulares de sua história.

É possível igualmente criar tipos sociológicos sem o recurso da narração. A estruturação é mais trabalhosa, porque o material a ser montado depende exclusivamente da fala dos personagens. O sistema, porém, pode funcionar da mesma maneira e ter inclusive a chancela de "mais real", justamente pela ausência de locução. Com ou sem locução, trata-se de criar uma imagem fechada dos personagens, afirmando indiretamente a inexistência de outras possibilidades de estar no mundo. Esses são seres condenados por um esquema narrativo muitas vezes cheio de boas intenções, mas que retira deles qualquer possibilidade de surpreender, a eles mesmos e ao espectador. Em suma, seja herói romântico ou vítima sem poder algum, o personagem fica reduzido a traços caricaturais.

Se o documentário brasileiro se diversificou e inventou inúmeros caminhos desde então, aspectos centrais do documentário clássico permanecem dominantes nos programas jornalísticos da televisão. Qualquer reportagem televisiva repete a relação de subordinação da imagem à narração em off; os entrevistados tornam-se facilmente "tipos" e, na maior parte dos casos, são editados de modo a provar a veracidade do que o repórter está dizendo. Ou seja, a articulação entre o particular e o geral é também um mecanismo de funcionamento importante no jornalismo audiovisual. É evidente que há exceções, imagens e sons tão impactantes, que se impõem sem que haja tempo para uma interferência maior das regras do telejornalismo. O exemplo maior por muito tempo ainda será o do atentado terrorista do World Trade Center, em Nova York. Durante pelo menos as primeiras horas foi possível assistir ao desenrolar dos acontecimentos em continuidade audiovisual, apesar da trilha sonora adicionada às imagens ao vivo e dos comentários disparatados dos jornalistas — como se já não bastasse o horror.

Personagens singulares

Ao fazer essa descrição da tradição do documentário e de sua retomada em outros domínios, corro o risco de fazer uma generalização tão peremptória quanto aquela que critico em certos filmes. Essas definições têm efetivamente seus limites e são por vezes muito gerais, mas constituem uma espécie de "grau mínimo de homogeneização" que pode ajudar a pensar e identificar com mais nitidez os caminhos do documentário de Eduardo Coutinho. A partir de *Santa Marta*, o diretor irá efetuar uma desconstrução múltipla e indireta desse modelo, um deslocamento de um tipo diferente daquele que vimos em *Cabra Marcado para Morrer*.

Nos filmes de Coutinho, os moradores da favela não estão condenados a nada. Encontram-se evidentemente inseridos em um contexto histórico, sofrem de males comuns, possuem um perfil sociológico, mas de maneira nenhuma se reduzem a ele. A vida de quem mora na favela é efetivamente dura e está sujeita a diferentes poderes e violências, mas é assim de diferentes formas, e é também uma infinidade de outras coisas. Ambigüidades e sentidos múltiplos não são "resolvidos" na montagem; as contradições não ganham uma síntese, mas são postas lado a lado. "Aqui? Pode ser qualquer hora da madrugada, do dia, na boca da noite, adoece um vizinho ... Junta oito, pega o carro ou o ônibus e leva no hospital", diz um morador. Mais adiante, uma outra moradora afirma: "Aqui nesse morro a gente tem que viver, é claro, mas ninguém é de ninguém, cada um vive a sua. ... Aqui é lei do Murici, cada um por si".

Residir na favela, para muitos moradores, pode ser bom, pode ser ruim, às vezes é bom e ruim ao mesmo tempo. A ênfase da montagem de *Santa Marta* é a relação. Em momento algum há generalização, classificação ou palavras concludentes sobre os personagens. As pessoas não são exibidas como exemplos de nada. Não são tipos psicossociais — "o morador da favela", "o catador de lixo", "o crente", "o classe média", "o operário" —, não fazem parte de uma estatística, não justificam nem provam uma idéia central, não são vistas como parte de um todo. Os depoimentos muitas vezes se contradizem, apontando para um mundo heterogêneo, com direções múltiplas. Mas é justamente essa diversidade que "abre" os personagens uns aos outros, sem que uma verdade final sobre eles seja estabelecida.

Um depoimento sobre racismo, repleto de incoerências, indiretas, alfinetadas e ressalvas é mantido tal qual. "Tem racista aqui demais, especialmente esses paraíbas que vêm lá do inferno. Chega aqui e quer ser mais do que a gente, chama a gente de negro. ... Eu também sou um pouquinho racista, porque não gosto muito de paraíba, não gosto muito de branco." E, se dirigindo à equipe, diz: "Desculpa moço, não estou falando com o senhor não, nem com o senhor", acrescentando em seguida: "Também não gosto muito de preto...". Essa é uma fala "indomável", que escapa a qualquer classificação e aponta em vários sentidos. Uma fala impossível de ser integrada a um filme que quisesse criar uma imagem homogênea do "favelado", que quer conscientizar o público em um única direção, deseja provocar uma ação transformadora.

Falas com essas características povoam os filmes de Coutinho. Em *Boca de Lixo*, enquanto uma catadora prefere muito mais estar no lixão do que trabalhando em "casa de família" — "Não gosto de ser mandada" —, outra acha que muita gente trabalha ali "porque é relaxado, não tem coragem de pegar um ônibus e procurar emprego, prefere comer fácil porque aqui tem batata, tem de tudo pra se comer". Uma terceira diz que "Ninguém come nada dali, não. Vocês botam no jornal e quem vê pensa que é para a gente comer. Não é." Em *Babilônia 2000*, uma senhora conta que trabalhava em casa de família, "casa de exploração", para no momento seguinte dizer que a patroa era muito boa, "me vestia, me botava bonitinha para ir dançar". São desacordos, contra-sensos, disparates que podem emergir no mesmo personagem ou em depoimentos diferentes, expressando pedaços de uma história pessoal e, ao mesmo tempo, fragmentos de uma história coletiva, sem que seja possível a criação de tipos. É, fundamentalmente, uma maneira de estabelecer relações complexas entre a vida de cada um deles, entre cada situação e algo como um "estado de coisas" que vivemos no Brasil.

Santa Marta, Duas Semanas no Morro ficou pronto em julho de 1987 e ia ser exibido na favela. No entanto, uma guerra entre traficantes provocou um tiroteio de três dias no morro — uma das primeiras disputas desse tipo na zona sul do Rio de Janeiro a durar tanto tempo —, e a sessão foi suspensa. Só alguns meses depois o documentário foi mostrado no Santa Marta. Desde então, é o filme de Coutinho mais exibido, o que mais repercussão tem dentro das favelas, o que suscita mais debates. Foi exibido no Festival de Cinema de Cuba, no Festival de Roterdã e no FestRio de 1987, e foi vendido para o Channel Four da Inglaterra e para a TV Espanhola.

Em uma entrevista em meados de 1988, Coutinho fez um breve diagnóstico da situação dramática do documentário no Brasil a partir da impossibilidade de vender *Santa Marta: Duas Semanas no Morro* para a televisão brasileira. Na TV Bandeirantes, só passaria se tivesse patrocínio; na TV Globo disseram que não interessava, "porque era muito antropológico, e eles queriam coisas mais jornalísticas". Essa resistência das emissoras de televisão a uma estética diferente é o que provoca "a inviabilidade econômica dos documentários". A saída nesse momento é:

" Trabalhar com tevês estrangeiras, instituições de fora, procurar o apoio de entidades culturais. ... Se a situação está ruim para o cinema de ficção

— com a Embrafilme no momento acéfala e em crise absoluta — imagine para os documentários. ”[13]

Notas

1. Eduardo Coutinho, entrevista a Alex Viany, p.423.

2. *Numéro Deux* (1975), *Six Foix Deux* (1976), *France Tour Détour Deux Enfants* (1977-8). A frase é do crítico Serge Daney, *L'exercice a été profitable, Monsieur*, p.296.

3. Eduardo Coutinho, entrevista a José Carlos Avellar, p.42.

4. A antropóloga Patrícia Guimarães havia feito uma pesquisa na favela Vila Parque da Cidade e participara de *Santo Forte* (1999); eu tinha dirigido um documentário no morro da Babilônia e integrei a equipe de *Babilônia 2000*; Eliska Altmann havia morado no Edifício Master durante dois anos e fez parte da pesquisa e filmagem do documentário.

5. Eduardo Coutinho, Cinemais, n.22, p.59.

6. Respectivamente: *Titicut Follies* (1967), *High Schol* (1968) e *Hospital* (1970), entre outros.

7. Respectivamente: *Central Park* (1989), *Aspen* (1991) e *Zoo* (1993).

8. Frederick Wiseman, «Un américain à Saint-Denis», p.28.

9. Música de Marcelo Yuka.

10. O método de trabalho de Flaherty, cujo princípio básico era a exploração prévia e a familiaridade com os assuntos tratados, influenciou cineastas do cinema-verdade, como Jean Rouch. Muitos críticos colocam-no em oposição a Grierson, que não hesitava em forçar a realidade para transmitir uma mensagem política. Há sem dúvida muitos aspectos que diferenciam a prática dos dois realizadores; mas Flaherty não era apenas um "observador atento" do que filmava. Interveio de inúmeras maneiras no material filmado, o que não tira qualquer mérito do filme; mas é importante ter clareza de que a intervenção, a manipulação, a construção da narrativa, o trabalho da câmera e da montagem têm papel fundamental desde o filme inaugural do cinema documentário.

11. Um curso do documentarista sueco Arne Sucksdorff em 1962 contribuiu decisivamente para a introdução da técnica de gravação direta e da linguagem do cinema-verdade no Brasil. Segundo Fernão Ramos, foi por intermédio de Sucksdorff que toda a geração do Cinema Novo teve contato com os procedimentos técnicos ligados ao cinema direto e ao cinema-verdade. Para mais informações, ver "Documentário sonoro", in Fernão Ramos e Luiz Felipe Miranda, *Enciclopédia do cinema brasileiro*, p.186-90.

12. As citações que se seguem foram extraídas do ensaio "O modelo sociológico ou a voz do dono", p.11-32. Jean-Claude Bernardet inclui nesse modelo filmes como *Viramundo* (1965) de Geraldo Sarno; *Maioria Absoluta* (1964/66) de Leon Hirszman; *Subterrâneos do Futebol* (1965) de Maurice Capovilla; *Passe Livre* (1974) de Oswaldo Caldeira. *Opinião Pública*, de Arnaldo Jabor, integra parcialmente o mesmo modelo.

13. Eduardo Coutinho, entrevista a Pedro Tinoco, "A realidade por quem a faz", p.1.

Anos de transição

4

Depois de *Santa Marta, Duas Semanas no Morro*, Eduardo Coutinho foi convidado para dirigir mais um documentário em película, o segundo e último depois de *Cabra Marcado para Morrer*: *O Fio da Memória* (1988-1991), um trabalho que tem ares de filme maldito na trajetória do diretor. Foi uma produção dispendiosa, talvez a mais cara que realizou, obrigando-o a abandonar quase todos os princípios promissores colocados em prática em *Santa Marta*. Contudo, o filme apresenta dimensões interessantes, e os problemas que o diretor enfrentou na sua realização têm pelo menos a qualidade de nos permitir entender melhor as opções que ele faria em *Santo Forte* e teriam prolongamentos nas obras posteriores.

A realização de *O Fio da Memória* levou três anos. Durante esse período Coutinho dirigiu outros vídeos documentais e institucionais. Em 1989, co-dirigiu com Sérgio Goldenberg mais um documentário para o ISER, desta vez sobre a greve dos operários da Companhia Siderúrgica Nacional (CSN), ocorrida um ano antes: *Volta Redonda, Memorial da Greve*. Os trabalhos seguintes foram para o Centro de Criação de Imagem Popular (Cecip),[1] uma organização não-governamental que ajudou a fundar e à qual está associado até hoje.

Foram anos que Coutinho qualifica de muito duros, marcados por inseguranças e durante os quais não fez muita coisa que o interessasse realmente. Dos vídeos que realizou até 1997, ano em que filmou *Santo Forte*, os que contam de fato são os que suscitaram questões éticas e estéticas para sua prática documental. São eles o já citado *Volta Redonda, Memorial da Greve, Boca de Lixo* (1992) e *Os Romeiros do Padre Cícero* (1994). Vistos à luz do que iria fazer mais tarde, essas produções parecem integrar um período de transição — de tentativas com erros e acertos — durante o qual tentou aprofundar as possibilidades abertas por *Santa Marta, Duas Semanas no Morro*. *Boca de Lixo* sem dúvida alguma representa o documentário mais rico dessa produção. É atravessado por questões que se tornariam caras ao cinema posterior de Coutinho e será portanto analisado isoladamente no capítulo 5.

O Fio da Memória (1988-91)

O *Fio da Memória* tinha por objetivo mostrar a situação dos negros no Brasil depois de cem anos de "liberdade" e nasceu de uma proposta da socióloga Aspásia Camargo, que veio a ser secretária da Cultura do recém-eleito governador do Rio de Janeiro, Wellington Moreira Franco. Coutinho gostou muito do tema, mas desde o início percebeu que aquele seria um filme que demandaria tempo para ser realizado e, portanto, não poderia estar concluído no ano do centenário da Abolição. A escolha por filmar em película foi feita em função das limitações impostas à exibição comercial de um documentário em vídeo, naquele momento, com um retorno de público e de crítica sabidamente pequeno.

"Foi um drama porque era uma coisa imensa, os cem anos da Abolição. Tive que voltar a filmar em 16mm, e aí voltei a ter problemas em relação à economia do filme. Não podia deixar as pessoas falarem muito, não tinha uma locação — era o Rio de Janeiro inteiro. Fui filmando sem roteiro algum e acabei pagando um preço."

Com produção inicial da Fundação de Artes do Estado Rio de Janeiro (Funarj), Coutinho começou filmando as comemorações do centenário da Abolição, no dia 13 de maio de 1988. Em setembro do mesmo ano, rodou por mais um mês, o dinheiro acabou e a produção do filme levou mais dois anos para reunir os recursos necessários. Depois de muitas tentativas, o documentário foi vendido para emissoras públicas de televisão fora do Brasil: obteve 50 mil dólares de um canal francês — La Sept —, 50 mil dólares de um canal inglês — Channel Four — e cem mil dólares da televisão espanhola. O contrato com essas emissoras obrigava Coutinho a realizar um filme de uma hora e 55 minutos. "Havia essa imposição e, ao mesmo tempo, a complicação de ter que falar com o mundo, e não apenas com o Brasil."

Em 1990 o diretor rodou mais dez dias, já com uma certa clareza do que poderia fazer na montagem. Tinha filmado inicialmente tanto pessoas ligadas ao movimento negro quanto anônimos ou quase anônimos — artistas populares com pouca projeção. "O problema é que levei meses para perceber que o filme era um ou outro; ou era com intelectuais do movimento negro ou com gente do povo, e acabei cortando todos os personagens do movimento negro."

Cem anos da Abolição, este é um tema imenso, é verdade. Contudo, apesar das angústias que viveu durante as filmagens — e do incômodo que sente até hoje em relação ao filme —, Coutinho soube dar ao documentário uma outra densidade. Isso em função do fio condutor que descobriu, já com o trabalho em andamento, para estruturar o material que havia filmado caoticamente, sem qualquer roteiro prévio nem "prisão" alguma, espacial ou temporal. Esse fio é a trajetória de Gabriel Joaquim dos Santos, artista semi-analfabeto e trabalhador das salinas da região dos Lagos (RJ), criador de uma obra de arte inusitada, conhecida como Casa da Flor (em São Pedro da Aldeia, cidade no litoral do estado do Rio de Janeiro), uma construção inteiramente feita com objetos retirados do lixo.

Alguns anos antes de morrer, em 1985, aos 92 anos, Gabriel Joaquim deixara um diário com uma escrita ainda mais impressionante que sua obra e entrevistas gravadas. Fragmentos desse material e imagens da Casa da Flor organizam assim *O Fio da Memória* e imprimem à narrativa uma dimensão poética que resgata o filme da generalidade a que ele talvez estivesse destinado.

"[Gabriel Joaquim] Interessou-me porque me pareceu um cara fascinante, ... analfabeto e filho de escravos, uma pessoa completamente obscura, trabalhador de salina, tinha deixado como marca de sua passagem no mundo uma casa construída com fragmentos retirados do lixo, que é a Casa da Flor. Em segundo lugar, havia deixado anotadas em um diário coisas da história do Brasil: o salário que ganhava em 1930, o vizinho que tinha morrido, quem tinha entrado para a igreja batista — pois ele era batista. ... Enfim, dava notícias de sua comunidade e falava do mundo. Isso me pareceu fascinante, esse diário imenso junto com aquela coisa do imaginário. Parecia-me que o imaginário era importante, fascinante, podendo ser um eixo. ... no fundo, aquela tentativa de construir algo com fragmentos era uma síntese extraordinária. Me pareceu corresponder um pouco à memória do negro, à medida que ela foi destruída pela escravidão. E ele tinha que recuperar com fragmentos a sua identidade. Era uma pessoa que juntava os fragmentos, os cacos da sua vida, para construir uma imagem. Por isso o escolhi como eixo." [2]

Haveria portanto uma proximidade entre o processo de criação de Gabriel Joaquim e a constituição da memória e da cultura dos negros no Brasil. Isso se reflete também na forma de composição do próprio filme, como destaca José Carlos Avellar em um dos raros artigos sobre *O Fio da Memória*: "A narração é aberta para todos os lados, é toda fragmentada. E este modo de narrar se propõe já como um depoimento, como parte da coisa narrada, como uma representação do modo de viver imposto ao negro".[3]

A opção por dois narradores é uma das marcas dessa fragmentação. Para refazer a trajetória de Gabriel Joaquim, Coutinho optou por utilizar a voz do ator Milton Gonçalves, que interpreta trechos do diário e falas do artista nas entrevistas que concedeu. São observações singelas e ao mesmo tempo comoventes, produzidas no contato de Gabriel Joaquim com as notícias que lhe chegavam, com os vizinhos, alguns parentes, objetos que ele encontrava no lixo, com a natureza.

> Gabriel trabalhou na salina desde o ano de 1912. Saiu no ano de 1960, cansado, encostado no Instituto. Naqueles tempos os operários da salina ganhavam por dia: no ano de 1912, dois cruzeiros, 1920, três cruzeiros, 1930, seis cruzeiros. ... As leis do cativeiro no Brasil começaram no tempo da colonização, no ano de 1532. ... Uma mulher matou o marido na dança em Cabo Frio, no dia 25 de fevereiro de 1970. ... Não voltarei mais nunca para o trabalho. Estou aposentado por dr. Geraldo no dia 25 de julho de 1960. Estou liberto para sempre. Gabriel Joaquim dos Santos. (Trecho do diário)

> Gente de 85 anos já está caduca, não pode mais falar em um aparelho desses. Aí entra um senhor e diz: "O senhor não se esquece daquelas coisas mais antigas?" Não senhor, não esqueço. As coisas que se deram há 50, 60 anos, me lembro de tudo. O pessoal daqui é todo gente moderna, é tudo povo de 1900 para cá. Não tem mais quase ninguém de 1800, mas ainda tenho eu. É preciso que as pessoas mais velhas zelem por essas coisas antigas, que é para o pessoal moderno que está chegando saber, não é? Mas eu vi, vou contar para os outros como foi. (Trecho de entrevista)

Há uma segunda narração, feita por Ferreira Gullar — também um dos narradores de *Cabra Marcado para Morrer* —, estritamente informativa, com dados mais objetivos a respeito da situação do negro no Brasil da época do filme. O estatuto dessa segunda narração é inteiramente diferente da leitura feita por Milton Gonçalves, que interpreta efetivamente, inspirando-se no ritmo da fala de Gabriel Joaquim. Os textos de Gabriel Joaquim estão associados a imagens da região dos Lagos, das salinas e da própria Casa da Flor, mas não se trata propriamente de uma ilustração. Eles são montados de forma bastante livre e sugerem direções temáticas ao filme.

Já o texto falado por Ferreira Gullar tem em muitas seqüências as características da mais clássica das narrações: descreve e explica didaticamente o que estamos vendo na imagem — como nas seqüências de rituais e cerimônias de candomblé e umbanda; ou nas comemorações do aniversário da morte de Zumbi dos Palmares; quando apresenta os personagens e estabelece o campo de interpretação a partir do qual a obra deve ser compreendida. O fato de o filme ter sido financiado em grande parte por emissoras européias, que desconhecem as condições de vida no Brasil, obrigou Coutinho a resumir a história do negro e a inserir textos explicativos sobre os cultos brasileiros de origem africana. Em outras circunstâncias de produção, as limitações talvez não fossem tão grandes.

Em *Fio da Memória* (1988-91), imagens de rituais de umbanda e candomblé ilustram as narrações em off sobre as religiões afro-brasileiras.

As relações entre o estado geral dos negros no Brasil e a situação singular de vidas anônimas constituem a tensão central de *O Fio da Memória*, que aborda as marcas da escravidão, a opressão da violência social e do racismo no cotidiano dos negros e as possibilidades de resistência por meio da arte e da cultura. Os comentários tão incomuns contidos nos textos de Gabriel Joaquim repercutem em algumas conversas de Coutinho com personagens do povo, diálogos que se filiam inteiramente ao modo como o diretor se relaciona com o outro ao longo de sua trajetória. Houve pela primeira vez em seus filmes uma pesquisa prévia, realizada unicamente por Sérgio Goldenberg, diretor assistente do documentário, o que permitiu ao diretor só entrar em contato com os entrevistados no instante da filmagem, garantindo o frescor do primeiro encontro.

O ex-escravo Manoel Deodoro Maciel, de 120 anos, por exemplo, diz a Coutinho que gosta muito de dinheiro, que foi aquilo de que mais gostou com a Abolição da escravatura: "Era melhor; melhor porque havia o dinheiro. Ah, falar em dinheiro, o velho está bom, comigo é na nota", e o diretor dá dinheiro a ele. Erci da Cruz e Souza, neta de escravos, casou com o neto do poeta Cruz e Souza aos 12 anos. Ficou viúva aos 31 e teve de vender "tudo o que uma baiana tem", a começar por ela mesma. Erci entoa com voz grave e esplendorosa um canto de candomblé e depois um canto de louvor.

A conversa com Aniceto Menezes, fundador da escola de samba Império Serrano e criador do partido-alto é muito divertida pelas voltas que ele dá nas perguntas do diretor. O sambista está em um hospital, velhinho, cego e com diabete. "O partido-alto

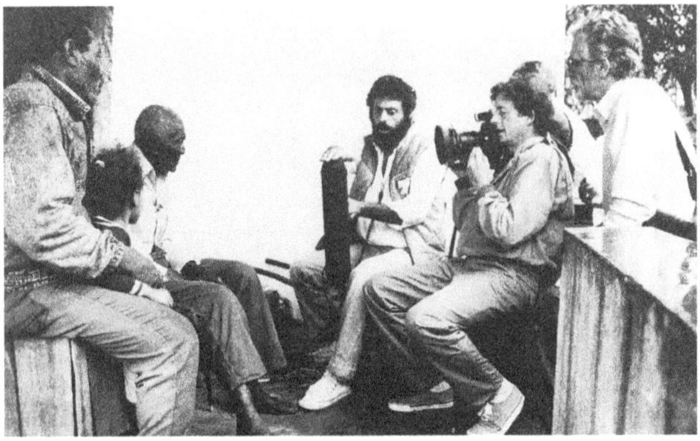

Eduardo Coutinho entrevista o ex-escravo Manoel Deodoro Maciel, com 120 anos, em depoimento sobre a Abolição.

não se aprende, é dom. Eu falo para o coro completar: se os bichos são inteligentes, porque não a criatura?". E pergunta a Coutinho: "O senhor sabe qual seja a pedra mais doce?". Coutinho demora um pouco para perceber que a pergunta é para ele: "Eu?". E Aniceto: "Eu lhe fiz uma pergunta... É a rapadura. Qual a defesa do banguela, o senhor sabe?". Coutinho diz que não sabe novamente. "Ah, o senhor é inocente demais." E segue fazendo várias perguntas. Conta sobre uma antiga namorada: "Era branca?". Aniceto faz uma pausa e diz: "Loura." "Ganhara" a moça pelo telefone sem lhe dizer sua cor; ela quis recuar quando se encontraram pela primeira vez, mas ele cantou "Tia Romana, não dá". Coutinho quer saber quem era tia Romana: "Era a mulher da música, uma mulher imaginária. Meu Deus, as perguntas que o senhor me faz! Me desculpe, mas é um tanto quanto demasiado."

Estas são seqüências em que a memória pessoal e a relação com o presente expressam muito mais da história dos negros do que as situações mais gerais que o filme aborda. Toda vez que são muitas as pessoas entrevistadas por Coutinho ao mesmo tempo — os alunos negros de uma escola pública que respondem sobre a Abolição, os jovens internos de uma instituição penal, a população moradora de rua —, o filme se fragiliza. Os depoimentos podem até ser comoventes, mas são rápidos demais e não permitem uma interação efetiva.

Em suma, *O Fio da Memória* é um documentário com muitas falas e imagens tão fortes quanto as que encontramos em outros trabalhos do diretor. Mas elas acabam perdendo a força, em função da estrutura do filme, que apresenta vários textos explicativos associados às imagens de rituais, cerimônias, celebrações — incluídos na montagem final. "Talvez tenha sido isso que tenha me levado a não querer explicar nada em *Santo Forte*, porque a explicação é sempre insuficiente. Ou ela é demais e mata o filme, ou é de menos e não adianta. Ela nunca é justa. Esse é um filme que foi devorado pelas minhas contradições", afirma Coutinho. O drama desse documentário na vida do diretor está particularmente ligado às dificuldades de financiamento e ao fracasso absoluto da distribuição.

> Um filme que sequer foi ampliado para 35mm, que não existiu, que ninguém viu. No máximo umas 200 pessoas. Foi um impasse do qual eu saí filmando *Boca de Lixo*, em 1992, sem dinheiro nenhum, sem cobrança alguma.

Erci da Cruz e Souza, viúva do neto do poeta João da Cruz e Souza, entoa com voz grave e potente um canto de candomblé e depois um cântico de louvor.

Volta Redonda, Memorial da Greve (1989)

Volta Redonda, Memorial da Greve, foi realizado a partir de uma solicitação do bispo dom Valdir Calheiros, da diocese de Barra do Piraí e Volta Redonda (RJ), com o objetivo central de narrar os episódios ocorridos durante a greve dos operários da CSN, em 1988. O movimento tivera como resposta do governo a intervenção violenta do exército na cidade de Volta Redonda e na empresa, provocando a morte de três jovens metalúrgicos. Coutinho co-dirigiu o filme com Sérgio Goldenberg, que também fez a pesquisa e editou o material (sob a coordenação do primeiro).

Criada em 1941 por Getúlio Vargas, a Companhia Siderúrgica Nacional foi um marco da industrialização no Brasil. Em 1988, empregava cerca de 30 mil trabalhadores. Sob pretexto de representar um setor estratégico, a própria cidade de Volta Redonda foi considerada "área de segurança nacional" durante o período da ditadura, deixando de ter essa condição apenas em 1985. Mesmo assim, o movimento operário local ganhou força a partir do final dos anos 70. Em 1988, a uma semana das eleições municipais em todo o país, os trabalhadores entraram em greve, exigindo a anistia dos demitidos em outras greves, jornada de seis horas e a recuperação de suas perdas salariais.

Volta Redonda é um vídeo de 39 minutos que se estrutura de forma bastante clássica. Narrações em off relatam e explicam os acontecimentos, ilustradas por imagens de arquivo, fotografias, imagens amadoras da greve e dos confrontos, da cidade e da siderúrgica. Há também entrevistas com grevistas, familiares dos operários mortos e com o bispo de Volta Redonda. Nesses momen-

Volta Redonda, Memorial da Greve (1989) exibe imagens de arquivo da greve dos trabalhadores da Companhia Siderúrgica Nacional em 1988.

tos, a câmera é quase sempre fixa, e as intervenções dos diretores são escassas. Não há qualquer sinal da equipe de filmagem e apenas ouvimos as perguntas dos entrevistadores.

As imagens de arquivo são impactantes: em algumas cenas os operários parecem prisioneiros em rebelião, brandindo nas mãos pedaços de pau, alguns deles com os rostos tapados. Há também seqüências dos soldados correndo pelas ruas da cidade e batendo nos trabalhadores. O saldo do embate foi trágico: três mortos e 39 feridos. Declarou-se uma trégua, os grevistas desocuparam a companhia, mas mantiveram a greve por mais 17 dias. Ao final desse período, o governo atendeu à maior parte das reivindicações do movimento, e a greve foi considerada vitoriosa.

As últimas seqüências do filme possuem, no entanto, um tom sombrio. Juarez Antunes, presidente licenciado do Sindicato dos Metalúrgicos e prefeito recém-eleito de Volta Redonda morre num acidente de carro suspeito. No dia da inauguração do memorial projetado por Oscar Niemeyer em homenagem aos três mortos na greve, uma bomba explode, destruindo o monumento. Seis meses mais tarde, um acidente na companhia mata dois metalúrgicos. A crise instaurada na CSN piora, como resultado da política de preços do governo federal, que vinha sacrificando as estatais, sob o argumento de combate à inflação. A população de Volta Redonda não dispõe mais de empregos até então estáveis, e teme-se a privatização ou mesmo a extinção da empresa.

As dificuldades desse documentário começaram nas filmagens. Coutinho percebeu que as coisas não eram o que pareciam e se inquietou com o fato de ter que dar uma imagem homogeneamente positiva do movimento grevista e da ação do sindicato. O diretor identificou em conversas com vários operários uma série de restrições ao movimento e à política do sindicato: "tinha greve demais, tinha greve inútil; os caras resolveram a greve [passando] por cima deles, enfim, coisas que trincavam o quadro ideal pintado inicialmente" — diz ele. Não que o massacre e a violência não tivessem sido brutais, longe disso. Mas, no interior do movimento dos metalúrgicos, havia fraturas e contradições que Coutinho não podia colocar no vídeo, porque não interessavam a quem estava patrocinando o trabalho. "O meu trabalho foi então fazer um filme o menos triunfalista possível." Por isso, no último depoimento, um operário lamenta a perda da estabilidade e o fato de não saber mais se pode continuar desejando que o filho seja operário também. "Era o que eu podia fazer", diz Coutinho.

Apesar dos cuidados do diretor, o resultado final não agradou aos patrocinadores. "No caso de vídeos institucionais, ainda que defendendo as melhores causas, sempre há limitações." Coutinho mostrou o vídeo primeiramente a pessoas ligadas à Pastoral Operária e a dom Calheiros. "Fui bombardeado no final da projeção. Diziam que tinha que ter mais participação da Pastoral Operária, dez caras contra, o bispo calado, discussões exaltadas. ... E em meio a tudo aquilo falei a velha frase que diz que o que é revolucionário é a verdade. Não adianta dourar a realidade, tem que estar o mais próximo possível do processo real, senão não é revolucionário." O argumento usado pelo diretor era de que, quando a mensagem fica muito explícita, diz-se logo que "é coisa de comunista ou de padre" — o que, aliás, constituía o problema de muitos filmes de esquerda dos anos 60 e 70 realizados para a Igreja e para os sindicatos. Tem-se a impressão de que eles estão às vésperas da vitória final.

O monumento projetado por Oscar Niemeyer em homenagem aos grevistas mortos foi derrubado por uma bomba no dia da inauguração.

"O triunfalismo é o pecado mortal, porque promete uma coisa que a realidade não vai dar. Você tem que conhecer o mundo, não adianta forjar um mundo. É a incapacidade de olhar o real e negociar com o real, a incapacidade de ver o outro, de aceitar o outro no que ele tem de ambíguo, o que limita o alcance do filme. Se fosse um filme de reflexão, e eu pudesse mostrar as contradições no seio do sindicato, seria um filme muito mais interessante e muito mais útil. Não se querem coisas para refletir, mas para levar a luta para a frente. Imagine se eu for fazer um filme sobre o MST. Eu adoraria, mas teria que ser um filme que tivesse questões, mostrasse ambigüidades. O que o militante pensa disso, ou não pensa, no cotidiano, um filme em que as pessoas tivessem fraturas, em que fosse possível mostrar um acampamento coberto de moscas, por exemplo, e não um filme com anjos. Senão vou acreditar em Deus, vou para o convento e acabou, não é mesmo? Este é o problema do filme militante. É um inferno, um inferno do qual é difícil sair."

Depois de muita discussão, dom Valdir Calheiros — "que, como todos os príncipes da Igreja, é de uma sapiência extraordinária, mais de dois mil anos de Igreja deram a esses caras uma experiência política incrível, fez uma intervenção conciliatória", lembra Coutinho. Aquela versão ficava como estava, e uma nova, com cerca de dois minutos de participação da Pastoral e algumas mudanças na ordem das seqüências, seria exibida nos circuitos católicos.

Dom Valdir Calheiros, bispo das dioceses de Barra das Piraí e Volta Redonda, solicitou a Eduardo Coutinho que fizesse o filme. Ao final, o diretor cedeu às sugestões do bispo.

Os Romeiros do Padre Cícero (1994)

A idéia de Coutinho nesse documentário — uma produção do Cecip para a ZDF, uma emissora alemã — era acompanhar um grupo de romeiros a Juazeiro do Norte, cidade de Padre Cícero, no Ceará. Pretendia-se filmar o grupo antes da viagem, na cidade onde moravam, no interior de Alagoas, a 700 quilômetros de Juazeiro; depois, acompanhá-los no trajeto em um caminhão "pau-de-arara" e filmar a grande romaria anual à cidade de Padre Cícero. "Você normalmente só vê o ritual, nunca vê o antes e o depois. Eu queria isso, um pouco como o filme do Rouch, *Les Maîtres Fous* (1954). Você vê as pessoas fazerem coisas espantosas, mas nunca sabe como elas vivem." No curta-metragem realizado por Jean Rouch na África, os personagens que entram em transe são também filmados em sua realidade cotidiana, como garçons, operários, serventes de pedreiro.

Acompanhar os personagens em uma determinada ação, observá-los por um certo tempo, este é um princípio de filmagem raro no cinema de Coutinho. Sua opção mais constante é pelo encontro, pela interação com os personagens, e não por observar a ação deles. De todo modo, *Os Romeiros do Padre Cícero* está bem distante dessa idéia inicial. Embora a romaria aconteça, nenhum dos romeiros ganha a dimensão de personagem, e eles são apenas um tênue fio condutor do filme. Quem termina se tornando personagem importante, nem ao menos é romeira, mas moradora de Juazeiro. O depoimento dessa mulher tem força expressiva, mas é fragmentado em alguns momentos do filme, o que acaba diminuindo sua intensidade. Quase todas as falas são curtas, imprimindo ao documentário estética e duração próximas às reportagens televisivas.

O filme tem um caráter bastante didático, explicando a trajetória de Padre Cícero, seus problemas com a Igreja oficial e sua ação junto ao povo. Para isso, faz uso de diversas imagens: do padre, em arquivo de 1925; seqüências de um filme de ficção de 1976 (*Padre Cícero*, de Helder Martins); de um documentário de 1969 (*Viva Cariri*, de Geraldo Sarno). A voz que narra é a de Coutinho, mas poderia ser a de um locutor profissional. Não há nessa narração qualquer dimensão subjetiva — à exceção de uma leve rouquidão. Ela é neutra e afastada daquilo que relata. Coutinho não se inclui no que está sendo contado, tampouco explica as condições de filmagem. Não existe também qualquer sinal da equipe, apenas a voz do diretor em poucas entrevistas. Nesse documentário há o que Jean-Claude Bernardet chama de "locutor auxiliar",[4] que ajuda o diretor a contar a história do filme. Trata-se do vigário de Juazeiro, que faz três intervenções para explicar o acontecimento "Padre Cícero". O filme se encerra com os romeiros deixando a cidade à noite.

Embora o projeto inicial do filme definisse como foco principal o acompanhamento de uma romaria, os devotos de Juazeiro acabaram se tornando os principais personagens de *Os Romeiros do Padre Cícero* (1994).

Os transtornos desse vídeo começaram com a demora na liberação do dinheiro. Coutinho teve de improvisar uma equipe para trabalhar de graça e não perder a data do aniversário de Padre Cícero. Além do mais fez a pesquisa sozinho. "Avaliei mal. Tinha feito *Boca de Lixo* sem pesquisa e tinha dado certo. Achei que em uma semana eu poderia achar os personagens, e não foi suficiente. Não quero fazer isso de novo, e quando eu faço me sinto mal. Eu sou o pior cara para fazer a pesquisa de personagem, porque sou tímido, não tenho temperamento para isso. Fiz um trabalho péssimo." A filmagem do cotidiano antes da romaria não rendeu, nem a viagem de caminhão. Ao chegar a Juazeiro, depois de 16 horas de viagem, a equipe estava exausta, mas tinha que continuar trabalhando. "Como é que a equipe vai dormir? Acontecem mil coisas, tinha que haver duas equipes." No dia seguinte Coutinho encontrou dificuldades em acompanhar a romeira que deveria ser a protagonista do filme.

“Aquela coisa terrível da pessoa que sabe que está sendo filmada e vai rezar. É o negócio de filmar ação em uma coisa tipo espiritual, é terrível. Nunca mais quero fazer um filme que tenha isso. Como filmar pessoas que estão em transe ou rezando? Isso foi problemático. Por isso fiz *Santo Forte* daquela forma. Para que colocar culto? E daí [acontece] o seguinte: o filme abandona o grupo de saída. Na verdade, está totalmente errado. Não acompanhei o grupo de romeiros porque não tinha mais dinheiro. O pior é que quando acabou a filmagem, achei que tinha feito um troço bacana, mas não tinha. E não percebi que não era bacana, não percebi que era muito menor do que eu pretendia, que não me satisfazia. Mesmo na montagem, não percebi muito. Percebi na verdade tarde demais. Eu não renego nada, mas é um filme menor, é uma reportagem, não está à altura do mito Padre Cícero.”

Notas

1. O Cecip é uma produtora de filmes e vídeos de caráter educativo e cultural, fundada em 1986 por Claudius Ceccon. Realizou mais de cem vídeos institucionais e documentários sobre aspectos da realidade brasileira; produziu também os documentários *Santo Forte* e *Babilônia 2000*.

2. Eduardo Coutinho, “O cinema documentário e a escuta sensível da alteridade”, p.174-5.

3. José Carlos Avellar, “O homem com a câmera”, p.60.

4. *Cineastas e imagens do povo*, p.20.

Boca de Lixo e a estética da crueldade

5

Depois da experiência traumática de *O Fio da Memória*, Eduardo Coutinho decidiu voltar com radicalidade às premissas de *Santa Marta, Duas Semanas no Morro*: filmar em vídeo o cotidiano de um grupo de catadores de lixo em um só lugar, o lixão de São Gonçalo, em Niterói (RJ). O documentário foi feito em três etapas, ao longo do primeiro semestre de 1992: inicialmente em dois dias de janeiro, durante a realização de um vídeo institucional que Coutinho dirigia para o Cecip em uma região próxima ao lixão; depois oito dias em abril; e por último em julho, quando o diretor organizou e registrou uma projeção do vídeo praticamente editado para os catadores.

O tema desse documentário não poderia ser mais difícil, porque lida com o clichê da pobreza brasileira: restos da civilização industrial do Ocidente, periferia da periferia dos países ricos, quinto mundo, fim do mundo. As primeiras imagens se assemelham a um filme de ficção científica, daqueles em que o futuro é apenas a intensificação do que há de mais caótico no presente: porcos atolam em restos, um cachorro esquelético revolve detritos, um cavalo branco mastiga alguma coisa em meio a uma névoa que paira sobre um deserto de lixo, um bando de urubus voa sobre o lixão. No plano seguinte defrontamos o pior, na imagem e também no som — até então praticamente inexistente: o "bicho-homem" entra em cena, em bando, todos falando ao mesmo tempo. Com enxadas, pás e ancinhos, investem sobre o lixo que acaba de ser despejado do caminhão, em uma imagem que provoca mal-estar e repulsa: repulsa de fazer parte de uma sociedade que produz cenas de crianças, adultos e velhos chafurdando no lixo para comer, o que, para dizer o mínimo, é constrangedor; mal-estar de se deparar com tal estado de degradação.

Esse começo de filme aponta para muitas direções: exploração da pobreza e, por tabela, da culpabilidade do espectador; sensacionalismo, voyeurismo, comercialização da miséria. Tais imagens lembram as que são exibidas na televisão para serem consumidas em forma de espetáculo. Não há indícios nessas seqüências iniciais de qualquer "humanização" dos catadores; nenhum vestígio de tentativa de extrair um ser digno desse "bicho-homem". Na verdade, *Boca de Lixo* está desde o começo em "duelo" com o clichê, face a face com a pior

Boca de Lixo traz para a tela cenas que provocam um certo mal-estar no público: pessoas chafurdam no lixo em busca de seu sustento.

imagem que se tem desse universo. É como se o filme jogasse na nossa cara a imagem que temos desses seres, a imagem do senso comum. É um documentário que não apenas se confronta com essa questão como a traz para o seu interior.

A resistência inicial ao filme não é apenas do espectador. Ao contrário dos moradores do morro Santa Marta, há no lixo de São Gonçalo uma recusa em aparecer e falar. Muitos escondem o rosto, fazem sinal para que a equipe vá embora. "O que vocês ganham pra ficar botando isso na nossa cara?", pergunta um garoto. Coutinho se esforça: "É um trabalho legal como os outros." As primeiras respostas são sempre defensivas, como se houvesse previamente uma acusação: "Todo mundo aqui está trabalhando, não tem ninguém roubando não;" "Tenho orgulho de trabalhar, só assim não vou na casa de ninguém pedir;" "Eu nem ligo, não estou nem aí para o que sai em televisão, em jornal, nem ligo. Não estou roubando, não estou certa? Deixa essa cara bonita sair na televisão."

Trata-se, neste filme, de uma tensão entre imagens mentais, mediáticas, fotográficas, imagens do universo filmado. As mediáticas — cujo lugar privilegiado é a televisão — são as de base, formando uma espécie de "ambiente" contemporâneo. Os catadores de lixo conhecem bem a idéia negativa que os telejornais deles fornecem e não querem reiterá-la. É como se eles se recusassem a ser transformados em "tipos". Falam primeiramente com Coutinho, como se ele fosse mais um repórter que volta e meia aparece por ali. O diretor quer mostrar que uma outra imagem é possível, e tenta contornar a resistência inicial, oferecendo imagens justamente a seus possíveis personagens.

Xerox de fotos tiradas a partir das fitas já gravadas no lixão ajudam a aproximar a equipe de quem trabalha ali. Esse gesto indica que o que está sendo proposto não é mais uma desapropriação da imagem alheia, segundo a lógica mediática, mas a criação de uma imagem compartilhada entre quem filma e quem é filmado, com riscos e possibilidades de equívocos. O prazer de recuperar uma imagem, de se ver simplesmente duplicado, mesmo que precariamente, faz com que se estabeleça uma ligação entre filmados e filmadores — e faz com que o vídeo se realize.

Seu Enock apanhou lixo pelo Brasil afora. *Boca de Lixo* produz uma tensão entre a imagem mediática de quem vive como catador e imagens do universo filmado.

Essa primeira imagem que é devolvida aos catadores anuncia a seqüência final, quando o vídeo quase pronto é assistido no meio do lixo por quem trabalha no local. Um gesto que retoma, de outra maneira e em outro contexto, o procedimento central de *Cabra Marcado* — em que fragmentos do filme iniciado em 1964 e as poucas fotos que sobraram da filmagem são exibidos aos personagens. Aqui as imagens aproximam, mas não têm a função de estímulo à memória dos entrevistados. A imagem fotográfica é importante em *Boca de Lixo* como objeto que circula de mão em mão e também como inspiração para muitos enquadramentos: rostos de crianças, famílias ou certos personagens, todos olhando fixa e silenciosamente para a câmera. Estão presentes a partir de um determinado momento do vídeo, deixando claro que a resistência inicial foi contornada e que há um desejo comum de filmar e ser filmado.

Filmar e ser filmado, a imagem de si e a imagem do outro, as imagens da mídia, estas são questões que irão atravessar muitos filmes de Coutinho dali por diante. *Boca de Lixo* mostra que, mesmo pessoas totalmente desprovidas de uma educação formal, têm consciência do que se pensa e diz sobre elas. Seis anos depois, em *Babilônia 2000*, é novamente uma tensão entre imagens que Coutinho irá filmar: as imagens que os moradores do morro têm de quem mora "lá embaixo"; as que eles fazem sobre a equipe e sobre o que quer o cineasta; as que eles sabem ou acham que a equipe e a sociedade têm deles; as do universo da favela, que a mídia faz circular.

Um pequeno diálogo entre um dos diretores de filmagem — eram cinco, em *Babilônia 2000* — e uma personagem chamada Roseli é um exemplo bem-humorado dessa relação. "Deixe eu me arrumar, mudar o visual", diz ela. "Não, assim está ótimo", responde o diretor. Roseli, rindo: "Ah você quer pobreza mesmo?". E ele: "Não, isso não é pobreza". Roseli: "Sei, sei, é comunidade, né?".

Roseli sabe "tudo", sabe o que pode interessar — pobre bem-arrumadinho, pobreza "mesmo" ou vida em comunidade —, o que não impede que ela dê em seguida um dos depoimentos mais fortes do filme.

Boca de Lixo e o acaso

Boca de Lixo explora uma dimensão temporal que já era importante em *Cabra Marcado para Morrer*, mas de pouca relevância em *Santa Marta*. Neste último, de 1987, há uma certa circularidade do tempo. O filme começa e termina da mesma maneira, com as pessoas indo ou voltando do trabalho. Sabemos pelo título do filme que a equipe permaneceu no morro por duas semanas, mas esse aspecto temporal não está nas imagens.

Já em *Boca de Lixo* o tempo conta, produz transformação nos personagens. A equipe — que trabalhou praticamente de graça — habitua-se ao lixão, permanece ali um certo tempo e, ao contrário dos repórteres, que não suportam mais de dez minutos aquele cheiro, volta algumas vezes e percebe mudanças. O simples fato de demorar-se naquele lugar ajuda a deslocar a imagem que os catadores têm de quem usa o lixão rapidamente, para "cobrir" um texto em off.

A alteração que as filmagens anteriores de Coutinho provoca nos seus personagens ganha neste documentário um contorno mais nítido, em função dessa temporalidade. Personagens que se recusam inicialmente a falar, mais adiante aceitam ser filmados, e observamos isso na imagem, o que significa dizer que a edição respeita, grosso modo, a cronologia da filmagem. O que foi rodado primeiro está no início, e o que veio depois está no final. Este é um filme que impõe os planos longos, para que essa temporalidade seja sentida mais fortemente pelo espectador. Há um trabalho de câmera cuidadoso — do fotógrafo Breno Silveira —, que vê inúmeras tonalidades, diversas espessuras, diferentes seres.

Aos poucos algumas respostas vão sendo fornecidas a perguntas que partem do seguinte princípio: a vida ali não é um horror. "Trabalhar aqui é melhor do que o salário mínimo?", pergunta Coutinho. Ou ainda: "É bom trabalhar no lixo ou não?". Para quem assiste ao vídeo, essa pergunta é quase uma provocação, uma insolência. Como ousar perguntar "se é bom" depois do que vimos no início? Os personagens, contudo, percebem essas interrogações de outra maneira, identificam nelas um efetivo interesse em ver como eles se viram no dia-a-dia, e uma constatação de que não são a escória do mundo nem os condenados da terra. Dão depoimentos que se contradizem, contrariando ao mesmo tempo as imagens iniciais e ampliando assim a nossa compreensão daquele universo. Um mundo denso e cheio de nuanças emerge do que vemos e ouvimos.

O lixo como lugar de trabalho possível, em que se travam relações sociais, pode até ser divertido. "Lá todo mundo grita, todo mundo encarna, todo mundo é amigo. ... Aqui somos eu e minhas filhas, meu marido está sempre trabalhando. Chego cansada também." Enquanto o lixão continuar ali não se morre de fome, é "melhor do que em casa de família", mas também é "pior do que em casa de família"; é um lugar de "preguiçoso, porque quem trabalha ali é relaxado, prefere comer fácil". O funcionamento de um universo até então opaco vai-se revelando nas imagens: a forma de ganhar dinheiro, o tipo de lixo a ser catado, os compradores, as diferentes tarefas, o peso do que é catado por dia.

Testemunhamos tanto um processo de liberação da palavra quanto as estratégias de Coutinho para que essa palavra se expresse, como se o filme contivesse nele mesmo o seu próprio *making of.* Isso talvez se dê porque *Boca de Lixo* é o único filme do diretor realizado sem pesquisa alguma, sem alguém para fazer a intermediação entre a equipe e o lixão. A concentração espacial é que coloca limites ao filme e aos encontros, que, dentro dessa área demarcada, são frutos do acaso. O cineasta está novamente na imagem, como nos outros filmes, mas desta vez tateia, tenta diferentes formas de aproximação, acerta e erra, pesquisa e filma ao mesmo tempo.

Os personagens vão sendo descobertos na hora, e tudo isso faz parte do material fílmico. De fato é impressionante, em função dessa ausência de qualquer contato prévio, a qualidade dos encontros que Coutinho consegue produzir. Se o filme, por um lado, coloca as questões de imagem já abordadas — sempre a partir de algo muito concreto — , ele não deixa, por outro, de nos dar uma abertura efetiva para um mundo que não conhecíamos e para pessoas que, não apenas sobrevivem do lixo, mas vivem com dignidade e até mesmo com uma certa alegria.

A nomeação dos personagens

Em *Boca de Lixo* os catadores vão sendo nomeados literal e simbolicamente. Um deles diz os nomes de quem está próximo. Nas imagens, rostos em primeiro plano olham para a câmera, seguidos das fotos do xerox passando de mão em mão. Cinco deles tornam-se personagens, e vemos seus nomes escritos a mão em um pedaço de papel: Nirinha, Lúcia, Cícera, Enock, Jurema. Coutinho trabalha com poucos personagens em seqüências que vão de três a oito minutos. As entrevistas são editadas na continuidade, sem muitos cortes, o que imprime ao diálogo uma informalidade bem maior do que nas falas de *Santa Marta*. São na verdade conversas que acontecem entre diretor e personagens, em que as intervenções do cineasta tornam-se essenciais.

Jurema criou os filhos com o dinheiro que ganhou catando lixo.

Nirinha é quem mais ganha no lixão, quem suporta mais peso e vende diretamente para fora, para o comprador que adquire dos outros intermediários. Em seu depoimento ela mostra a economia do lixão. As conversas com os outros quatro personagens começam no local de trabalho e continuam nas casas onde moram, próximas dali. São pequenos barracos, com galinhas, cachorros, porcos. Essa passagem ao local de moradia é fundamental para que os catadores se transformem em seres de carne e osso, com história, família, filhos e preocupações que não se limitam à vida no lixo. Os interiores das casas são repletos de coisas catadas, aproveita-se de tudo: roupas, relógios, cartazes de cinema, comida. Enock, um senhor de 70 anos, barbudo, apelidado de Papai Noel, é uma espécie de filósofo do lixo. Diz-se "naturalista", "acredita na natureza". Apanhou lixo em todo lugar: "Faz parte da vida, ... o final do serviço é o lixo, e dali que começa" — uma frase que poderia servir de epígrafe ao filme.

"A gente não cata essas coisas aqui para comer. Vocês botam no jornal e quem vê pensa que é para a gente comer, mas não é. Isso não pode acontecer. ... Todo mundo aqui tem porco. ... Fico revoltada com isso. ... Quem vê lá fora vai falar que 'é aquilo que eles comem', 'daquilo ali que vivem', mas não é", diz Jurema, ainda no lixão, no início da conversa com Coutinho. Aparentemente foi essa a personagem que mais resistiu a falar. A seqüência que antecede a sua entrada em cena é feita de imagens em que as pessoas aparecem comendo. Dizer que se come do lixo é, para muitos catadores, o pior que se pode dizer sobre eles, especialmente para ela, que ocupa no filme a última e mais longa seqüência com personagens.

Em casa, ao lado da mãe e do marido, Jurema apresenta os sete filhos para Coutinho. "É duro?", pergunta ele. "É fácil", responde o marido, que completa dizendo que quer chegar a 12. "Até 12? ... E se chegar a 18, não pode!", exclama o diretor. Sem qualquer hesitação, Jurema afirma que pode sim. "Sabe o que não pode? Matar, jogar fora, dar para os outros, o aborto." "Mas é uma dureza", comenta Coutinho. E ela: "Deus ajuda, Deus dá força..."

Jurema é uma fortaleza, inventou uma certa moral para a sua vida que não é a moral de um crente. Conta com extrema liberdade como conheceu o marido: "Ele veio me trazer em casa, ofereci um cafezinho, e do cafezinho a gente acabou na cama. ... Foi rápido, foi bom, foi ótimo..." No final da conversa, Coutinho pergunta por que ela ficou tão brava no primeiro dia, se foi por causa da comida. Desta vez ela responde sem constrangimento: "A gente aproveita, é uma fruta, é um legume, ... macarrão, carne boa, galinha boa. ... Mas não precisa ficar falando para Deus e o mundo que a gente come dali. As pessoas têm vergonha de ser passadas na televisão, eu tenho vergonha, a gente suja do trabalho ali." Jurema não quer ser reduzida a essa imagem que a humilha e mortifica, e luta contra ela. Só depois de ter sido filmada em casa com a família, de ter falado de namoro, casamento, filhos, enfim, só depois de ter confiança em Coutinho é que consegue dizer que come dali, porque talvez tenha a intuição de que desta vez não será só aquilo.

A trilha sonora do documentário retoma o princípio de músicas captadas no local, como em *Santa Marta*. Mas Coutinho insere também em várias seqüências uma composição criada por Tim Rescala, feita de sons concretos — latas batendo, ancinhos separando os detritos —, que, na verdade, são a intensificação dos ruídos ambientes. Essa é uma utilização absolutamente feliz de uma trilha que parece "natural" do lugar. Além dessa percussão, há músicas em mais três momentos do filme: "Cama e mesa", de Roberto e Erasmo Carlos, cantada por Agepê, toca em um rádio do lixão; "Sonho por sonho", de Chico Roque e Carlos Colla, aparece primeiro na voz da filha de Cícera, uma adolescente que quer ser cantora sertaneja; e no final do filme, tocada em uma estação de rádio e interpretada por Zé Augusto.

"Cama e mesa" dá lugar à edição de um pequeno clipe com imagens dos momentos de descanso no lixão. Duas mulheres conversam distraidamente, alguns homens jogam cartas, outro lê, alguns catadores comem e bebem em cabanas improvisadas, crianças jogam bola. São planos que talvez nunca tivessem sido feitos até aquele momento. Que interesse essas cenas poderiam ter para a televisão ou para um documentário engajado? O repórter vai ao lixo para obter informações concretas que não passam por essas imagens. Já o cineasta tradicional, diz Coutinho, vê o lixo "a partir de um espírito de revolta e com sua consciência de intelectual de classe média, de que aquilo é um horror, um inferno, e que ele deve mostrar que é um inferno — que as pessoas odeiam aquilo e só fazem porque são obrigadas, pela estrutura injusta do país. E que é preciso mudar o país etc.".[1] Contudo, a presença desse tipo de imagem em *Boca de Lixo* não significa, como veremos, que haja uma complacência de Coutinho com relação à vida no lixão.

Uma ética e uma estética da crueldade

"Para mim qualquer serviço é serviço", "acho que catar no lixo está bom", "o lixo é direto com a vida", "qualquer coisa para mim tá bom", "Deus ajuda, Deus dá força". Nas falas dos personagens de *Boca de Lixo* há uma ausência de queixa, de reivindicação, e uma aceitação da vida aqui e agora, mas não como sacrifício em troca da vida eterna. Mesmo quando o nome de Deus é evocado, não o é em nome de uma vida melhor em um outro mundo. Deus dá força para enfrentar o mundo tal como ele é. A esperança para eles não é uma questão, o que não significa falta de consciência da situação em que vivem. Ao contrário, há uma espécie de clarividência na relação que travam com o real e com o próprio filme. Eles atuam, intuitivamente ou não, como se fosse impossível haver uma transformação social maior, e como se soubessem da impotência do filme quanto à vida que levam — e o documentário nos faz ver tudo isso. É como se a esperança impedisse o confronto direto que eles devem ter com a vida e dificultasse a invenção de estratégias de sobrevivência. Esperar o quê? Queixar-se do quê? Reivindicar o quê? O pior que poderia acontecer é a proibição de catar lixo ou a remoção do depósito para outro lugar.

Para o cinema de Coutinho, a esperança também está fora de questão, o que não significa pessimismo e pouco caso diante do que filma, ou tolerância com a miséria e as desigualdades sociais. "Filmo o que existe", costuma observar Coutinho, o que tampouco quer dizer que a realidade fala por si, ou que ele não interfere no que filma. Esses clichês do documentário jamais fizeram parte do cinema do diretor. Há uma aceitação não resignada do mundo, algo que o filósofo francês Clément Rosset chama de princípio da realidade suficiente, ou, ainda, princípio de crueldade, a aceitação da "natureza intrinsecamente dolorosa e trágica da realidade, ... o caráter único, e conseqüentemente irremediável e inapelável, dessa realidade".[2]

Esse tipo de prática se recusa a acrescentar verdades, idéias, informações ou elementos estéticos a cenas que já se bastam, que não precisam de mais nada. Não querer transformar o lixão para filmar é tentar conhecer o que está sendo filmado, sem uma idéia preconcebida sobre aquele universo, nem sobre o que se quer passar para o espectador.

> Querer mudar o mundo com o cinema é uma utopia maluca, mas tudo bem, cada um pode ter a sua. Agora, querer mudar o lugar e as pessoas que você está filmando, isso é de uma arrogância e de um autoritarismo absurdos. De toda maneira, para mudar o mundo, é preciso antes conhecê-lo.

Não fazer do lixão um inferno para quem vive ali, lugar de revolta contra uma ordem econômica irracional, essa é a prova dos nove da "aceitação do que existe", a tentação maior a que um cineasta que tenha passado pelo CPC poderia se expor, quase uma provação, da qual Coutinho consegue se sair muito bem. Nessa situação limite do seu cinema, o diretor aperfeiçoa uma postura ética que será dominante em seus filmes posteriores. Trata-se de um "cinema da crueldade", para retomar uma expressão de André Bazin — utilizada, não no sentido comum de manter o sofrimento, mas no de uma recusa à complacência com relação a qualquer objeto.

Essa crueldade rejeita um "humanismo piedoso" e que não é senão a medida da confiança que alguns cineastas depositam no homem e no cinema. Luis Buñuel é um deles, e não deve ser por acaso que Coutinho diz que aprendeu muito mais sobre documentário assistindo aos filmes de ficção do cineasta espanhol do que os documentários engajados de Joris Ivens. As palavras de Bazin sobre *Los Olvidados* (1950) poderiam ser escritas a partir das imagens de Coutinho:

> Buñuel não emite sobre seus personagens adultos qualquer juízo de valor. ... Esses seres não têm outra referência além da vida, essa vida que pensamos ter domesticado pela moral e pela ordem social, mas que a desordem social da miséria restitui às suas virtualidades primeiras. ... Nada mais oposto ao pessimismo "existencialista" que a crueldade de Buñuel. ... Porque não elude nada, não concede nada, porque ousa desenfrear a realidade com uma obscenidade cirúrgica, ele consegue redescobrir o homem em toda a sua grandeza e obrigar-nos ... ao amor e admiração. Paradoxalmente o principal sentimento que se desprende ... é o da inalterável dignidade humana. ... Essa presença da beleza no atroz, essa perenidade da nobreza humana na decadência ... não suscita no público nenhuma complacência sádica ou indignação farisaica.[3]

O intolerável

Se, em *Boca de Lixo*, Coutinho faz efetivamente um filme que desconstrói a idéia de que a vida das pessoas é um horror, também não deixa de mostrar a dimensão intolerável do que estamos vendo, a tragédia daquela situação e, indiretamente, a tragédia de quem é excluído no Brasil. O final do documen-

Seqüência final de *Boca de Lixo*: o tempo circular leva o espectador ao cotidiano dos catadores do lixo.

tário é exemplar desse equilíbrio instável entre a recusa da idéia de inferno para quem trabalha ali e a afirmação do intolerável.

Na penúltima seqüência do filme, os catadores assistem ao vídeo quase pronto no meio do lixão, em planos muito fortes. Nos apegamos àqueles personagens, e agora eles sorriem diante das imagens a que acabamos de assistir. Tais cenas reconfortam, seriam certamente um final acolhedor. Contudo, da mesma forma que *Cabra Marcado* não termina com dona Elizabeth se despedindo de Coutinho, em *Boca de Lixo* voltamos ao cotidiano dos catadores, e um longo plano-seqüência de um garoto revirando os detritos, cercado de urubus, encerra o filme.

O documentário não aponta causas ou culpados. Também não sugere qualquer solução para o problema do lixo, nem fala de programas de órgãos internacionais para retirar as crianças de tamanha degradação. Recusa-se a apontar saídas *prêt-à-porter* ou opções narrativas que fazem o espectador tolerar e suportar qualquer coisa, permitindo que ele deixe a sala de cinema ou desligue a televisão com a consciência tranqüila: sabemos de quem é a culpa, alguma coisa está sendo feita, podemos dormir em paz.

Também é nesse sentido que Coutinho é herdeiro do cinema moderno, na sua ruptura com aquilo a que o cinema clássico, ao longo de sua existência, acostumou o espectador: finais felizes, desenlaces protetores, saídas esperançosas. *Roma, Cidade Aberta* (1945), de Roberto Rossellini, é um dos primeiros filmes a produzir um espectador "desassistido", a quem não é dado qualquer conforto moral, forçado a ter de recuperar sua capacidade de pensar diante do intolerável. Cinema cruel também com o espectador, que não tem no que se agarrar. Em *Boca de Lixo*, o que há de inaceitável nas imagens não sofre redução alguma, e o espectador é obrigado a deparar com uma visão da miséria brasileira.

Notas

1. Eduardo Coutinho, "O cinema documentário e a escuta sensível da alteridade", p.169.
2. Clement Rosset, *O princípio de crueldade*, p.16.
3. André Bazin, «Luis Buñuel», p.47-55.

Santo Forte e a arte de filmar a palavra

|6|

Em meados de 1997, Eduardo Coutinho encontrou-se com o crítico de cinema José Carlos Avellar, então diretor da RioFilme, e falou do projeto de filmar trajetórias religiosas em uma favela do Rio de Janeiro. Avellar estava interessado em investir em um cinema menos convencional e mais inquieto esteticamente. O dinheiro disponível era pouco, e os projetos não podiam ser grandiosos, não interessava à RioFilme entrar em produções caras. Avellar achava que o cinema com uma proposta mais comercial seguia bem ou mal o seu caminho — o público dos filmes brasileiros tinha dado um pequeno salto —, e o que lhe parecia importante era justamente dar visibilidade a outro tipo de produção.

Enquanto a maior parte dos cineastas apresentava seus roteiros como bons projetos — o que é absolutamente normal, observa Avellar —, Coutinho fazia logo uma lista das dificuldades e dos riscos de se produzir um filme como o que estava propondo: "Todo falado, que ninguém vai ver". Pelas condições do projeto, o filme só poderia ser feito em vídeo, mas desta vez o diretor queria lançar em cinema, 15 anos depois de *Cabra Marcado para Morrer*, seu único documentário com exibição comercial. "E aí o Avellar me disse: 'Não há problema, faz em vídeo e termina em filme. O suporte não interessa mais, se o resultado final for em filme.'" Naquele momento, o processo de transferência da fita magnética para película, a kinescopagem, começava a ser utilizado com mais freqüência, com resultados bastante satisfatórios. Desde *Boca de Lixo*, em 1992, não havia nada que tivesse interessado de fato a Coutinho, e ele vivia uma grande crise.

"A insegurança era total, com descobertas pontuais, recuos e avanços. Não era só o problema de não ter dinheiro, mas de não ter coragem suficiente para arriscar. Eu não fazia filmes não por injustiça do mundo, mas também porque não tinha segurança em pedir coisas, fazer política. Não gosto, nunca soube e não sei fazer, por temperamento. Em 1997 me bateu um troço existencial igual ao de Cabra, e fui falar com o Avellar. Foi um ato de desespero. Estava em um pântano, tão no fundo do poço que tinha que ser alguma coisa que eu quisesse fazer, pessoal, não me importando com nada. Tinha de ser aquilo que ninguém quer ou pode fazer, que só eu posso e quero fazer. É uma liberdade absoluta, mas se você fracassa, morre com ela. Fica difícil falar disso hoje, porque a aposta foi ganha. Mas na época não estava ganha. Por isso Santo Forte tem um lugar estratégico, foi um episódio dramático na minha vida pessoal. Aí me senti vivo de novo e liberto das regras. Foi *Santo Forte* que me deu a confiança para continuar a filmar. ”

Se não tivesse havido *Santo Forte*, Coutinho seria lembrado como o diretor de um grande filme — *Cabra Marcado para Morrer* — e por ter realizado alguns poucos vídeos que quase ninguém viu. "Uma nota de pé de página em um livro de cinema. Em 1997 eu não existia mais como cineasta." Essa afirmação soa no mínimo estranha diante da quase unanimidade em torno da idéia de que Coutinho é hoje "o maior documentarista brasileiro". E também do fato de seus filmes serem aclamados antes mesmo de serem vistos — o que, diga-se de passagem, não é nada bom para ele nem para os filmes. Um reconhecimento que, em alguns casos, se torna excessivo e acaba fazendo com que seus documentários sejam "malvistos" e mal conhecidos. Porém, essa é uma situação bastante recente.

Soa também estranho ouvi-lo falar de tamanha insegurança criativa há tão pouco tempo, em contraste com a clareza que parece ter do que quer e do que pode o seu cinema. Uma clareza que chega a se revestir, em alguns momentos, de uma aparência dogmática, como se houvesse uma cartilha a ser seguida para se fazer um bom documentário — o que seria um absurdo e contrário a sua obra e a seu percurso. Primeiro porque poderia, entre outras coisas, banalizar suas opções estéticas, inextricavelmente ligadas a uma ética e jamais gratuitas. E depois porque Coutinho não possui uma concepção estanque do que é o documentário, mas um pensamento complexo que se modifica a cada vez que ele se depara com um novo universo a ser filmado. Não deixa de ser verdade, contudo, que a partir de *Santo Forte* suas reflexões sobre o documentário se tornaram mais definidas, ainda que algumas afirmações mais apaixonadas possam parecer normativas. Sabendo desse risco, o diretor é enfático ao dizer que esta é a sua forma de lidar com o documentário, gerada ao longo de uma vida, boa para ele, e não para todo mundo, e que cinema, de ficção ou documentário, não tem definição.

O filme que só Coutinho podia e queria fazer se baseava essencialmente na fala dos personagens. Suas realizações anteriores levaram-no — por caminhos muitas vezes tortuosos — a essa opção. Por intuição e por reflexão decidiu, em *Santo Forte*, assumir de vez a depuração gradual de muitos elementos estéticos que havia efetuado ao longo dos seus documentários e se concentrar no fundamental: o encontro, a fala e a transformação dos personagens. Não é fácil, porém, investir com tal radicalidade na palavra filmada. Parece ser a opção mais óbvia do documentário e próxima demais do que se vê na televisão. Entrevistas, talk-shows, "o povo-fala", enquetes, depoimentos de anônimos, a palavra submerge a todo momento em um amontoado de clichês televisivos. Como resgatar o vigor e a força de uma fala? Este foi o maior desafio de Coutinho em *Santo Forte*, um documentário cuja realização marcou-se por dúvidas e inquietações, mas também por uma forte crença de que "aquilo" poderia dar certo.

Documentário e religião

Coutinho não foi porém o único a abordar o tema no final dos anos 90. Cineastas importantes haviam se voltado para a religião, tais como Ricardo Dias, com *Fé* (1999), José Joffily, com *O Chamado de Deus* (2000), e João Moreira Salles com *Santa Cruz* (2000), cristalizando uma reviravolta já iniciada nos anos 70 quanto ao tipo de abordagem que o documentário brasileiro dos anos 60 dava ao assunto. Só para ficar nos exemplos mais clássicos dessa década, *Viramundo* (1965) de Geraldo Sarno e *Opinião Pública* (1966) de Arnaldo Jabor expressam claramente a concepção negativa, de inspiração marxista, sobre as manifestações religiosas das classes populares. Alienação, ópio do povo, paliativo para esquecer a luta de classes.

"A relação religião-alienação é, no cinema brasileiro, uma criação dos anos 60."[1] Não existia antes e sofreria depois mudanças significativas. Em alguns filmes da década de 1970, às vezes dos mesmos cineastas dos anos 60, a religião de origem africana tornava-se uma forma de resistência e organização popular, como em *Iaô* (1974) de Geraldo Sarno e, no campo da ficção, *O Amuleto de Ogum* (1975) de Nelson Pereira dos Santos. Quanto aos católicos e pentecostais, eles só entrariam para a história do documentário moderno brasileiro em abordagens mais recentes.

De *Theodorico* (1978) a *Padre Cícero* (1994), a religião atravessa quase todos os filmes de Coutinho. Em *Theodorico* ela aparece dentro de uma lógica de alienação, de certa maneira é cúmplice do poder (frei Damião havia ido à propriedade do major algumas vezes para ajudá-lo nas eleições). Em *Cabra Marcado para Morrer* (1984) está presente de forma indireta, como opção de muitos camponeses que participaram nas lutas políticas dos anos 60. Em *Santa Marta, Duas Semanas no Morro* (1987), a religião está contida em um bloco, com depoimentos e imagens de cerimônias e rituais. Já se pressente em algumas falas a força do tema e o sincretismo na prática religiosa. Ressalta-se o cotidiano da religião nas vidas daqueles moradores, em uma pequena prévia do que veríamos acontecer em *Santo Forte* de forma radical.

O Fio da Memória (1989/1991) aborda as religiões de origem africana de forma bastante clássica, com explicações de rituais e cerimônias de umbanda, candomblé e também da igreja católica. Em *Padre Cícero* (1994), Coutinho acompanha um grupo de romeiros a Juazeiro, e assim como em muitas seqüências de *O Fio da Memória*, o filme acaba tendo um caráter didático, situando e explicando os acontecimentos mostrados. Esses últimos três filmes contêm um tipo de imagem ilustrativa que seria excluída da montagem final de *Santo Forte* e abolida da prática documental de Eduardo Coutinho.

O que é um dispositivo?

Pouco tempo depois da conversa com Avellar, Coutinho começou a preparar o filme. O desejo de fazer um documentário a respeito de trajetórias religiosas populares surgiu em meio a uma pesquisa que coordenou sobre identidade brasileira para uma série na TV Educativa (RJ) que não foi adiante. Ele percebeu que o tema deixava os entrevistados mais à vontade, o que não acontecia quando o assunto era outro, como racismo, ética e sexo. A vida do dia-a-dia está impregnada de religião, e com esse eixo central, achou que poderia chegar ao que queria: o cotidiano das pessoas. As entrevistas para essa pesquisa foram realizadas em vários estados, mas Coutinho identificou nas respostas fornecidas um certo padrão de comportamento religioso independente das diferenças regionais, o que ajudava a fortalecer sua idéia de filmar apenas em um lugar.

Definitivo porém para a escolha da favela Vila Parque da Cidade — na Gávea, zona sul do Rio de Janeiro — como "locação única" de seu filme foi o fato de ter tido acesso, no início de 1997, ao trabalho da antropóloga Patrícia Birman sobre trajetórias religiosas, construído a partir de uma pesquisa de campo por ela realizada nessa comunidade. Coutinho também teve acesso às entrevistas que a assistente de Patrícia na época, a antropóloga Patrícia Guimarães, fazia para sua tese de doutorado. A riqueza do material convenceu-o de que havia ali um filme a ser feito: "Ou seja, um tema, uma localidade, uma hipótese de trabalho. A concentração espacial me livrava do perigo que a série de TV imporia, a saber, filmar em vários lugares do Brasil para ter um efeito de mosaico, de cobertura nacional com pretensões a totalidade."[2] Se

Coutinho tinha inseguranças, tinha também pelo menos uma certeza: precisava definitivamente do vídeo para fazer um filme centrado na fala dos personagens.

Eduardo Coutinho e o fotógrafo Felipe Sá, nas filmagens de *Santo Forte* (1999).

“Filmando em película eu não poderia ter feito *Santo Forte*, nem *Babilônia* nem *Edifício Master*. Se a fita dura 11 minutos, e o som, 15, não dá. É só imaginar o número de pessoas que, no meio de um raciocínio, de uma exposição, de uma emoção, iriam ser cortadas. É só imaginar as coisas fortes e que valem a pena em um filme, cortadas por causa da técnica. Como repetir? Não há como repetir um caminho emocional. Essa descoberta de que o meu dispositivo só funciona com esse material que é o vídeo, foi essencial. A relação de filmagem só pode ser explicitada, trabalhada, elaborada, se for um material que dure uma hora, duas horas, como é o caso do vídeo. Como deixar um silêncio crescer se tenho apenas 11 minutos para filmar? Como incorporar os acasos, as interrupções, o telefone que toca?”

“Dispositivo” é um termo que Coutinho começou a usar para se referir a seus procedimentos de filmagem. Em outros momentos ele chamou a isso “prisão”, indicando as formas de abordagem de um determinado universo. Para o diretor, o crucial em um projeto de documentário é a criação de um dispositivo, e não o tema do filme ou a elaboração de um roteiro — o que, aliás, ele se recusa terminantemente a fazer. O dispositivo é criado antes do filme e pode ser: “Filmar dez anos, filmar só gente de costas, enfim, pode ser um dispositivo ruim, mas é o que importa em um documentário.”

Para um cinema como o de Eduardo Coutinho, que lida com a matéria em movimento, com a desordem da vida e do mundo, o “como filmar — coração do trabalho do cineasta — coloca-se como a mais violenta necessidade”[3] de uma produção. Não se trata porém de um mesmo dispositivo para todos os trabalhos. Há alterações intimamente ligadas ao que será filmado. E mesmo os procedimentos que se repetem — locação única, trabalhar com vídeo, a equipe na imagem —, repetem-se na diferença e são rearticulados a novas determinações.

Santo Forte, centrado em apenas uma favela, reinventa em vídeo as potências do plano fixo para filmar conversas — previamente marcadas e posteriormente pagas — sobre trajetórias religiosas. Um dispositivo em ruptura drástica com o que vimos em *Boca de Lixo*. O próprio título já aponta para uma diferença entre as produções do diretor, pois não dá informações "geográficas" sobre o lugar de filmagem como em *Santa Marta*, *Boca de Lixo*, *Babilônia 2000* e *Edifício Master*. Em *Babilônia 2000*, à escolha da geografia única soma-se o procedimento temporal de filmar apenas o último dia do ano. O vídeo é novamente a opção, mas desta vez registra-se o encontro de cinco equipes munidas de câmeras digitais com um determinado universo. Em *Edifício Master*, registra-se, em um prédio, um número grande de pessoas, buscando criar uma rede na qual o que importa é o conjunto dos personagens. As filmagens em vídeo são bem mais cuidadas do que nos documentários anteriores, e houve atenção especial à decisão de levar o sincronismo entre imagem e som às últimas conseqüências. Em *Peões*, trata-se de registrar prioritariamente aqueles que foram filmados ou fotografados durante as grandes greves no ABC paulista no final dos anos 70.

Eis alguns dispositivos criados por Coutinho para lidar com o movimento do mundo. São formas frágeis e que não garantem a existência de um filme nem a sua qualidade, mas é um começo, o único possível para o diretor. O título provisório do projeto para filmar *Babilônia 2000* dizia "500 Brasis: um projeto de risco". Com efeito, todos os projetos de Coutinho apontam para a possibilidade incerta de um filme — o que contribuiu para as dificuldades, até *Santo Forte*, de conseguir financiamento para o que ele fazia. No entanto, é dessa falta de controle do cineasta diante de uma realidade, desse risco de o filme simplesmente não acontecer, que seu documentário tira força, graça e sua condição de invenção.

A pesquisa como método

Santo Forte começou a ser rodado em outubro de 1997, mais precisamente no dia em que o papa João Paulo II celebrou missa no Aterro do Flamengo, no Rio de Janeiro. A idéia era verificar a repercussão da cerimônia junto aos moradores da favela e filmar quem estivesse assistindo à missa pela televisão, fosse ou não indicado pela pesquisa começada há poucos dias. Em seguida a equipe de quatro pesquisadores — Patrícia Guimarães, Cristiana Grumbach, Daniel Coutinho e Vera Dutra dos Santos, uma moradora da comunidade — retomou o trabalho por mais três semanas, entrevistando um pouco mais de 40 moradores.

A partir desse filme Coutinho passou a integrar à sua metodologia um período para a pesquisa de personagens, que coordena sem dela participar diretamente. O que havia feito em *O Fio da Memória* apenas com um pesquisador converte-se em método de trabalho. O objetivo é encontrar pessoas que saibam contar histórias. Para o diretor, de nada adianta achar pessoas com vidas extraordinárias mas sem essa habilidade narrativa. Contar mal pode significar uma fala confusa, má dicção, não terminar o que se está dizendo, não ter força para se expressar, não ter fé no que diz. Esses critérios, porém, não são definitivos nem evidentes para toda a equipe, podendo haver discordâncias entre os pesquisadores e o diretor. Dona Thereza, estrela de *Santo Forte*, é um bom exemplo disso, porque Coutinho inicialmente não havia gostado dela.

Dona Thereza, estrela de *Santo Forte*, é um exemplo de intensa habilidade narrativa.

A seleção daqueles com quem o cineasta vai conversar é feita a partir de relatórios escritos, conversas com os pesquisadores e algumas imagens realizadas pela equipe. Coutinho só entra em contato com os entrevistados no momento da filmagem, com a equipe técnica completa, e isso para ele é fundamental. O frescor do primeiro encontro é que garante pelo menos a possibilidade de ouvir uma boa história. Além disso, o entrevistado deve partir do princípio de que é a primeira vez que Coutinho está escutando o que ele diz. Estas são as condições ideais de uma boa entrevista, que nem sempre acontecem.

Coutinho sabe de histórias interessantes para o filme, mas que acabam não surgindo naturalmente na conversa. Isso obriga-o a fazer perguntas que indicam para o personagem e para o espectador que ele sabe mais do que aparenta. "Você conta casos incríveis de surras de santo, como é que é isso?"; ou: "Parece que uma vez baixou nela [na esposa] o espírito da mãe do senhor, é verdade?"; ou ainda: "Você mexeu em uns despachos, como é que foi isso?". Pelas respostas dadas percebe-se que o fato não modifica, pelo menos para o mal, o ritmo da entrevista. Sentindo que aquela história é boa, que há um interesse especial por ela, o entrevistado se esmera em contá-la.

Com a pesquisa concluída, Coutinho e sua equipe voltaram em dezembro à favela Vila Parque da Cidade, mas o diretor ainda não tinha uma idéia muito nítida do que desejava fazer. Foi um processo atribulado, e, percebendo que as três semanas inicialmente previstas eram demais, Coutinho reduziu o prazo para duas semanas. No quarto dia a câmera quebrou e as filmagens foram suspensas. Ele havia gravado 15 pessoas e decidiu voltar apenas no dia de Natal, com a equipe trabalhando de graça, para reencontrar esses personagens. Dispôs-se a realizar o que faltava em meados de janeiro, mas o fotógrafo Luiz Felipe Sá estava ocupado. Resolveu adiar mais uma vez, pré-editar o material já filmado, e teve então uma surpresa: "Consegui entender o que já deveria estar claro, mas que eu não tinha percebido: o filme estava lá, quase pronto, faltando apenas alguns complementos."

Os incidentes na filmagem acabaram se transformando em acasos "do bem". Em abril Coutinho filmou mais dez dias, sobretudo vistas da favela, imagens de santos da umbanda, "os planos vazios" e mais duas conversas com moradores. Contudo, diz ele: "Ainda filmei coisas que não entraram: personagens em um ritual na praia, despachos, coisas assim." Ao todo, foram 40 horas de material gravado. No processo de edição, excluíram-se algumas entrevistas, e a montagem final ficou com 11 personagens, com inserções diferenciadas no filme.

O minimalismo estético de *Santo Forte*

O privilégio que a fala das pessoas possui em *Santo Forte* já é anunciado na primeira seqüência, na qual assistimos ao relato de André, um dos 11 personagens, embora ainda não identificado. Esta é efetivamente a seqüência de abertura, contendo uma espécie de condensado do que veremos ao longo do filme, como se Coutinho quisesse colocar logo de saída para o espectador, o mais abertamente possível, as regras do seu jogo.

Nesse "prólogo", André conta que soube das ligações de sua mulher com a umbanda em uma madrugada na qual o espírito da Pombajira baixou nela dizendo que queria matá-lo. O discurso impressiona pela riqueza de detalhes e repetição dos gestos dos espíritos, em tom absolutamente prosaico. Coutinho poderia ter iniciado de modo mais solene, seguindo a cronologia da filmagem, começada com a missa rezada pelo papa no Aterro do Flamengo. Sua opção por esse primeiro relato, até pelo arbitrário da decisão, afirma enfaticamente o que lhe interessa no filme: o que acontece com a religião no dia-a-dia dos moradores da Vila Parque da Cidade, o imaginário religioso que atravessa o cotidiano popular.

Com as primeiras imagens Coutinho indica também o minimalismo de sua proposta estética para tratar das coisas da religião: o personagem é filmado por uma câmera fixa, com alterações mínimas no enquadramento — entre o plano médio e o primeiro plano — realizadas com zoom. No decorrer dos três minutos da fala inicial, inserem-se três planos bastante breves: os dois primeiros com imagens populares de espíritos da umbanda — o primeiro da Pombajira e o segundo da preta velha da esposa de André; o terceiro, do quarto vazio do casal, onde esses espíritos baixavam. Eis os elementos estéticos essenciais de *Santo Forte*: a fala dos personagens, as imagens concretas dos espíritos, os espaços vazios — sem personagens ou movimento, como se só fosse possível tratar de tamanha profusão de crenças com uma economia narrativa das mais radicais. O que é contado já excede de tal forma tudo o que poderíamos pensar sobre a fé popular, que o diretor filma esse mundo da maneira mais econômica possível.

A primeira seqüência de *Santo Forte* é com André, que narra as ligações de sua mulher com a umbanda. O discurso impressiona pela riqueza de detalhes.

A solenidade das cerimônias religiosas se limitou, em *Santo Forte*, à missa no Aterro, que aparece logo em seguida. São imagens rápidas, feitas pela televisão, e estão ali para marcar a nossa "base religiosa". É com esse catolicismo oficial que as religiões presentes no filme necessariamente se relacionam. Quem é da umbanda é também, muitas vezes, "católico apostólico romano". Em diversos casos, a apropriação popular do catolicismo é criativa, múltipla e pacífica. "Não há problema nenhum, ... o mais importante é a igreja católica, não existe religião para mim, e sim a igreja católica em primeiro lugar", diz Alex, ao contar que sua filha Pamela foi batizada de manhã pelo padre e à noite na umbanda. "Eu sou espírita, mas na abertura do meu terreiro eu rezo o padre-nosso, ave-maria...". Mistura em muitas falas, confronto em outras. Lídia foi católica, depois espírita e agora freqüenta a igreja universal. Não se conforma com a fé fervorosa da irmã: "Ela não pode morrer no catolicismo!"

A visita do papa ao Brasil é tema de pequenos depoimentos organizados na primeira parte do filme. O fato de várias pessoas estarem assistindo à missa na televisão impõe uma conexão do documentário com o presente, com a atualidade de 1997, que o diretor também enfatiza inserindo as datas das filmagens. Estes são gestos de direção a destacar o caráter contingente do que estamos vendo, assim como a presença da equipe na imagem. Isso é um filme, lembra o diretor, foi rodado em um determinado dia;

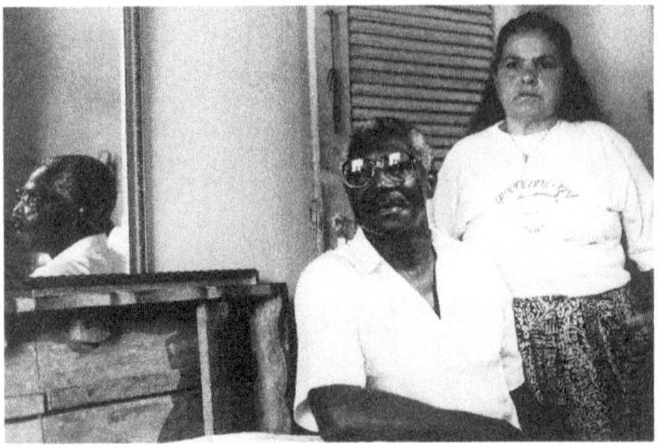

Seu Braulino declara-se "católico apostólico romano" e adepto da umbanda. Então casado há 39 anos, aproveita a entrevista para fazer elogios à mulher: "É minha mãe, é minha irmã, é meu pai, é tudo na minha vida."

se fosse feito em outras circunstâncias, o material seria diferente.

O documentário propriamente começa nas conversas com os personagens. Vera é a primeira a ser entrevistada, seguida de dona Thereza, Carla, André, Lídia, Braulino, Quinha, Alex, Nira, Dejair e Taninha. Alguns personagens voltam à cena algumas vezes, mas de forma diferente do que vimos acontecer em *Santa Marta*. São seqüências longas, que respeitam o ritmo e a integralidade das histórias narradas, sem que nenhuma delas seja usada como contraponto às outras. Dona Thereza praticamente estrutura o filme. Suas duas primeiras aparições têm cerca de oito e cinco minutos respectivamente. As duas últimas somam cinco minutos. Seu Braulino e André aparecem três vezes. Carla duas, Quinha, Lídia e Taninha uma vez. A única exceção à preferência por depoimentos longos é a edição da fala de Alex, entrecortada pelas palavras da mãe dele, Nira, em uma seqüência que ressalta a mistura de práticas religiosas na mesma família; e a inclusão do curto depoimento de Dejair, tio de Alex, falando das diferenças entre umbanda e candomblé. Este é o único momento do filme que tem caráter explicativo, mas sem resquícios de uma fala "especialista". "A umbanda é o primário, e o candomblé uma faculdade. ... A África tem a ver muito com isso aí, ... com criolismo, com a cor. ... Isso não é de hoje, é antigo." Trata-se de algo próximo a uma teoria popular do que sejam essas crenças no Brasil. O filme termina no dia de Natal, com a visita da equipe a alguns personagens.

A palavra encarnada

Não se fala sobre religião de qualquer forma nem em qualquer lugar. Por isso Coutinho decidiu marcar horários e pagar um cachê para que, na hora combinada, as pessoas estivessem esperando pela equipe, de preferência em casa. Se, em seus filmes anteriores, o momento da filmagem já era importante, em *Santo Forte* ele ganha uma dimensão quase mística, "um acontecimento único:

não houve antes, nem há depois. Não me importa que isso pareça metafísico. Tenho de acreditar nisso para ter vontade de filmar."[4]

Ali, diante dos seus personagens, era tudo ou nada. Equipe e técnica tinham a função de favorecer a interação, o diálogo, a negociação. Coutinho cuidou para que os elementos que perturbavam as possibilidades de narração dos seus personagens nos filmes anteriores fossem eliminados. A câmera, por exemplo, não se movimentou ao longo das conversas, que duraram entre 40 minutos e uma hora. O que não quer dizer que a cena de filmagem tenha tido ares de uma liturgia. Uma segunda câmera gravava a entrevista, e havia ainda os técnicos de som, luz e outros integrantes da equipe, criando uma ordem desorganizada, ou uma desordem organizada instável que podia se quebrar a qualquer momento. Nada disso, porém, atrapalhou os depoimentos. Na verdade, no momento da filmagem, com a presença de uma equipe maior, as pessoas muitas vezes sentem que devem dar o melhor de si. Foi o que aconteceu com dona Thereza, segundo o diretor. A situação de filmagem serviu "para ela ficar mais brilhante e puxar histórias do fundo do baú".

O que de fato importa para provocar a fala dos personagens é a postura de Coutinho nas entrevistas, que de filme em filme ganha novas dimensões. Pouco importa que ele seja crente, ateu ou agnóstico, o que não quer dizer que escamoteie a diferença social entre os dois lados da câmera, essencial para fazer do ato de filmagem "uma experiência de igualdade utópica e provisória", como diz. O diretor tenta compreender o imaginário do outro sem aderir a ele, mas também sem julgamentos ou avaliações de qualquer ordem, ironias ou ceticismos, sem achar que o que está sendo dito é delírio, superstição ou loucura — "O que o outro diz é sagrado". Sabe também que o seu imaginário pode ser tão frágil quanto o do outro. "Não houve gente que acreditou durante muito tempo que o paraíso era a Albânia e outros países? É tão mágico e crédulo quanto uma pessoa religiosa. Não vejo por que achar que é mais alienado quem acredita em outro mundo do que quem acredita em um paraíso na terra."

Assim, Coutinho tenta abrir um "vazio" para que o entrevistado possa preencher. Porém mas não é um "vazio total", diz ele, porque a pessoa pode querer falar de alguma coisa que não interessa ao diretor, e ele tenta negociar o seu desejo com o do entrevistado. Não se trata pois de "dar voz ao outro", nem "dar voz a quem não tem voz" — como se diz com freqüência da prática cinematográfica de Coutinho. Como, aliás, realizar essa "doação" no documentário?

Dar voz ao outro?

Tornar o entrevistado não "objeto" de um documentário e sim sujeito de um filme, dialogar com ele, fazer com que se expresse, essas são questões que estimularam boa parte da produção documental brasileira a partir dos anos 60, com soluções éticas e estéticas variadas. O "outro de classe", não apenas como tema de filme, mas como "fonte de um discurso, centro do mundo ou centro de um mundo",[5] movimentou parte da crítica e da prática cinematográfica nos anos 70 e 80, e Eduardo Coutinho participou dessa tradição.

Seus procedimentos de filmagem, contudo, já a partir de *Theodorico* e especialmente de *Cabra Marcado*, indicam que, desde então, pelo menos intuitivamente, ele não queria "dar voz" ou ser porta-voz de ninguém. Porque essa idéia, entre outras coisas, pressupunha uma verdade do outro a ser revelada no filme, pronta para ser extraída pelo documentarista — sempre a mesma, antes e depois da filmagem. Isso contrariava o princípio maior do seu cinema, que já investia nas transformações do que estava sendo filmado, sobretudo das falas dos personagens.

As duas entrevistas com Elizabeth Teixeira já mostravam com evidência as alterações que uma mesma história pode sofrer quando contada primeiro em contexto tenso e depois em outro, mais descontraído. Desde os anos 70, portanto, Coutinho já fazia filmes "com os outros", e não "sobre os outros". Desde então já sabia que, sem a participação das pessoas, sem o desejo de serem filmadas, seus documentários não tinham condições de existir.

Em *Santo Forte*, porém, as coisas ficam mais claras. É como se o diretor se desse conta, e nesse filme de uma vez por todas, que não há como "dar voz ao outro", porque a palavra não é essencialmente "do outro". O documentário é um ato no mínimo bilateral, em que a palavra é determinada por quem a emite, mas também por aquele a quem é destinada, ou seja, o cineasta, sua equipe, quem estiver em cena. É sempre um "território compartilhado" tanto pelo locutor quanto por seu destinatário. Falar e ouvir não são atividades independentes e integrais, fazemos as duas coisas ao mesmo tempo, e isso não acontece apenas no cinema documental. Integra a vida, o mundo, as relações entre as pessoas, segundo a bela visão da linguagem de Mikhail Bakhtin — e que Coutinho, por conta própria e a seu modo, nos faz ver. Isso não quer dizer que o cineasta não possa captar o ponto de vista das pessoas com quem conversa, mas esse ponto de vista emerge necessariamente na interação com ele.

Nosso discurso de todo dia "se torce na presença ou ao pressentir a palavra, a resposta ou a objeção do outro. A maneira individual pela qual o homem constrói seu discurso é determinada consideravelmente pela sua capacidade inata de sentir a palavra do outro e os meios de reagir diante dela".[6] Ressalvas, evasivas, insinuações, as mais ínfimas descontinuidades no ritmo da nossa fala registram a presença do interlocutor e expressam muito do que não é dito ou está pressuposto na conversa. Nossa fala é penetrada pelas antecipações que fazemos do que achamos que pensa e vai dizer nosso interlocutor. Seremos sempre diferentes e diremos sempre coisa diversa da que já dissemos, dependendo da pessoa com quem falamos e do contexto em que nos encontramos. Nesse sentido, importa pouco que tenha havido ou não pesquisa. Será, de toda maneira, outra coisa.

O desenrolar da conversa de Coutinho com dona Thereza é exemplar do tipo de influência que o cineasta tem sobre a fala alheia. No início com menos ânimo, dona Thereza aos poucos toma gosto pela palavra, quer contar mais coisas — "E a minha operação? Não quer saber, não? Posso falar?". O diretor dá tempo para que ela formule suas idéias, respeita seus silêncios, pausas e efetivamente a escuta. Faz poucas mas importantes perguntas para orientar a conversa e acrescenta a sua participação inúmeros sinais não-verbais (que não são editados) — olhares, sorrisos, expressões corporais de aprovação, demonstração de interesse.

A avaliação que dona Thereza faz dessa escuta a estimula: ela capricha, escolhe as palavras, encontra um tom. Coutinho não é um interlocutor comum porque não está ali para debater o que ela diz, nem dar sua opinião — e é essa atitude o que diferencia totalmente o que ele faz do que é feito em muitos documentários e matérias para a televisão. Sua escuta é extremamente ativa, sem colocar em questão, no entanto, o que está sendo dito. "Se eu digo que o meu desejo é só escutar, não há filme, não é assim. Se há um lado passivo na interlocução, acabou. Os dois lados devem estar ativos", diz ele. Essa é uma escuta que intensifica o desejo de se expressar de quem está diante da câmera.

O cinema de Coutinho se encarrega de trazer à tona um "concentrado" do que ocorre na nossa existência cotidiana, de cuja dimensão nem sempre nos damos conta. É no contato com o mundo, com o outro, que as idéias vão tomando forma. Os pensamentos não estão prontos para serem expressos, mas confusos e informes, sem lógica nem unicidade, e o que os organiza é o "exterior", uma situação de interação social. O que é dito por dona Thereza e outros personagens de Coutinho se estrutura no encontro com o diretor, na situação de filmagem. Em alguns momentos, tem-se a nítida impressão de que muitos deles estão pensando certas coisas pela primeira vez, como se até então não tivessem tido tempo para tal.

Ali, diante de Coutinho, esboços de pensamento sofrem uma espécie de "prova da expressão externa".[7] Não que essas pessoas não se expressem em outras circunstâncias, mas as oportunidades para uma elaboração como a que assistimos certamente são raras. Dona Thereza é cozinheira de uma casa de família, mãe de muitos filhos e avó de muitos netos, todos criados por ela sem a ajuda de ninguém — "o marido era uma praga". Aproveita ricamente a ocasião que Coutinho lhe oferece. Constrói o seu auto-retrato, se inventa de alguma forma a partir do que ela gostaria de ser, do que talvez seja e do que pensa que o diretor gostaria que ela fosse. E assim como aprendemos sobre ela, ela também aprende algo sobre sua própria vida, em um processo no qual o personagem vai sendo criado no ato de falar.

Essa troca entre Coutinho e seus entrevistados integra o que Bakhtin define como "dialogismo", conceito central na sua concepção de linguagem, assim como em sua teoria da literatura. O dialogismo deve ser entendido, não apenas no sentido estrito de um diálogo de pessoas colocadas frente a frente, mas no contexto de toda comunicação verbal e não-verbal. Na verdade, Bakhtin vai mais longe e identifica esse princípio na própria constituição da identidade, em que o "eu" nunca está completo e só existe em relacionamento tenso, e portanto em diálogo com tudo o que é outro. A "outridade" é, para ele, o fundamento de toda a existência; não se pode existir sem modificações efetuadas por outrem.

Assim é que, em *Santo Forte*, os personagens se constroem primeiramente no dialogismo com os espíritos: conversam, discutem, brigam, fazem as pazes e brigam de novo com diferentes entidades, em conversas que os ajudam a dar algum sentido à vida que levam e ao mundo que os cerca. Um dialogismo que se intensifica na interação com Coutinho e se amplia na relação virtual com o espectador, incluindo também uma série de elementos da comunicação não-verbal. Nos filmes do diretor, tão importante quanto a fala dos personagens são as expressões faciais e os movimentos do corpo. São "corpos falantes, gente com vísceras e imaginação", diz ele, revelados pela palavra e pela imagem de quem está falando.

O cinema é audiovisual há mais de 70 anos, lembra Coutinho. Essa posição contraria uma certa teoria do cinema e também uma idéia do senso comum que definem o cinema como arte feita essencialmente de imagens. Um pensamento estreito que não vê a complexidade da imagem e do som da palavra do outro, não vê "os silêncios, tropeços, ritmos, inflexões, retomadas diferenciadas do discurso. E gestos, franzir de lábios, de sobrancelhas, olhares, respirações, mexer de ombros etc."[8]

Impurezas religiosas pessoais e intransferíveis

A vida, o trabalho, as relações afetivas dos personagens de Coutinho são atravessados por crenças variadas. Crenças, no entanto, que não se ligam a uma transcendência; são ao contrário imanentes, ligadas à vida aqui e agora, à vida antes da morte. Os mistérios da existência e da morte, a salvação da alma, a esperança da vida eterna, o que poderíamos chamar de "questões clássicas" das religiões, praticamente não aparecem nos depoimentos filmados.

Os deuses e espíritos de *Santo Forte* são absolutamente materiais, habitam nosso mundo, são generosos, vingativos, compráveis, vulgares, piedosos. Muitos deles existiram de verdade, conta Dejair. A tia dele conheceu um preto-velho em vida. Os caboclos foram índios que existiram, assim como as pombajiras. "Pessoal bom vira coisa boa, pessoal ruim vira coisa ruim. O dito-cujo é muito ruim, virar isso aí..." As vinganças da Pombajira acabaram com o primeiro casamento de Vera. Na igreja universal ela perdeu o segundo marido para uma jovem da congregação. "Quem dá mais leva", diz Carla, dançarina de boate, "porque exu é comprável e não nega isso. Você tem que saber trabalhar com ele".

Quinha é católica e acredita nas almas. Passou muita fome ao lado dos filhos, sem qualquer ajuda do marido, que era "péssimo" e com quem sofreu muito. Pensou em fazer justiça com as próprias mãos, mas depois pediu a Deus e foi atendida: seu marido "morreu matado" há dez anos. Lídia descobriu que era médium quando garota, mas um rezador "amarrou os espíritos", e ela ficou boa. "Quando casei, o diabo se soltou e pegou o meu marido." Teve vontade de matá-lo várias vezes, e hoje é cristã. "Estou livre em nome de Jesus. ... Tenho tanta fé em Deus que o diabo hoje não me assombra mais. ... Hoje eu piso na cabeça dele e digo: diabo, pode vir quente que eu estou fervendo."

O que se dá no dia-a-dia dos personagens de *Santo Forte* está para além de qualquer tentativa de classificação, de qualquer conceito ou generalização. Esta é uma das grandezas do filme: nos dar a ver múltiplas formas de se apropriar das principais religiões praticadas no Brasil, seja umbanda, catolicismo ou evangélica; mostrar diferenças onde outros só vêem obediência e mesmice. A impureza é de ordem pessoal e intransferível quando se trata de articular santos, entidades, Jesus, demônios, anjos, personagens históricos e de passar de uma igreja à outra.

A descrição que dona Thereza faz dos espíritos que vieram visitá-la no hospital depois de uma operação em que ela estava para morrer — vovó Cambinda, José do Patrocínio, entre outras "divindades" — é exemplar do emaranhado místico na vida dessas pessoas. A ortodoxia nada pode frente a

Dona Thereza dá detalhes sobre a visita dos espíritos que recebeu depois de uma cirurgia: "Fui uma rainha do Egito muito má, e hoje estou pagando."

esse cotidiano povoado por deuses e monstros. A vida religiosa é de uma concretude espantosa, produz narrativas que ajudam a viver e explicam muitas vezes realidades precárias — "fui uma rainha do Egito muito má e hoje estou pagando". Nesse sentido, não deixam de ter a dimensão de "ópio do povo", tão criticada nos documentários da década de 1960. O "ópio do povo", porém, faz parte de uma complexa realidade, em que não é possível separar vida e crença, nem ignorar as linhas de fuga que essas histórias apresentam para existências árduas e cheias de sofrimento.

"Eu estou interessado em conhecer, não posso transformar o mundo com um filme, já sei disso há mais de 20 anos. Se pudéssemos transformar o mundo com um filme, não sei se eu seria capaz de fazer esse filme. Temos de ter dados sensíveis, e os filmes podem dar esses dados. Se você não conhece não pode transformar direito. O que eu quero dizer é que se as pessoas soubessem que a religião não é exatamente o ópio do povo o socialismo não tinha dado na vertente que deu." [9]

Religião e ficção

As narrativas encantadas de alegria e temor a que assistimos em *Santo Forte* são expressivas da força ficcional existente em todos nós, da nossa possibilidade de invenção. "Não creio que volte a fazer um filme tão ficcional quanto este", constata Coutinho, sabendo no entanto que uma certa dimensão ficcional está presente em todas as suas obras. Como vimos, o diretor parte de personagens reais, mas não em busca da pessoa "tal qual ela é na vida cotidiana"; nem de palavras contendo uma verdade que seja a mesma antes e depois da filmagem, mas de algo que se cria no encontro entre ele e os entrevistados. Em *Santo Forte*, porém, essa dimensão ficcional é arrebatadora e aponta para a origem comum da religião e da arte, segundo a formulação de Henri Bergson.[10]

Para este filósofo, tanto religião quanto arte são produzidas por uma faculdade da natureza humana que ele define como "fabuladora", uma disposição de fabular ativada no momento em que o homem se viu obrigado a explicar o que lhe apavorava, o que lhe metia medo. As angústias suscitadas pela certeza da morte fizeram com que essa aptidão do homem entrasse em atividade e ele criasse crenças religiosas para apaziguá-la. Bastante primitivas inicialmente, as manifestações foram se sofisticando, e a fabulação produziu expressões religiosas tão complexas como a da Grécia Antiga. Nesse caso, essa faculdade se exerceu com um prazer de arte. Bergson se atém particularmente no aspecto religioso da faculdade, mas atribui a ela a invenção posterior da literatura e outras formas de arte, afirmando sua presença em todos nós, religiosos ou não, artistas ou não, em diferentes graus.

Associar essas histórias religiosas à ficção não significa colocar em questão as falas dos entrevistados. "Se me contam uma história extraordinária e com força, para mim é verdade", diz Coutinho. Isso não quer dizer que ele trabalhe com a mentira factual, "com o mitômano, com a pessoa que diz por exemplo que é funcionário do Banco do Brasil quando é um lavrador". O que lhe interessa é a construção imaginária das pessoas a partir do real, cujos aspectos ficcionais são muito mais reveladores do personagem do que uma pretensa adequação ao que a pessoa é "de verdade" no cotidiano.

Bergson já apontava para essa dimensão "real" da fabulação. Dava como exemplo a invenção de personagens pelas crianças. São seres com quem elas coabitam durante um certo tempo, fazendo parte de suas vidas, com existência real, com quem conversam, ao lado de quem crescem. Processo semelhante se dá com os personagens de *Santo Forte*. Em meio às entrevistas surgem diálogos com santos, deuses, espíritos, com efetivas negociações. Um dos personagens encena uma verdadeira dramaturgia das entidades que baixavam em sua mulher. A Pombajira queria matá-lo e perguntou-lhe que "órgão" ele queria perder. "Por quê? Não estou fazendo nada de errado. Vai tirar um órgão meu por quê?", pergunta ele. Reproduz conversas inteiras que teve com o espírito da mãe, que baixou em sua esposa, que era magrinha, e fala do bem que lhe fez abraçar e sentir a mãe gordinha.

Em outros momentos, testemunhamos na própria imagem a relação dos personagens com os espíritos: "Eu estou falando aqui. Se estiver escutando sabe que não estou mentindo, porque os espíritos estão em toda parte. Aqui tem uma legião. É que a gente não tem vidência para ver", diz dona Thereza,

Carla levou muita surra de santo e decidiu se afastar dos cultos da umbanda.

dirigindo-se ao espírito da irmã. Dejair evita claramente falar o nome do "dito-cujo", para não atrair o mal. Carla apanhava tanto dos santos que saía com o corpo dolorido e toda desarrumada do terreiro. Alex, católico e umbandista, ficou curado depois de ir à igreja universal. Ilusão, mentira, delírio, impostura, falsidade? *Santo Forte* nos faz ver que não há como atribuir tais qualificativos a essas histórias.

O dispositivo do cineasta e a pressão do real

Há, no meio de *Santo Forte*, uma seqüência em que o dispositivo de Coutinho — de centrar-se nas pessoas pesquisadas, de filmar em plano fixo — é submetido à "pressão do real"[11] e se abre para aquilo que justamente o ultrapassa. É uma seqüência filmada quase por acaso durante um intervalo entre duas entrevistas.

Dona Thereza faz café e Coutinho começa a conversar com a filha dela, Elizabeth, em pé, ao lado da geladeira. Com a câmera desta vez na mão, acompanha o movimento. "Sou atéia", diz Elizabeth ao diretor, uma palavra que quase choca, em meio a tantas expressões de fé até agora vistas no filme. O diretor observa que ela é a primeira pessoa no morro que se diz atéia. A conversa continua no quintal da casa, e Elizabeth começa a descrever o que acontece com a mãe, quando os orixás dela baixam em casa. Não se trata de "ver para crer", nem do seu oposto, "crer para ver", tão comum no filme, mas de uma nova modalidade de crença, originalíssima, que resiste a definições.

> Por mais que eu não acredite nisso, como já coloquei antes, mas é linda (a preta-velha) a mensagem que ela passa é um incentivo de vida. ... Eu vi que era uma coisa diferente, e olha que eu não acredito nisso. Mas eu vi que não fazia parte daqui, desse plano que a gente está, eu aproveitei e pedi um monte de coisa... para arranjar um trabalho, para passar de ano... Eu senti que era um orixá muito antigo e merecia respeito.

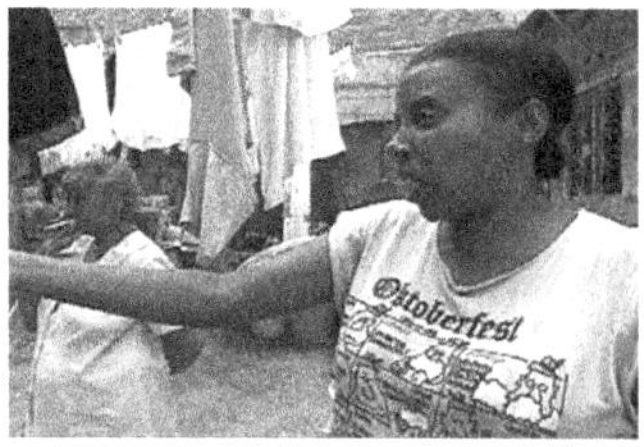

A filha de dona Thereza, Elizabeth, se diz atéia. Rouba a cena por alguns momentos e descreve os espíritos que costuma ver em torno da mãe.

Dona Thereza está um pouco atrás no plano, inquieta e parecendo querer voltar à cena. Intervém com uma nova história inédita. Vira-se para uma das pesquisadoras fora do campo e diz: "Isso eu não contei para vocês." Narra como a Pombajira levou sua irmã, que morreu na fila do banco. Disseram que foi derrame, mas foi a Pombajira, porque bebia a cachaça da entidade, que acabou se vingando. Esse é um momento de graça no filme, o único com a câmera na mão.

Ao inserir a seqüência no documentário, Coutinho expõe a fragilidade e a contingência do seu dispositivo, sob o risco constante de se desfazer diante de novos elementos do real. Mostra ao mesmo tempo o quanto um filme tem a ganhar ao se manter disponível em relação ao acaso. O mundo decididamente não cabe nos procedimentos de filmagem que inventamos. Ele felizmente "esperneia", diz J.L. Comolli.

Uma moral das imagens

A montagem de *Santo Forte* durou quatro meses e foi bastante dura. A montadora Jordana Berg, com quem Coutinho tem trabalhado desde então, conta que o diretor lhe dizia com freqüência que não queria agradar a ninguém, mas fazer o filme que devia ser feito. Dizia a ela: "se por acaso eu morrer, não monte, não termine a montagem, deixe inacabado. E eu respondia que quando o corpo estivesse esfriando no caixão, eu já estaria remontando. Havia coisas que eu não entendia, e que hoje, no quarto filme,[12] eu entendo."

Jordana não foi a única a ter dificuldades com *Santo Forte*. Os amigos e cineastas Eduardo Escorel e Sérgio Goldenberg também faziam críticas. "A gente conversava o tempo todo e eu dizia: 'Coutinho, isso é uma tortura, ninguém vai ver esse filme'", lembra Escorel. O cerne das restrições se referia ao fato de que

90% do filme eram feitos de conversas. E as conversas eram editadas sem a suavidade da montagem "invisível" — como aconteceu em *Santa Marta*, mas com cortes descontínuos, os chamados *jump cuts*, sem planos para simular a continuidade. A aposta de Coutinho era de que tudo deveria ser montado em função do fluxo verbal.

O trabalho de edição foi marcado por hesitações e, assim como as filmagens, realizado em mais de uma etapa. Coutinho fez um primeiro corte incluindo cenas de rituais de umbanda e de exorcismo na igreja universal. A montagem parou em seguida por três meses. Durante esse tempo Coutinho viu e reviu o material e resolveu por fim tirar tudo o que ele chama de "refresco visual" — imagens de culto por exemplo. "Levei quase um ano para chegar à forma final, e isso depois de muito sofrimento". A montagem ficou com menos de cinco minutos de imagem "pura" — como Coutinho costuma definir imagens onde não há pessoas falando. Eles são divididos ao longo do filme em dez planos de pequenas estátuas da umbanda, sete planos de espaços vazios, três de paisagens e pequenas seqüências de imagens: a equipe anda pelo morro, Carla dança na boate, as casas enfeitadas no dia de Natal, dona Thereza e seu Braulino nos becos da favela e um plano-seqüência final, de um minuto, no quarto de dona Thereza. As únicas imagens de culto presentes no filme — excluída a missa inicial — são as cenas do batismo da filha de Alex. Coutinho acentua, na conversa com Alex, que as imagens que vemos estão no interior da narrativa e não foram inseridas posteriormente no momento da montagem "para provar que houve um batismo". Evidentemente amadoras, essas imagens foram gravadas durante a pesquisa e mostradas ao personagem ao mesmo tempo que a nós, espectadores.

Essa economia de imagens, contudo, não representa um filme pouco construído, muito pelo contrário. Além da opção difícil por uma "teologia da palavra" — como Coutinho gosta de dizer —, outras escolhas efetuadas na montagem expressam fortemente a presença de um autor, de modo bastante diferente daquele que veremos em *Babilônia 2000* ou *Edifício Master*. Nestes dois filmes Coutinho se atém radicalmente ao presente da filmagem, aos sons e imagens do que está ali diante ou em torno da câmera — não há praticamente imagem alguma que não tenha sido filmada no morro ou no prédio.

Já em *Santo Forte* o diretor insere, no decorrer de alguns depoimentos, imagens dos espíritos da umbanda, gravadas em um espaço neutro e todas de uma só vez, posteriormente às filmagens na favela. Em um primeiro momento podemos ter a impressão de que as estátuas pertencem aos personagens, mas essa percepção se modifica pela repetição do cenário em torno das entidades filmadas e de alguns enquadramentos. São imagens que, segundo o diretor,

Imagens de entidades da umbanda já aparecem no prólogo de *Santo Forte*, inseridas em meio à fala do primeiro personagem, André.

enriquecem o imaginário religioso popular revelado pelo filme e dão maior concretude ao que é dito, pois é com essas pequenas esculturas que os personagens dialogam. No entanto, apesar das afirmações de Coutinho de que não se trata de ilustrações, de alguma forma elas podem ser lidas assim, porque aparecem quando os nomes dos espíritos são citados e acabam disfarçando alguns cortes das entrevistas.

Outra opção de montagem bastante marcada são os planos vazios de cômodos ou do quintal de uma casa, sem movimento, sem ninguém. Irrompem praticamente sem som em meio às falas, depois de relatos de transes, e imprimem uma atmosfera misteriosa ao filme. São imagens sem condições de ilustrar ou provar alguma coisa — como poderiam? Evocam a presença dos espíritos, talvez eles estejam lá, mas não podemos ver, não temos "vidência" para tal. Ao contrário das imagens de cerimônias da umbanda — exploradas à exaustão em muitos documentários e que nada expressam do que as pessoas envolvidas sentem no momento do transe — esses espaços vazios possuem um estatuto semelhante ao das crenças narradas. Aludem em imagem ao que é dito em palavras, sem que haja uma adesão obrigatória do filme ao que é mostrado.

Dentro desse curto período de imagens "puras", há ainda momentos em que podemos dizer, a partir do que Coutinho estabelece nos seus filmes posteriores, que o diretor foi menos rigoroso. Isso acontece, por exemplo, quando faz uma rápida "cobertura" da cena em que dona Thereza e seu Braulino cantam no filme, com imagens dos dois andando pelo morro. Ou ainda quando Carla diz que trabalha em um lugar muito pesado e em seguida aparecem imagens dela dançando na boate. O essencial do filme, porém, não é atingido por esses poucos segundos de imagem, resíduos, poderíamos dizer, da estética do documentário tradicional.

Em *Santo Forte* há alguns planos "vazios" de cômodos ou do quintal, sem movimento, sem ninguém. Cabe ao espectador preenchê-los de significado.

Foi efetivamente no decorrer da montagem de *Santo Forte*, e a partir da recepção positiva do filme, que Coutinho estabeleceu mais nitidamente uma "moral" na utilização das imagens, levada ao limite em *Edifício Master*, no qual não há um som que não esteja sincronizado com a imagem. Uma moral para uso próprio, mas que também atravessa o seu pensamento sobre o estado atual das imagens no mundo.

"Porque as pessoas que fazem cinema não se perguntam: até que ponto eu posso e devo usar essas imagens, até que ponto necessito de uma imagem ou não, até que ponto necessito desta imagem e deste som? E se quiser aprofundar isso, pode-se perguntar até que ponto deve ser feito cinema no Brasil, por que eu devo fazer cinema no Brasil. Se a resposta é sim, cabe perguntar por que devo fazer este filme, e não outro. Até que ponto as pessoas vão continuar fazendo filmes sem se formularem essas perguntas? A falta de inquietação vital e criativa é terrível. Usar porque é bonito, porque prova, porque ilustra, estas podem não ser razões criminosas, mas são razões más, e as pessoas precisam estar conscientes disso. A resposta pode ser: eu uso essa imagem porque eu sinto que preciso usar, não sei explicar. Isso me basta. Mas até que ponto toda cena de periferia tem que ter um rap? Ou uma imagem de favela deve ter um samba? Até que ponto uma lavadeira que diz que é lavadeira precisa estar na imagem lavando roupa? No fundo é isso: as pessoas deveriam usar as imagens e os sons pensando por que estão fazendo isso. Proliferação de imagens e sons onde nada vale nada, por que isso? Por exemplo, em *Santo Forte*: por que vou usar a imagem de um menino soltando pipa? Até que ponto preciso utilizar a imagem de um culto religioso para provar que é verdadeiro? O mundo das imagens vai ficando tão pobre e tão restrito que, quando coloco em Santo Forte espaços vazios, essas imagens ganham uma força tremenda, justamente porque são raras dentro do filme."

Essa relação com as imagens se inscreve, a seu modo, em um certo pensamento que atravessou o cinema moderno europeu (Alain Resnais, Jean-Luc Godard) e que pode ser resumido da seguinte forma: o mundo existe e torna-se moral à medida que não deve ser mostrado de qualquer maneira.[13] A esfera do visível não está toda ela disponível; há distâncias que devem ser mantidas, há limites, ausências, buracos, vazios necessários; há movimentos de câmera a não serem feitos ("o travelling é uma questão de moral", dizia Godard), determinados cortes a serem evitados (a montagem, em alguns casos, torna-se proibida, dizia Bazin). Ou seja, nem tudo deve ser representado e nem tudo pode ser representado de qualquer maneira — atitude e pensamento à contracorrente do que nos cerca na atualidade, em que a regra é a da visibilidade máxima e a do excesso de transparência, de informação, de impudor.

Ressurreição

Filmar e montar *Santo Forte* da forma como Coutinho fez, só acreditando profundamente na potência da arte cinematográfica. O diretor dá provas de sobra neste filme de que sua crença no cinema está à altura das crenças religiosas que registra, e de que é o cinema que definitivamente o conecta ao mundo. Realizar um filme de 80 minutos quase inteiramente constituído de pessoas falando é ter o cinema na mais alta conta. Podia não ter dado certo, não ter feito o sucesso que fez — de crítica e de público. Teria sido então difícil manter e aprofundar o caminho aberto por *Santo Forte*. Foi no Festival de Cinema de Gramado de 1999, quando o filme foi aclamado, que Coutinho viu que a aposta tinha valido a pena.

As reações negativas, no Brasil, foram raras e centraram-se em algumas opções do filme, tais como mostrar o pagamento do cachê de 30 reais aos personagens filmados. É como se esse pagamento violasse a lei maior do documentário, a espontaneidade dos depoimentos — que Coutinho não se cansa de recusar, mas que uma boa parte do público e também da crítica não se farta de atribuir ao seu cinema. Documentário é negociação com os personagens, na pesquisa e na filmagem. Negociação de desejos, mas também de coisas concretas — horários, disponibilidade, condições de produção —, das quais o pagamento em dinheiro é apenas o aspecto mais cru.

Na Europa o filme não foi notado. Teve péssima recepção em Paris, quando passou no Cinéma du Réel de 2000. "Se fosse o único filme, não ganhava prêmio", diz Coutinho. Todas as sutilezas da expressão oral dos personagens se perderam com a leitura das legendas, que eram mais de mil. "É um filme secreto, possível de ser entendido a fundo apenas no Brasil, e é por isso, também, que eu adoro ele." Foi o filme que Coutinho defendeu com mais paixão. Se fosse um religioso "clássico", se acreditasse em Deus, orixás, santos, guias, talvez atribuísse a eles a guinada que *Santo Forte* imprimiu à sua trajetória. Lançado em 1999, o filme inaugurou sua fase mais produtiva — a partir de então, a média de um filme por ano — e deu ao diretor um reconhecimento que ele não esperava mais. "Foi uma ressurreição", brinca. É a força da fé, mas fé no cinema.

Notas

1. Jean-Claude Bernardet, "Cinema e religião", p.188. "A voz do outro", p.7-28.

2. Eduardo Coutinho, entrevista no site da RioFilme, *bookpress Santo Forte.*

3. A formulação é do cineasta e crítico Jean-Louis Comolli em "Sob o risco do real" e vai ao encontro do cinema de Eduardo Coutinho. Catálogo do 5º Festival do Filme Documentário e Etnográfico de Belo Horizonte, p.99.

4. Eduardo Coutinho, entrevista a José Geraldo Couto e Inácio Araújo, 1999.

5. Jean-Claude Bernardet, *Cineastas e imagens do povo,* p.185.

6. Mikhail Bakhtin, *Problemas da poética de Dostoiévski,* p.197.

7. Mikhail Bakhtin, *O marxismo e a filosofia da linguagem,* p.121.

8. Eduardo Coutinho, «Un cinéma de dialogue rejeté par la télévision».

9. Eduardo Coutinho, entrevista a José Carlos Avellar, p.70.

10. Henri Bergson, *Les deux sources de la morale et de la religion.* Gilles Deleuze retoma, em *A imagem-tempo,* o conceito de fabulação para falar dos documentários de Jean Rouch e Pierre Perrault, ou seja, de filmes que não estão ligados à religião. O que Deleuze extrai do conceito de Bergson é justamente esse movimento de transformação que ocorre com um personagem real ao se narrar, ao "ficcionar", ao ser capturado pela câmera "em flagrante delito de legendar".

11. Jean-Louis Comolli, op.cit. p.106.

12. Jordana Berg montou os seguinte filmes de Eduardo Coutinho: *Santo Forte, Babilônia 2000, Edifício Master* e *Peões.*

13. Retomo aqui uma idéia central do pensamento crítico de Serge Daney e que ele resume em "Le travelling du Kapo", p.13-39.

7

Babilônia 2000 ou a arte da superfície

Santo Forte nem tinha entrado em cartaz quando Eduardo Coutinho decidiu partir para um novo projeto: filmar os dez últimos dias do ano, incluindo a noite do dia 31 de dezembro de 1999, em uma favela carioca. Foi nesse momento que conheci melhor o diretor. No início de outubro, organizei uma exibição no Centro Cultural Banco do Brasil de um documentário que eu havia realizado no morro da Babilônia,[1] no Leme, bairro da zona sul do Rio de Janeiro, e Coutinho foi assistir. No final da projeção conversamos rapidamente e ele me convidou para participar da pesquisa de seu próximo filme. As favelas do Chapéu Mangueira e da Babilônia, vizinhas e situadas no morro da Babilônia, pareciam-lhe a "locação" ideal para um filme a ser realizado na noite de Ano Novo: uma comunidade com cerca de quatro mil habitantes praticamente à beira-mar, de onde se vê a multidão reunida na praia de Copacabana para assistir à mais célebre queima de fogos de artifício do Rio de Janeiro.

Ainda não havia financiamento algum à vista, e Coutinho ficou de me procurar semanas mais tarde. Estávamos a menos de três meses do dia 31 de dezembro, e não havia tempo para tentar um patrocínio por meio de qualquer lei de incentivo cultural. O cineasta chegara a enviar o projeto para um concurso do Ministério da Cultura, mas não foi aprovado: ele não havia incluído um roteiro "com divisão de seqüências". E como poderia? Só se fabricasse uma ficção, e esse tipo de ficção, prévia ao filme decididamente não o interessava.

Em dezembro Coutinho voltou a me ligar, dizendo que ainda não tinha certeza se faria o filme. De toda forma, já não seriam mais dez dias de filmagem, mas no máximo três. Nesse meio tempo conheceu o anglo-italiano Donald Ranvaud, que por sua vez o aproximou do documentarista João Moreira Salles, um dos sócios da VideoFilmes. Ambos se dispuseram a co-produzir o documentário junto com o Cecip.

A violência policial e do tráfico de drogas não era questão a ser abordada diretamente no filme. Sua presença era inevitável, Coutinho sabia disso, mas em meio às histórias pessoais. Também não se tratava de perguntar especialmente sobre religião, para não voltar ao tema central de *Santo Forte*, embora o assunto fosse surgir. Uma das idéias do diretor naquele momento era estabelecer conversas que estimulassem um "balanço de vida" dos moradores, a partir das mesmas histórias contadas nos filmes que faz, e tentar recolher uma espécie de "teoria popular" sobre o Brasil, tendo como pretexto a passagem do ano. Depois das questões em torno da vida pessoal, queria chegar à pergunta: "E o Brasil?".

Com uma ou outra exceção, o filme acabou não incluindo diretamente essa questão, até porque ela era muito geral e inibia os entrevistados. De toda maneira, em muitas narrativas individuais, o documentário não deixa de nos mostrar uma variedade de visões populares a respeito do Brasil.

Embora *Babilônia 2000* esteja tão centrado na palavra quanto *Santo Forte*, os dois se opõem de diversas maneiras. *Santo Forte* coloca em cena 11 personagens selecionados previamente depois de longa pesquisa e é montado em longos depoimentos. *Babilônia 2000* reúne quase 40 personagens, a maioria registrada de forma imprevista ao longo de um dia de filmagem, e foi montado em tempos bastante desiguais. Há conversas que podem durar quase sete minutos e inserções brevíssimas de dez segundos. As diferenças entre os processos de filmagem e montagem dos dois documentários nos permitem, para além de um julgamento de valor, perceber as qualidades de um diretor que se permite tantas variações em tão curto espaço de tempo. Não que tudo se mova, mas há permanências e mudanças interessantes de serem apontadas.

Em *Santo Forte* Coutinho mergulha profundamente no imaginário religioso, e parte de leituras específicas e de um extenso trabalho de campo anterior à realização e tenta organizar as filmagens. Já em *Babilônia 2000*, conta bem mais com o imponderável, em função de um tempo extremamente limitado para filmar. É verdade que as entrevistas de Coutinho foram marcadas previamente e realizadas com a câmera no tripé, nos moldes de *Santo Forte*. Contudo, outras quatro equipes co-realizaram as filmagens do documentário e trabalharam com a câmera quase sempre na mão, registrando ao acaso personagens e situações. Não se trata, pois, de um corte em profundidade, como vimos em *Santo Forte*, mas, ao contrário, de se manter na superfície.

Um corte em profundidade não é necessariamente mais revelador do que a superfície, plena de sinais de vida, dor, saúde e doença. A radiografia informa, mas um bom médico pode diagnosticar pela cor da pele, pelos olhos, por efeitos na superfície do corpo e também pelo que é dito, pela linguagem. "Estranho preconceito que valoriza cegamente a profundidade em detrimento da superfície e que pretende que superficial significa, não de vasta dimensão, mas de pouca profundidade, enquanto profundo significa, ao contrário, de grande profundidade, e não de fraca superfície", nos lembra o escritor Michel Tournier.[2] Esse era o maior desafio do filme: captar a força da superfície sem resvalar para algo superficial.

A pesquisa e o dispositivo de filmagem

A pesquisa de *Babilônia 2000* foi breve e começou em meados de dezembro. Éramos quatro pesquisadores — Cristiana Grumbach, Daniel Coutinho, Geraldo Pereira e eu —, e, durante dez dias, conversamos com quem foi possível. Como eu havia freqüentado o morro de 1997 a 1999, tinha boa familiaridade com a população local e certo conhecimento do cotidiano das duas comunidades. Conhecia bem pessoas que trabalhavam nas associações de moradores do Chapéu Mangueira e da Babilônia, e foram elas que garantiram integralmente o nosso trabalho na pesquisa e na filmagem.

Em nenhum momento tivemos contato direto com os traficantes, ou a obrigação de pedir autorização para filmar o "movimento". Só houve tensão desse tipo quando o pai de um traficante, muito querido na comunidade, foi assassinado, mas nos avisaram a tempo, e nesse dia não subimos o morro. Nunca, nem na pesquisa nem na filmagem, nos deparamos com traficantes armados.

Retomamos na pesquisa os métodos que Coutinho havia utilizado para filmar *Santo Forte*: relatórios escritos e alguns minutos de imagem. Mas o trabalho acabou rendendo pouco. Com o passar dos dias, uma certa aflição tomou conta da equipe e de Coutinho, porque não eram muitos os moradores selecionados, e já não havia mais como voltar atrás. A pesquisa permitiu essencialmente a quem não conhecia o morro ganhar mais intimidade com a geografia das duas comunidades, conhecer alguns moradores que vieram a nos ajudar imensamente, e divulgar, para o maior número de pessoas possível, a filmagem do dia 31 de dezembro.

Os encontros que tivemos com o diretor nos últimos dias do ano serviram para que o dispositivo fosse definido mais claramente. Coutinho percebeu que um documentário com tão pouco tempo de filmagem só teria condições de dar certo se fosse possível contar com mais de uma equipe. Logo chegou a cinco equipes: a dele, uma equipe profissional que contava com o fotógrafo Jacques Cheuiche (iniciando uma parceria que se repetiria nos filmes seguintes do diretor); a de sua assistente Cristiana Grumbach, que fez a segunda câmera da equipe de Coutinho; e outras três equipes, dirigidas pelos outros pesquisadores, todas munidas de câmeras digitais emprestadas, operadas por

Eduardo Coutinho e sua assistente Cristiana Grumbach durante as filmagens de *Babilônia 2000*.

fotógrafos com pouca ou praticamente nenhuma experiência em documentário (José Rafael Mamigonian, Ricardo Mehedff e Sérgio Sbragia).

Jacques Cheuiche deu instruções básicas às equipes, reconhecendo no entanto os limites da incumbência. De toda maneira, aceitou trabalhar nessas condições. "Aceitou" — como ressalta Coutinho – "o risco de misturar a fotografia dele com a de fotógrafos amadores operando câmeras piores; ele foi fantástico, assimilou meus métodos e soube ouvir."

Inicialmente estava previsto um dia e meio de filmagem: além do último dia do ano, a manhã de 3 de janeiro, primeiro dia útil do ano 2000; e Coutinho ainda contava com a possibilidade de um terceiro dia em abril, quando o Brasil comemoraria os 500 anos do Descobrimento

Nesse filme, portanto, ao princípio espacial da *locação única* (o morro da Babilônia) somaram-se um princípio temporal (realizar o essencial das filmagens em menos de 24 horas) e um princípio técnico-econômico (utilizar diferentes tecnologias digitais). Para Coutinho, se houvesse filme, ele teria de surgir dessa limitação espaço-temporal-tecnológica, desse dispositivo, o que implicou tensões e riscos. Sabíamos que seríamos obrigados a contar com a sorte, porque, se o primeiro dia de qualquer filmagem é conturbado, neste filme não teríamos muito mais do que isso. O material rodado podia gerar um curta, um média ou um longa-metragem, mas também poderia dar em nada.

As equipes entraram em campo na manhã do dia 31 de dezembro. Coutinho sentia-se particularmente tenso, mas nós, das outras equipes, estávamos especialmente alegres de poder entrevistar e circular à vontade pelo morro, e ao mesmo tempo participar de um projeto dirigido pelo cineasta. A produção do filme se instalou em um salão de festas da Associação de Moradores do Chapéu Mangueira, onde foi também organizada uma "câmera aberta" aos moradores que quisessem falar sobre suas expectativas na virada do ano. Filmamos das dez da manhã às quatro da madrugada, com interrupções para almoço, jantar e ceia. No dia 3 de janeiro, gravamos de manhã até a hora do almoço. Nesse momento, filmar em abril já tinha se tornado uma possibilidade remota, quase inexistente, mas Coutinho ainda não sabia se poderia associar o material das outras equipes ao seu. Ter mais um dia de filmagem significava uma "reserva de segurança", mais psicológica do que concreta. Em último caso, ele poderia voltar e conversar com quem já havia entrevistado no réveillon, tendo como mote o aniversário do Descobrimento do Brasil.

Com o material das cinco câmeras decupado, o diretor percebeu que o filme já estava ali, bastava encontrar a forma certa. O fio condutor da montagem estava dado pelo dispositivo de filmagem: a passagem do tempo no último dia do ano. O documentário começaria necessariamente na manhã do dia 31 de dezembro e terminaria na madrugada ou na manhã do dia 3 de janeiro. Esta foi uma opção pelo presente da filmagem, do que havia sido registrado no morro, excluindo qualquer imagem que tivesse função semelhante à dos espíritos da umbanda, como em *Santo Forte*. Na maior parte dos casos, os depoimentos seriam inseridos na ordem em que foram gravados. Tais decisões tornaram o processo de montagem bem mais simples — e mais divertido, afirmam Coutinho e a montadora Jordana Berg — do que em *Santo Forte*.

Um filme e cinco equipes

A divisão da filmagem com outras equipes sugere, de saída, a seguinte pergunta: o que se passa com a autoria de um documentário feito de imagens técnicas e esteticamente heterogêneas, com vozes e entonações diferentes elaborando questões desiguais? O que faz essa diversidade ser, de toda maneira, um filme de Eduardo Coutinho? A máxima antropofágica — "só me interessa o que não é meu" — pode fornecer uma pista: registrar outras experiências de mundo para além das nossas, filmar o outro, é o que desde sempre atraiu Coutinho no cinema. Multiplicar as equipes, os pontos de vista sobre o mundo a ser captado, interagir com os personagens de vários modos, mesmo que nada disso tenha sido pensado a priori, tudo intensificou o movimento de sair de si, atingindo desta vez a própria figura do diretor-autor, que se fragmentou, descentralizando uma onipresença até então natural.

Isso não quer dizer que, para a realização geral da obra, a presença de Coutinho não tenha sido absolutamente ativa e crucial, e não apenas na montagem. É dele a organização de um dispositivo fílmico que criou condições para uma "materialização" nova de sua presença. Vem dele também a inspiração ética e estética de como deveríamos gravar no morro, embora cada equipe tivesse uma compreensão própria dessa inspiração. A divisão das equipes não foi gratuita, como vimos, nem fruto de um desejo abstrato e prévio do diretor de democratizar a filmagem. Foi decidida na urgência e no contato com o universo a ser registrado, a partir de limitações temporais e econômicas muito claras. Por isso mesmo está tão intrinsecamente ligada à concepção de cinema de Coutinho, uma concepção instável e aberta, que se amplia, modifica e reorganiza no contato com o mundo.

O que vemos acontecer em *Babilônia 2000* é bastante inovador. Não apenas na obra de Coutinho, mas na própria história do documentário, são raros os exemplos desse tipo de prática. Um certo cinema militante dos anos 60 tinha como uma de suas bandeiras de luta a recusa da noção de autor em favor da direção coletiva. A crítica centrava-se no "individualismo pequeno-burguês" do termo "autor". Os filmes do News Reel — movimento da extrema-esquerda norte-americana que realizou mais de 50 documentários na segunda metade da década de 1960 — foram em muitos casos efetivas experiências de criação coletiva, nas quais a equipe se encontrava indiscriminadamente dos dois lados da câmera. Autor bom, naquele momento de radicalismos políticos, era autor morto. Jean-Luc Godard, em sua fase maoísta mais empedernida, abdicou do seu nome, já então célebre, em prol do coletivo Dziga Vertov, para assinar filmes dirigidos por ele e outros integrantes do grupo. O cinema direto utilizou vários diretores em uma mesma obra — como *Primary* (1960), de R. Leacock, A Maysles, R. Drew e D.A. Pennebaker —, mas sem maiores interferências no que estava sendo filmado, uma vez que a regra era não estabelecer contato explícito com o outro lado da câmera.

A prática cinematográfica de Jean Rouch em muitos de seus documentários é novamente uma referência possível à atitude de Coutinho em *Babilônia 2000*. Não são os mesmos procedimentos, mas há certas convergências e um efeito comum. Algumas entrevistas de *Crônica de um Verão*, por exemplo, não foram feitas pelos diretores Rouch e Morin, mas por personagens que se incorporaram à equipe, já com a filmagem em andamento. Em *Jaguar* e *Eu, um Negro*, a narração foi feita quase essencialmente pelos personagens, posteriormente à filmagem, já na fase de sonorização, com uma fala improvisada por eles quando assistiram às imagens montadas. Esses foram modos de filmar que Rouch colocou em prática, aberto às intervenções de quem tinha sido filmado, e que tiveram o efeito muito específico de inventar uma outra forma de ser autor. Gilles Deleuze chama esses personagens de Jean Rouch de "intercessores" do cineasta, figuras por meio das quais o diretor conseguiu "sair de sua civilização dominante e ... alcançar as premissas de outra identidade."[3]

No caso de *Babilônia 2000*, não foi com seus entrevistados que Coutinho compartilhou a direção. Mas a divisão entre cinco equipes permitiu a ele experimentar variações na forma de abordar os moradores do morro. Fomos, de um outro jeito, seus intercessores, nos somamos àqueles que ficam do outro lado da câmera e com quem ele sempre trabalhou.

> "Descentralizei o poder de forma como nunca tinha feito; eu já me descentralizo nos meus filmes, porque preciso do outro para me expressar, sem isso eu não tenho filme. Com as cinco câmeras, ficou mais descentrado ainda; são múltiplos pontos de vista dos dois lados da câmera."

O documentário ficou com 80 minutos. As imagens da câmera que acompanhou Coutinho imprimem ao filme uma certa estabilidade, uma qualidade mais "apropriada". Há, como em *Santo Forte*, poucos movimentos durante as conversas, embora algumas vezes assistamos à chegada da equipe nas casas dos personagens, o que não acontecia no documentário anterior. As imagens realizadas pelas outras câmeras são perpassadas por uma instabilidade de base, estão sempre em movimento e perdem o foco em diversos momentos. Diferenças técnicas e estéticas na maior parte dos casos imperceptíveis para o espectador e que foram solenemente desprezadas por Coutinho durante o processo de montagem. As imagens realizadas pela equipe do diretor, contudo, estruturam *Babilônia 2000*. É como se o filme, sem elas, fosse por demais tomado pela desordem do mundo, das vidas e situações registradas.

Outro aspecto que também contribui para estruturar o documentário é uma série de cinco planos fixos da praia de Copacabana, feitos do ponto de vista de quem está no morro, com diferenças mínimas de enquadramento, mas com a luz de vários momentos do dia. De manhã — a primeira imagem —, à tarde, ao entardecer e à noite, sem regularidade, às vezes um plano seguido do outro. Irrompem com o seu som original e duram um certo tempo: são imagens do tempo passando. É uma série que, de certa maneira, toma o lugar das imagens ilustrativas da favela — varal de roupas, sapatinhos de crianças na janela, pipas no céu. Não há nesse filme qualquer imagem "típica", o que Coutinho chama de "perfumaria visual", fruto na verdade de um olhar de fora que quer "objetivar" a favela. Também não existe praticamente qualquer plano de cobertura, exceto na narração inicial do diretor, quando ele apresenta o filme. Esta foi feita em cima das imagens das equipes saindo da associação de moradores — é a intensificação do processo iniciado em *Santo Forte*.

O diretor chegou a fazer imagens de helicóptero para produzir uma compreensão mais clara da situação geográfica das duas favelas, tal como em

Santo Forte. Uma versão de *Babilônia 2000* começava assim. Aconselhado por Eduardo Escorel, contudo, o diretor remontou o filme, chegando a atrasar um pouco a finalização. O argumento não podia ser mais justo: era uma imagem que estava em desacordo com o projeto do filme; impunha uma distância em relação àquele universo, era um plano de fora para dentro, e ele estava tentando fazer um filme de dentro para fora.

"Você comete erros toda hora e tem que ouvir os outros quando dizem algo que revela coisas. É preciso radicalizar no próprio jogo." O que não quer dizer que Coutinho anule a diferença social entre ele e seus entrevistados: "Talvez por saber que falo de fora para dentro é que posso falar de dentro para fora."

Babilônia 2000 é também um documentário extremamente econômico de imagens "puras", planos em que não há conversas ou pessoas cantando. O que não impede de ser mais movimentado do que *Santo Forte*, em função da instabilidade das imagens das outras equipes que compõem bem mais da metade do filme. Mesmo nas entrevistas mais longas, as câmeras estão sempre na mão, acompanhando os personagens. "Perto de *Santo Forte*, *Babilônia 2000* parece um *Titanic*", diz Coutinho.

A língua reinventada

São muitos os aspectos que imprimem uma marca específica a *Babilônia 2000*. Primeiro, a facilidade com que as conversas acontecem, sejam elas breves ou não, em casa, no quintal, nos becos, na janela, na praia. Em seguida, a gentileza com que os moradores, todos eles, pesquisados ou não, recebem as equipes, abrem suas casas e oferecem toda sorte de bebida e comida: café, refrigerante, cerveja, água de coco, a mousse que foi feita para a noite. Depois, a consciência intuitiva de muitos entrevistados de que vivemos em um mundo onde o que conta são as imagens; e a perturbação que sentem com as imagens produzidas de quem mora na favela. E ainda uma certa reflexividade presente em muitos depoimentos, ampliando os tipos de referência à realização comuns nas obras de Coutinho, que são geralmente atitudes do diretor na filmagem depois inseridas na montagem — registros da equipe, pagamento de cachês.

Em *Babilônia*, os próprios personagens nos lembram muitas vezes de que estamos no cinema. Depois de enxugar as lágrimas, uma moradora indaga: "Só que eu não queria fechar assim. Ficou bom?". Uma outra pergunta, no meio de uma frase: "Estou falando muito alto?", e um pouco depois: "Ficou bonito?". Uma moça que canta para Coutinho no início do filme encontra com outra equipe no final do dia e pergunta: "E o coroa? O que o coroa achou? Ele gostou?". Comentários como esses não apenas nos remetem à filmagem como também destacam o fato de que há uma autoconstrução dos personagens no momento da fala.

No entanto, o que mais salta aos olhos e aos ouvidos ao longo do filme é a aptidão narrativa dos personagens e o uso que fazem da língua portuguesa. Isso é diferente dos personagens de *Santo Forte*? Digamos que os talentos narrativos colocados em prática são diferentes. A evolução das conversas em *Santo Forte* tinha como fio condutor o imaginário popular religioso. Mesmo que por meio da religião se tivesse falado da vida cotidiana, havia um campo temático mais delimitado, de onde partiu a maioria das perguntas de Coutinho, e uma trajetória dentro desse campo a ser mais ou menos identificada.

Dona Conceição, rezadeira do morro da Babilônia, recebe uma das equipes em casa. Declara que está esperando pela morte e não entende por que ninguém volta para lhe contar como é depois que se morre.

Em *Babilônia 2000*, a pergunta em torno das expectativas para o ano 2000 é apenas um início de conversa, uma forma de aproximação, uma vez que a maior parte dos entrevistados se prepara de algum modo para a festa. Parte-se quase sempre do presente, da situação em que se encontram os moradores no início da entrevista; registra-se a hora e pergunta-se o que eles vão fazer até a meia-noite.

Se, por um lado, podemos dizer que o teor "ficcional" dos depoimentos diminui, há, por outro, uma ampliação dos temas abordados, e a força criativa no uso da língua se fez mais evidente. E isso é o que mais surpreende no filme: diante de vidas precárias, atravessadas por uma enorme violência, nos deparamos com uma fala vigorosa que inventa sentidos, cria vocábulos, mistura termos de diferentes origens, que tenta escrever, enfim, sua própria gramática. Um português "personalizado", que é como os personagens filmados respondem a um mundo que se manifesta na linguagem dominante (regras de gramática, sintaxe, comportamentos sociais, conveniência, boa educação, cultura geral). Essa língua particular desvenda tanto opressões a que estão submetidos quanto microrresistências a esse estado de coisas.

Muitas vezes, nós, espectadores, rimos do que é dito, porque ficamos surpresos com essa possibilidade de criação em setores da população bombardeados por uma multiplicidade de discursos; com a transformação da fala em um campo de batalha contra o

People tem uma participação breve, mas expressiva da vontade de falar presente em vários depoimentos de *Babilônia 2000*.

horror de não poder comunicar; com esse prazer pela expressão que surge nos desvãos e nas falhas da linguagem. Um riso solto nos acomete quando aquelas pessoas se revelam com tamanha energia, ao sermos surpreendidos por reações inusitadas diante de situações duríssimas. O humor surge justamente em momentos muitas vezes efêmeros de "crise da linguagem", em que há pequenas vitórias contra a opressão da fala.

> Sempre gostei dessa palavra *people*. Nunca gostei de chamar as pessoas pelo nome. Naquela época, tempos idos, tinha aquele negócio de chamar "fulano", e a polícia estava perto, então eu preferia chamar assim *people*. ... E aí todo mundo me chamava de People, porque raramente me chamam de Doacir. ... Inclusive, pô, gosto de conversar, pareço aqueles homens da caverna, entendeu? Não sei se os homens da caverna eram assim, que ficam dentro da sua toca e quando vêm conversar começam "blá blá blá blá". Têm que sair, mas não conseguem parar.

Esse pequeno depoimento, pleno de graça e de astúcia, articula expressões de pouco uso atualmente como "tempos idos", para relatar uma estratégia de defesa contra a polícia pelo emprego da palavra inglesa *people*. Ao mesmo tempo traduz à perfeição a alegria de falar, que o entrevistado supõe ser — consciente de que pode não ter sido bem assim — a do homem das cavernas quando saía da toca.

O caráter social da fala

Essa habilidade narrativa pertence a quase todos os personagens do filme. Não se trata de poucos e longos depoimentos, como em *Boca de Lixo* e *Santo Forte*, mas de uma rede extensa e variada, em que falas curtas, médias ou longas deslizam umas sobre as outras, imprimindo variações e modulações à língua portuguesa, fazendo o idioma dominante trabalhar. Não são organizadas pelo tema, como em *Santa Marta*, nem se referem, como já vimos, a um assunto preponderante. A montagem prioriza a expressão dos personagens, o fluxo das palavras e o que é narrado, e tem a temporalidade como fio condutor.

Se a participação do personagem é curta, como no caso de People, o que ele nos diz faz ressoar algo fundamental ao filme inteiro, que é a vontade de falar e a engenhosidade no trato com a língua. People não foi ali inserido para completar qualquer idéia exposta por outro morador ou para falar de um tema específico. Outros depoimentos breves vinculam mais concretamente o filme à passagem do ano, dão a ele uma conexão com o presente, a atualidade e a contingência da filmagem. Uma espécie de lembrete: trata-se de um documentário gravado em um dia específico, em meio a um acontecimento que envolve todo mundo. Seria diferente se o momento fosse outro.

É neste filme que Coutinho renova e complexifica a relação entre o singular e o coletivo, ou o particular e o geral, por meio da exploração do que podemos chamar de "caráter social da fala". Na trama tecida pelos vários discursos, *Babilônia 2000* traz à superfície, à linguagem, ao que é dito, os efeitos das misturas ocorridas "em profundidade", ao longo do tempo, ao longo da vida daqueles moradores. Há sem dúvida um campo social comum a todos eles e tudo o que dizem está encharcado das condições sociais e do contexto histórico em que se encontram. É efetivamente um português personalizado, mas não fruto de um ato criativo individual. Não pode ser explicado por condições específicas e exclusivas daquele que se expressa.

Vimos em *Santo Forte* que é no contato com Coutinho, com o tipo de escuta que ele coloca em campo, que as idéias dos seus personagens vão tomando forma. A fala deles emerge em função da interação com as palavras do cineasta. Essa emergência não se limita, porém, à situação imediata da entrevista. É também afetada por um universo mais amplo, que é o horizonte social do entrevistado, a lhe fornecer experiências e um estoque de palavras a serem usadas. Portanto é na própria fala, no que é dito, nas palavras usadas, nessas manifestações visíveis e audíveis, "de superfície", que se torna possível entrever a vida desses moradores de forma abrangente, e ao mesmo tempo de forma íntima e pessoal.

São inúmeros os exemplos, em *Babilônia*, de falas com essas características, povoadas por vozes alheias, marcadas por uma variedade de discursos de diferentes origens. A começar pelo depoimento de Fátima, conhecida no

Fátima, conhecida como Janis Joplin, é a primeira entrevistada do dia 31 de dezembro de 1999.

morro como Janis Joplin, primeira entrevistada da manhã do dia 31 de dezembro. Ela estava pintando o cabelo quando a equipe de Coutinho chegou. "Não é porque a gente é pobre que tem que ser relaxada. A aparência é fundamental na vida do ser humano", diz, já injetando em uma "frase feita" uma energia inusitada. Conta em seguida que ouviu muito a Jovem Guarda nos anos 60, que foi hippie nos 70, leu Herman Hesse e adorava Janis Joplin. Diz ainda que perdeu o filho Sidarta e o marido no tráfico de drogas; ambos foram assassinados. Fala também de satanás e expõe uma visão apocalíptico-tecnológica do final dos tempos. "O satanás vai vir por meio da internet e vai marcar as pessoas com um chip na testa." Há linguagens específicas de determinadas gerações e grupos sociais, nas quais é possível identificar obediência e submissão a certas regras (da língua, da religião etc.), mas também indisciplina, rebelião, oposição, vias de escape. Linguagens inesperadas na boca de uma moradora da favela e sem possibilidade de síntese (ex-hippie, leitora de Hesse, evangélica e viúva de traficante) que perturbam de imediato qualquer imagem de "favelado" que tivéssemos em mente.

Dona Djanira veio de Minas Gerais aos 14 anos de idade para ser empregada doméstica. Foi "praticando cozinheira" e acabou trabalhando no triplex de uma família amiga de Juscelino Kubitschek. Nas entrelinhas, sugere que o ex-presidente era amante da dona da casa. "Ninguém tinha coragem de pegar ele lá fora. Quem colocava ele dentro do apartamento era eu, porque todo mundo tinha vergonha de buscá-lo. Eu ia lá na avenida Atlântica, ... assobiava para ele e ele vinha todo de presidentinho."

As palavras de Dona Djanira indicam mundos pelos quais ela passou e fazem vislumbrar contextos de outras épocas. "Juscelino

Fátima canta "Me and Bobby McGuee", sucesso da cantora norte-americana Janis Joplin, demonstrando total desembaraço diante da câmera.

era mulherengo! Era bonitão, simpático, mas é a doença do homem", diz ela, lembrando que a mãe "engomava" o pai para ir para farra, pois "o homem é da rua, e a mulher, de dentro de casa", em uma aparente aceitação desse machismo à brasileira. Acrescenta porém que com ela, não. Não aceitaria uma situação assim, "nana-nina-não, porque tem de haver respeito, mulher não é cachorro".

Dona Djanira relata como era encarregada de receber Juscelino Kubitschek na casa onde trabalhava como doméstica.

A filha, Cida, professora no morro, tem a mesma vitalidade da mãe ao conversar com Coutinho e é uma exímia inventora de expressões. Diverte-se em explorar a capacidade que as palavras têm de significar coisas diferentes do esperado. Fez "teatro do oprimido" com Augusto Boal durante cinco anos. O pai, que se chamava seu Antônio, morreu; "gente finíssima, da alta responsabilidade, está no andar de cima". O irmão, um policial militar, foi morto por um colega, em uma queima de arquivo: "Modéstia à parte, meu irmão era o Sidney Poitier do Brasil, do Rio de Janeiro." Em quase todos os depoimentos, há relatos de morte violenta na família, seja em função do tráfico, de conflitos com a polícia ou de balas perdidas.

Contrariamente a essas personagens que se expressam às maravilhas, há no filme um jovem que exprime na própria fala boa parte da opressão que sofre no mundo.

Cida, professora no morro da Babilônia, é possuidora de uma fala vigorosa, cheia de expressões próprias.

> A sociedade vê a gente de outra forma porque a gente tem má aparência. Porque mora em morro pensa que a gente é periculoso, mas a gente não é periculoso, já falei, somos humildes e simples. A pobreza que fez a gente assim, não foi a gente que quis ser assim. Como cidadão simplesmente vou pagar um banho, às dez horas vou estar arrumado, quando der meia-noite vou ver os fogos. Eu não bebo nenhum tipo de bebida, só refrigerante, água e vitamina, de beterraba e cenoura, como já falei, e pretendo ver os fogos e voltar pra cama. Já falei pra você que puxei uma cadeia e agora me entreguei à sociedade. Estou sendo digno dela, da sociedade, estou trabalhando, de três em três meses estou assinando direitinho, estou sendo um novo cidadão. Como já era antes, quando um policial me jogou no xadrez, cheio de vagabundo que eu não

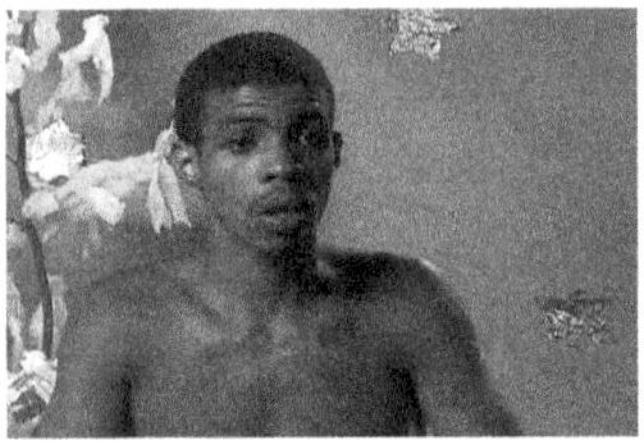

Luiz Carlos exprime na fala parte da opressão que lhe é imposta pelo mundo.

conheço, cheio de medo, foi passando, foi passando, quase fiquei meio maluco da cabeça. Mas eu superei isso tudo e estou novamente na sociedade. E, como diz o ditado, vou cumprir a lei até a minha morte.

Esse é um personagem que encontra na linguagem um inimigo, um conjunto de regras que o humilha e em relação ao qual não consegue agir com liberdade alguma ou impor qualquer oposição. Trata-se de uma fala atravessada pelos clichês do nosso tempo, que fornecem a ele as palavras com as quais exprime penosamente uma desarticulada visão de mundo. Nela, uma profusão de referências truncadas e sem ritmo revela universos com os quais teve e tem contato — vocabulário policial, expressões da prisão ("pagar um banho"), farrapos de um discurso da cidadania. Uma fala trágica, ameaçada de sucumbir ao silêncio, que emerge da angústia de não poder comunicar e deixa entrever que o desamparo e a opressão dos pobres não se manifestam apenas no "conteúdo" da vida que levam e daquilo que dizem, mas se instalam na própria forma de dizer o mundo.

Do mesmo modo que com esses entrevistados, a nossa fala também está repleta de palavras dos outros que assimilamos intuitivamente com mais ou menos engenhosidade, com maior ou menor sujeição, com mais ou menos alterações e reestruturações. Somos um amontoado de práticas discursivas, falamos sempre a partir de um sem-número de discursos, a maioria dos quais ignoramos. No morro da Babilônia, tal como o vemos no filme, a assimilação e reorganização dessas práticas são feitas em geral com imensa criatividade.

Dificilmente escutaremos um termo do universo da sociologia ser utilizado na fala cotidiana com a destreza de Roseli, ao descrever sua relação com a comunidade: "Nós fomos criadas aqui, nós nascemos aqui, nós não somos mais produtos do meio, mas fomos criadas no meio e não esquecemos o meio. A gente não vive mais no meio, eu e ela, mas meus pais moram aqui." A entonação que ela dá ao termo e a vivacidade com que o articula fazem com que o sentido da palavra "meio" se exaspere, ganhe novas vibrações, longe dos clichês da linguagem acadêmica. Uma palavra que caiu na vida de Roseli em algum momento, se misturando a sua

Roseli se revela uma "especialista" na relação com as imagens. Diz ao diretor: "Você quer pobreza mesmo?", "Ah, sei, comunidade...".

própria história, e que agora ela devolve ao mundo mais colorida, fazendo circular de frase em frase, abrindo brechas e jogando ar fresco numa suposta ordem entre as palavras e as coisas.

Rimos novamente desse jogo de cintura, dessa liberdade; rimos ao constatar que Roseli encontra linhas de fuga em meio à submissão imposta pela linguagem dominante e homogênea. É evidente que foi buscar intuitivamente essa palavra, que sabe pertencer a uma fala mais cultivada, em algum lugar perdido da memória, por causa da entrevista, para nos "impressionar". Assim como Herman Hesse e Juscelino foram "convocados" para compor outros auto-retratos do filme. Não importa. O que conta é o fato de eles terem essas referências e se apropriarem delas de modo extremamente original.

A fala cotidiana sofre nos filmes de Coutinho, e especificamente em *Babilônia 2000*, uma transformação no sentido de uma fala de dimensão estética. Ao captar a complexidade e a variedade de modulações da língua portuguesa no uso que dela fazem os moradores do morro da Babilônia, o documentário nos faz ver uma "arte do desvio", como diria Michel de Certeau. Nele está em questão um retorno à invenção e ao prazer de falar.[4] A entonação e a escolha de palavras por parte dos moradores são fundamentais para imprimir uma dimensão "autoral" a essa fala cotidiana. Não sem razão Coutinho dá especial importância a esse aspecto nos documentários que realiza. A entonação é, dentre todos os aspectos, o que articula mais fortemente o material que preexiste, repetível (vocabulário, gramática, sintaxe), a uma situação nova e única em que uma fala acontece. Enche de vida tudo o que é meramente lingüístico e amplia a capacidade das palavras adquirirem novos ou inesperados sentidos.[5]

É também por essa atenção à dimensão autoral das falas dos personagens que seus filmes resistem ao tempo com tanto vigor. São relatos individuais em que se inscrevem — tanto na "forma" quanto no "conteúdo" — pequenas alegrias, pequenas liberdades, diminutas reações das camadas populares brasileiras e uma soma inimaginável de sofrimento; feridas não cicatrizadas ou sequer cuidadas — perseguição política, migração forçada, trabalho doméstico, violência, machismo, racismo — a nos lembrar que toda fala é sempre de natureza social; singular, sem dúvida, mas individual e coletiva ao mesmo tempo.

O autor demiurgo

A divisão entre várias equipes, o fato de uma boa parte das entrevistas não ter sido feita por Coutinho, esse deslocamento da autoridade do diretor nas filmagens provocou reações variadas. "A idéia de um sujeito criador único ainda é muito cara para os críticos", diz ele. Poucas reflexões foram feitas a respeito dessa questão — no entanto central no filme. Era como se isso não contasse efetivamente para o documentário, fosse apenas um detalhe, ou pior, atrapalhasse o filme. As perguntas que não eram claramente de Coutinho foram criticadas em alguns artigos. Em um dos debates que se seguiram à projeção de *Babilônia 2000*, uma jovem estudante, um tanto revoltada, quis saber por que ele assinava o documentário, já que não estava o tempo todo na imagem, expressando um descontentamento com a presença de outros entrevistadores.

> "A questão da autoria talvez seja um dos pontos críticos que esse filme coloca. Eu assino o filme, mas a partir de ene pessoas que me deram coisas, como já acontecia de certa maneira nos meus outros filmes. ... No fundo, tanto a questão da autoria quanto do custo baixo e a do acaso abrem caminho para a dessacralização da Arte com A maiúsculo. E sem deixar de ser criativo." [6]

Com esse filme, mas também em toda a sua trajetória, o que Coutinho faz é inventar dispositivos para fazer seus filmes, mas indiretamente abre um campo de possibilidades para outras realizações. O que não significa absolutamente que ele deva ser repetido como dogma de referência, assim como não deve determinar as interpretações de suas obras. Coutinho lança flechas em muitas direções. "E se ele é realmente autor, e grande, não está imune às suas próprias flechadas. O texto o ultrapassa e o trai, e essa é a realização do autor".[7]

A montagem de *Babilônia 2000* durou menos de três meses. Com os textos das falas transcritos e o material visto, Coutinho entrou em processo de edição em março de 2000. Embora trabalhasse na montagem apenas com Jordana Berg, fez várias reuniões com quem tinha participado do filme para assistir às versões que foram surgindo e debatê-las. As angústias de *Santo Forte* haviam sido deixadas para trás. "O fato de ter tido várias pessoas filmando, dirigindo, deu ao Coutinho uma leveza, como se ele não fosse responsável. Óbvio que é responsável pelo que entrou, mas tinha uma leveza muito grande. Manuseava o material sem dor, sem culpa, como um editor, como eu", conta Jordana.

Decidiu inserir na imagem o horário em que as entrevistas foram realizadas, permitindo ao espectador acompanhar a passagem do tempo e esperar também pela meia-noite. Em uma das últimas versões, o filme incluía ainda cenas gravadas na manhã do dia 3 de janeiro. O diretor não queria terminar com os fogos de artifício, uma opção, segundo ele, "obscena", que sugeriria algo como "todos somos iguais, unidos na festa".

Planos feitos do ponto de vista de quem está no morro, marcando a passagem do tempo. Em *Babilônia 2000* a favela jamais é vista de fora.

Já vimos em outros filmes do diretor que o final é sempre uma questão importante, avesso que ele é a qualquer conclusão que cristalize um determinado sentido ou apazigúe o espectador. *Santo Forte* termina com um plano seqüência do quarto de dona Thereza, onde os netos dela dormem. Vemos detalhes da "decoração" e um pequeno altar. Um plano expressivo da vida daquela personagem, mas sem qualquer idéia de fechamento.

Em *Babilônia 2000* o acaso favoreceu o diretor. No material de filmagem encontrou uma conversa ocorrida um pouco depois da queima de fogos, entre Geraldo Pereira, diretor de uma das equipes, e um grupo de moradores, em que é retomada uma questão que percorre todo o filme: o estigma da favela. "Eu convido a sociedade para curtir um Ano Novo aqui no morro. O morro está aberto, eles fazem mau juízo da gente, não é nada disso que eles pensam, que o morro só cria bandido. Isso aqui é uma casa de amigos." No final, um deles diz "acabou a reportagem", chama a equipe para um churrasco, vira para a câmera e ordena: "Corta!". Ou seja, não há uma conclusão, mas uma interrupção do filme pela fala e pelo gesto de um personagem — confirmada depois pela montagem.

Uma finalização arbitrária que evoca a impossibilidade de "concluir" uma obra, de definir o que acabamos de ver.

Ao contrário da filmagem e da montagem, a finalização de *Babilônia 2000* foi muito longa. Fez-se a kinescopagem em Nova York, porque o processo no Brasil ainda não tinha a qualidade desejada. O filme ficou pronto em dezembro de 2000, e sua primeira exibição foi no morro da Babilônia, no dia 31, exatamente um ano depois das gravações. No processo de montagem, finalização e transferência do vídeo para a película, o documentário não chegou a 400 mil reais, custo médio das outras produções do diretor. *Babilônia 2000* estreou no dia 5 de janeiro de 2001, no Rio de Janeiro.

Notas

1. O documentário chama-se *Chapéu Mangueira e Babilônia, Histórias do Morro* (1999, 52 min.).
2. Gilles Deleuze, *Lógica do sentido*, p.325.
3. Gilles Deleuze, *A imagem-tempo*, p.185.
4. Michel de Certeau, *A invenção do cotidiano*, p.90.
5. Mikhail Bakhtin enfatiza a entonação como aquilo que marca a dimensão autoral no nosso diálogo com o mundo.
6. Eduardo Coutinho, entrevista a Cláudia Mesquita, p.9.
7. Olandina Pacheco, *Sujeito e singularidade*, p.82.

Edifício Master: controle, vigilância e resistência

|8|

Santo Forte e *Babilônia 2000* são filmes que provocam no espectador uma espécie de otimismo em relação à vida. A vitalidade com que as pessoas se expressam, o insólito das invenções verbais, as práticas de sobrevivência, enfim, a vida no precário, são "razões" que o cinema de Coutinho nos dá para continuar acreditando no mundo.

Em *Edifício Master* as sensações são diferentes e indicam novas particularidades que o documentário traz para a obra do diretor. Com os moradores do prédio de conjugados de Copacabana que serviu de locação, não assistimos a um "acontecimento verbal" à altura de uma dona Thereza (*Santo Forte*) ou de uma "Janis Joplin" (*Babilônia 2000*), para ficarmos apenas nesses dois exemplos. Tal situação era nova e extremamente difícil para o próprio cineasta durante as três semanas de pesquisa que antecederam a realização. Não foram poucas as hesitações, as dúvidas e o receio de simplesmente não haver filme, tanto por parte de Coutinho quanto da equipe de pesquisadores, da qual eu fazia parte. Todos procurávamos o que sabíamos que as obras do diretor privilegiam: aqueles que se narram bem, que sabem contar histórias. Não identificávamos tantas possibilidades deste tipo de personagem entre os habitantes do prédio. Em alguns momentos, aquele universo nos pareceu impossível de ser filmado, ele perturbava o que acreditávamos saber sobre o cinema de Coutinho. Impunha também uma estranheza que precisava ser pensada de outra maneira.

No início de fevereiro de 2001, fui jantar com Coutinho e conversamos sobre uma idéia que eu havia tido: realizar um documentário em um prédio no Leme essencialmente composto de apartamentos "quarto-sala" e onde eu trabalhava. Coutinho se interessou. A sugestão continha o princípio de realização mais caro ao diretor nas suas últimas produções: a concentração espacial, a filmagem em apenas uma locação.

Na verdade eu não lhe falei do projeto à toa. Era quase uma proposta, um convite, uma provocação que ele, pedindo licença, aceitou. Havia no prédio uma diversidade muito grande de moradores e também a perspectiva de mudar de horizonte social, deixar a favela por uns tempos e voltar-se para um universo até então distante do cinema de Coutinho e também da produção de documentários no Brasil — que pouco se interessou pelas camadas médias da população. *Opinião Pública* (1966), de Arnaldo Jabor, é uma das raras exceções e um dos documentários mais interessantes dos anos 60. É bastante atravessado pelo contexto do cinema brasileiro daquela década e compartilha com outros filmes do Cinema Novo uma visão negativa das classes médias, expressa essencialmente pela narração em off: "São multidões de indivíduos solitários, indivíduos iguais que misteriosamente se julgam diferentes." A narração, contudo, não está presente o tempo todo, e, quando é suspensa, o filme torna-se muito mais ambíguo. Os personagens conversam entre si e a câmera se limita a observar — à maneira do cinema direto norte-americano —, propiciando ao espectador maior liberdade na construção dos sentidos da obra.

Filmar em um único edifício de classe média interessou Coutinho, entre outros motivos, porque isso ia na contramão da produção documental brasileira.

> "Quem é o mais miserável ser da terra? É o ser da classe média. Porque o pobre, o excluído, o proletário, para o cristão ou para o revolucionário, é o sal da terra. A classe média é um zero absoluto, ninguém está interessado nela. É a mais impotente das categorias, não pode mudar as coisas, não tem interesse histórico."

Ao mesmo tempo, como de hábito, o diretor não queria fazer um filme "sobre a classe média" em geral, mas com indivíduos concretos, e por isso o interesse em abordar moradores de um único prédio. Ele pressentia, no entanto — como acabou acontecendo —, que o espectador teria possibilidades de sobra para estabelecer ligações entre a vida que iria encontrar ali e a condição geral das camadas médias mais modestas da população brasileira. Desse modo, começou a pensar em uma forma de produzir o documentário. O prédio proposto, porém, pareceu-lhe inadequado, porque está situado na avenida Atlântica, é habitado por pessoas de poder aquisitivo um pouco mais alto do que aquelas que ele gostaria de abordar e não é muito populoso.

De toda maneira, percebi logo de saída que não seria nada fácil filmar no local onde se mora ou trabalha, em função das relações que necessariamente temos de travar com nossos vizinhos. A distância que normalmente mantemos se transformaria em intimidade, e as possíveis cobranças e reivindicações dos personagens recairiam sobre mim — o que não me parecia uma perspectiva confortável. Coutinho tampouco queria trabalhar com um prédio em que a situação social fosse muito deteriorada, desejava um edifício "familiar".

Visitamos inicialmente alguns edifícios, mas a maioria era muito barulhenta, o que impossibilitava a filmagem. Um deles, vizinho à favela do Cantagalo, se mostrou viável. Fizemos então uma rápida pesquisa, cujo resultado integrou o projeto que Coutinho enviou a um concurso do Itaú Cultural, mas não foi aprovado. Era um prédio mais inseguro do que o Master e mais afetado por questões comuns às da favela. Não conseguimos para as gravações a autorização do síndico, receoso do trabalho que seria feito. Achávamos, aliás, que esta seria a maior dificuldade na realização do documentário: o medo do estigma. Um porteiro chegou a nos citar o caso do "Barata Ribeiro 200", um prédio que virou peça de teatro e objeto de pesquisa, e teve inclusive que mudar de número para evitar os preconceitos e a desvalorização imobiliária.

Foi novamente João Moreira Salles quem se dispôs a produzir o novo documentário de Coutinho, por intermédio da Videofilmes. Por sorte uma amiga do diretor, Eliska Altmann, indicou-nos outro edifício, também em Copacabana, em uma rua paralela à avenida Atlântica. Coincidentemente Coutinho havia morado nesse prédio durante alguns meses em meados dos anos 60. Eliska também tinha vivido ali por dois anos e de lá saíra há pouco tempo. Conhecia bem o síndico, Sérgio Carvalho, e nos apresentou a ele.

No primeiro encontro, o clima foi bastante hospitaleiro. Sérgio se mostrou interessado e assinou desde aquele momento a autorização para a pesquisa e as filmagens. Ele vinha realizando nos últimos anos, no prédio, uma reforma radical que estava dando certo e tinha autoridade para decidir pelos condôminos. O edifício Master deixara para trás um passado "condenável", repleto de histórias envolvendo prostitutas, travestis, policiais, drogas, e vinha se transformando em prédio "familiar".[1] Sérgio identificou no filme uma boa oportunidade de divulgação do seu trabalho.

Isolamento e visibilidade: a televisão e a vigilância pública

O deslocamento de campo social trouxe para o cinema de Eduardo Coutinho, entre outras mudanças, uma alteração específica em relação às imagens mediáticas. Nos filmes anteriores havia um foco de tensão importante, constituído pelas imagens diárias dos pobres produzidas pelo telejornalismo. Com os moradores do Master, pertencentes aos setores médios da população, as difi-

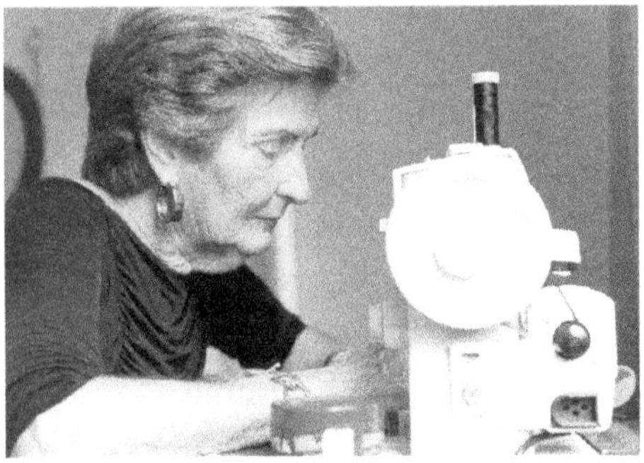

Em *Edifício Master,* Eduardo Coutinho registrou pessoas reais contando, sem muitos cortes, fragmentos de suas existências. Suzi, que já dançou e cantou no Japão, e Ester, que ficou traumatizada por causa de um assalto e só não se suicidou porque tinha contas a pagar.

culdades surgiram particularmente do embate com um outro tipo de produção televisiva: os chamados reality shows e os programas sensacionalistas e de variedades, cuja lógica dominante é a exposição da intimidade.[2] Trata-se de produtos audiovisuais que tentam revitalizar um espectador entediado, a quem é preciso dar uma alta dose de "realidade" para quebrar a indiferença. Assim, filmar pessoas reais em continuidade terminou se transformando no "programa mínimo" de qualquer reality show. Ironicamente, este é um dos procedimentos básicos do cinema de Coutinho, em especial de *Edifício Master,* no qual pessoas reais contam sem muitos cortes fragmentos de suas existências. A rivalidade com a televisão, antes restrita às imagens jornalísticas, se expandiu em direção a esses novos programas, em função de eles terem se apropriado daquilo que fez e faz a força e a originalidade, não apenas do cinema de Eduardo Coutinho, mas da produção documental de maior interesse.

As existências banais que se acumulam no Master, desprezadas pelo telejornalismo, encontram alguma possibilidade de reconhecimento nesses outros programas. Eles alardeiam aos quatro ventos que todos os aspectos da vida pessoal dignos de curiosidade devem ser obrigatoriamente expostos à "vigilância pública",[3] à visibilidade máxima. Essa é uma dimensão da atualidade em que a televisão torna-se ao mesmo tempo instrumento e principal sintoma. Exprime a "hipertrofia do campo do privado e da intimidade, supervalorização do indivíduo, que coloca a confissão no centro da ágora, no espaço público nacional mais caro e disputado".[4]

Evidentemente não há espaço para todo mundo; muitos são os que vigiam, e poucos os "vigiados", os privilegiados que aparecem na TV, prestadores de um serviço público de novo tipo: o de ser exemplo de vida e dar sentido a sentimentos, emoções e pensamentos ainda desorganizados. Ao confessar os mais íntimos segredos, exibir frustrações, receios, misérias e anseios, estrelas e anônimos recém-transformados em celebridades fornecem instruções sobre como falar de si em linguagem que os outros entendam. Também oferecem orientações sobre como lidar com os problemas, que, se forem resolvidos, o serão sempre de forma individual, jamais coletiva. Privatizam-se os problemas, especialmente os sociais, e não há a quem se queixar ou pedir ajuda, nem ao padre nem ao prefeito, e muito menos à mídia. Os acertos de uma vida, assim como a derrota e mesmo a pobreza, são frutos de esforço pessoal. É isso, entre outras coisas, que aprendemos com essa espécie de formação televisiva permanente, uma formação eficiente, rápida e facilmente verificável. Muitas vezes basta ligar uma câmera para que a privacidade das pessoas saia pela boca, nos moldes televisivos — é uma reação imediata, orgânica, sensório-motora.

Essa situação teve de ser levada em conta durante a realização de *Edifício Master*, sob pena de o filme imprimir, sem o saber, maior existência social e mais crédito a pensamentos e emoções que têm origem nos próprios clichês que a televisão faz circular. Houve momentos nos quais foi preciso defender o entrevistado dele mesmo, em que a lógica do pior — central nos programas sensacionalistas e populares — se impôs, e o que se ouviu foi a pior história, a maior desgraça, a grande humilhação. Porque o desejo dos moradores, em muitos casos, é o de escapar do isolamento, ganhar visibilidade a qualquer preço. O confronto com esse tipo de exibicionismo, indissociável do voyeurismo do espectador, é incontornável e transformou-se numa necessidade para qualquer documentário que se preze. "Desprogramar" o que estava previsto, produzir furos nos roteiros preestabelecidos, se ocupar com o que ficou de fora dos espetáculos de telerrealidade,[5] essa foi uma tarefa que se impôs como "programa mínimo" desse documentário de Coutinho.

Uma pesquisa difícil

O Master tem 12 andares, com 23 apartamentos cada. O apartamento 608 foi alugado no início de julho de 2001 para servir de base à pesquisa e produção do filme. Éramos cinco pesquisadores — à equipe de *Babilônia 2000* juntou-se Eliska Altmann, reafirmando a prática que Coutinho tem de integrar a seus filmes pessoas anteriormente já relacionadas com o universo a ser registrado. Eliska porém tinha uma diferença com respeito aos pesquisadores que, nos filmes precedentes, haviam feito a mediação da equipe com a comunidade. Ela efetivamente morara ali com o marido, tinha um conhecimento prévio, fruto da experiência concreta no espaço a ser filmado, vivera coisas que seriam abordadas no filme, o que nos permitiu entender melhor o funcionamento do prédio.

Colocamos um aviso na portaria para anunciar as três semanas de pesquisa. O filme chamava-se provisoriamente *Copacabana 2001* e, no anúncio, não dizíamos que seria centrado inteiramente em um único edifício, de modo a driblar um pouco o receio do estigma. O próprio Coutinho aventava inicialmente a possibilidade de gravar em um segundo prédio, uma "reserva de segurança" mais subjetiva do que objetiva. Da mesma forma que em *Babilônia 2000*, chegou a pensar em filmar uma segunda etapa; se as filmagens no Master não dessem certo, ainda havia essa saída, pois o projeto era caro.

O síndico e o porteiro-chefe nos passaram uma lista de moradores que eles consideravam interessantes. Não tínhamos idéia dos critérios que nortearam a feitura da listagem, mas estávamos decididos a entrevistar todos aqueles que se dispusessem a falar. Na parede do nosso "aparelho", colamos um mapa com o número de todos os apartamentos e dividimos os andares entre as duas equipes. Beth Formaggini, produtora do filme, coordenava as tarefas.

Trabalhávamos de manhã à noite. Foi uma tarefa longa, emocionalmente intensa e muitas vezes árdua, nada parecida com o que havíamos vivido na favela, sem biroscas pelo caminho, vista para o mar ou a amabilidade imediata da maior parte dos habitantes do morro da Babilônia. Para o bem e para o mal, os moradores da favela conhecem-se uns aos outros, possuem lutas em comum, a maioria vive ali há bastante tempo; as ruelas, biroscas, igrejas, creches e associações são efetivos pontos de encontro e também de tensão.

No Master, o que há entre os 276 apartamentos são portas idênticas, corredores desertos e escadas sinistras. Era o mesmo bairro, o mesmo prédio, os apartamentos podiam ser vizinhos, mas a cada porta que se abria deparávamos com um mundo inesperado e moradores sem qualquer conexão com quem vive ao lado. A maior parte não se conhecia nem tinha o menor interesse em se relacionar com os outros. Não havia um "acúmulo" de conhecimento entre um morador e outro, não havia questão ou tema a ser retomados sob um outro ponto de vista. A administração moralizante do síndico era uma história menor, não mobilizava as pessoas.

Na favela a violência, por exemplo, é uma questão comum, compartilhada, experimentada no cotidiano de formas semelhantes. No Master a solidão de uma senhora de 70 anos não tinha um "denominador comum" com a de um senhor da mesma idade. Era como se cada apartamento fosse um planeta diferente e, ali dentro, um mundo possível, com valores, hábitos, moral, enfim, uma vida própria e autônoma. E tínhamos a cada entrevista de nos readaptar a esse novo mundo.

O síndico possuía inimigos, em razão dos seus métodos de administração, e éramos inicialmente associados a ele, o que talvez justificasse o mau humor e a desconfiança de alguns moradores. Depois da primeira semana começamos a nos acostumar, equipe e moradores, uns aos outros. Como o universo era pequeno — muito menor do que o de uma favela — e fechado, rapidamente nos tornamos conhecidos e imprimimos algumas alterações no dia-a-dia do prédio. Havia no ar uma certa expectativa de "ser ou não ser filmado". Sabíamos que o síndico não ficava muito satisfeito com certas entrevistas, mas jamais se manifestou a esse respeito. Conosco ele foi bastante democrático. Nosso maior aliado era o porteiro-chefe, seu Luiz, que ao longo da pesquisa e da filmagem nos deu informações valiosas e se transformou, além do mais, em um dos personagens.

O rendimento da pesquisa era irregular. Muita gente ficava fora o dia inteiro, alguns se recusavam a falar; havia ainda os apartamentos alugados por temporada, que estavam vazios. Percorremos inúmeras vezes um mesmo andar, batendo em todas as portas nos mais diversos horários. Conversávamos com quem nos recebia, filmávamos alguns minutos e fazíamos no final do dia um relatório dos possíveis personagens. Alguns moradores nem chegavam a virar "relatórios". O que nos preocupava é que não tínhamos grande escolha, e pouca gente se expressava com o vigor narrativo que encontráramos no morro da Babilônia.

Os primeiros 15 dias de pesquisa foram marcados por um certo pessimismo. As reuniões com o diretor eram no próprio apartamento 608. Pouca coisa lhe agradava de fato nos relatórios e imagens realizadas; nada parecia valer um filme — o que, para ele, era ao mesmo tempo verdade, mas também repetição de uma certa estratégia de trabalho em relação aos pesquisadores. "Os personagens pareciam demasiado banais, reservados, lacônicos. Minha insatisfação, exagerada como forma de exorcismo, atormentava os pesquisadores." Seu pessimismo pressionava para nos empenharmos mais ainda em tentar convencê-lo de que era um documentário possível, e tentávamos "vender" bem nossos personagens. Temíamos realmente que ele desistisse. Até que um dia, no meio da terceira semana de pesquisa, depois de assistir a alguns depoimentos, entre os quais o de Alessandra, uma garota de programa, Coutinho decidiu que o filme seria feito e que se limitaria ao Master.

Vistas agora, essas semanas em que nos confrontamos com esse real estranhamente familiar parecem ter sido o tempo necessário para que as coisas se movessem e Coutinho e nós mesmos identificássemos nas dificuldades o que justamente interessava ao filme. Os modos de vida das pessoas produziam relações sociais diferenciadas daquelas da favela e solicitavam uma outra estrutura de filmagem, centrada na diversidade de experiências, e não especialmente

Francisco José, ator de cinema e de muitas telenovelas, perdeu a audição e foi obrigado a parar de trabalhar.

na fala e na força de um personagem em particular. A reserva dos moradores, o individualismo, a solidão e a fala contida não eram um "menos" em relação aos personagens da favela, mas uma outra forma de estar no mundo, um modo de preservação desenvolvido por homens e mulheres de um prédio de Copacabana para sobreviver na cidade. E era isso, o comum desse mundo, a banalidade dessas existências, que estaria em questão em *Edifício Master*.

Como perguntar?

Talvez tenha sido em função do tempo maior para realizar a pesquisa do filme; ou talvez em função da intensidade do trabalho; ou, ainda, da variedade de situações; o fato é que algumas questões importantes da relação entre cineasta e personagens se tornaram mais claras para mim a partir de *Edifício Master*. Assim, as dificuldades que podem surgir de uma conversa ou de uma pergunta aparentemente simples e bem-intencionada tinham ficado mais nítidas.

Perguntar é efetivamente uma tarefa difícil, seja em uma pesquisa, em reportagens ou mesmo no cotidiano. Difícil e central nos documentários de Eduardo Coutinho. Conversar, orientar uma conversa, "desprogramar", atrapalhar o menos possível, mas intervir de alguma forma, estas são questões que não se resolvem de "uma vez por todas". Não há como fazer um "manual" das perguntas corretas. A cada vez que acontece uma entrevista, surgem resoluções diferentes, com seus erros e acertos. Estamos sempre ameaçados "sob o risco do real". Vários elementos estão em jogo, a começar, como já vimos mais detalhadamente na análise de *Santo Forte*, pelas antecipações que fazemos na nossa própria fala do que achamos que pensa e vai dizer o nosso interlocutor. Há, como também vimos, as "expressões de si" pré-construídas pela mídia, assim como a tentativa de captar na própria pergunta os aspectos implícitos que apontam para a resposta "certa", de modo a conquistar os segundos de glória. Também ocorrem as respostas inventadas no momento da entrevista, "fresquinhas", e não obstante fabricadas para agradar ao cineasta.

"Essa pessoa que aparentemente não sabe nada tem uma extraordinária intuição do que você quer. Se o entrevistador quiser respostas de protesto, de "esquerda", ele vai ter; se quiser o contrário, vai ter também. Essa é uma das coisas mais importantes a se quebrar, não sugerir ao outro o que você quer ouvir. O que quer dizer respeitar uma pessoa? É respeitar sua singularidade, seja ela um escrava que ama a servidão, seja uma escrava que odeia a servidão. Muitos documentaristas só ouvem as pessoas que dão respostas de acordo com suas intenções, o que gera um acúmulo de respostas do mesmo tipo, previsíveis, e que são aquilo que o diretor quer ouvir."

Outra dificuldade diz respeito a perguntas que vão contra o entrevistado, não apenas em relação ao seu conteúdo mais evidente, mas na própria escolha das palavras que já vêm envoltas em preconceitos dos universos culturais a que pertencem o entrevistador. É o que focaliza uma seqüência do filme de Michelangelo Antonioni, *Profissão: Repórter* (1975). Trata-se de uma entrevista feita pelo jornalista (Jack Nicholson) com um feiticeiro africano que havia passado certo tempo na Europa. O repórter indaga das razões da "reconversão tribal" do africano; quer saber se os costumes de sua tribo não lhe parecem agora "primitivos", "arcaicos". O feiticeiro faz uma pausa e fala que há muitas maneiras de responder à pergunta, e que ela diz muito mais sobre o "homem branco" que a formula do que qualquer resposta, por mais extensa que fosse, sobre seu retorno à África. Em outras palavras, há respostas que não podemos dar, sob pena de vermos confirmados os preconceitos contidos na pergunta. É verdade que um feiticeiro desse tipo, tão "desconstrutivista", só poderia existir em um filme europeu dos anos 70, mas não deixa de ser um bom exemplo.

Há evidentemente diversas formas de lidar com essa questão. O método do cineasta francês Jean-Luc Godard é mais violento, pois coloca com bastante freqüência seus interlocutores — atores, técnicos, jornalistas, críticos de cinema — em situação constrangedora. Centra sua virulência nas palavras usadas, quer desautomatizá-las, reencontrar nelas o sentido original, subverter o usual, reinventar um novo sentido. Em *50 x 2 de Cinéma Français* (1995), Godard deixa Michel Piccoli (ator de alguns dos seus filmes e então presidente do comitê responsável pelas comemorações do centenário do cinema) visivelmente constrangido ao questioná-lo sobre o que se estava exatamente "celebrando" e o que significava precisamente "celebrar".

Essas são apenas algumas variáveis que podem estar presentes em uma situação de entrevista. Por isso, "neutralidade" ou não-intervenção podem se tornar atitudes pouco recomendáveis. Pierre Bourdieu defende "uma relação de escuta ativa e metódica, tão afastada da pura não-intervenção da entrevista não-dirigida quanto do dirigismo do questionário" — postura que, admite, não é fácil de se colocar em prática. Trata-se de se pôr em "disponibilidade total em relação à pessoa interrogada", de se submeter "à singularidade de sua história particular, ... a entrar em seus pontos de vistas, em seus sentimentos, em seus pensamentos". Fazer um movimento de abertura para o outro e de atenção ao que está sendo dito, o que raramente acontece nas trocas cotidianas, tentando afastar a "indiferença da atenção favorecida pela ilusão do já visto e do já ouvido para entrar na singularidade da história de uma vida".

Não apenas nossa fala é atingida pelas fórmulas fornecidas pela mídia; nossa atenção também encontra-se a tal ponto bombardeada pelos mais diversos estímulos, que nos tornamos econômicos em nossos interesses, afetos e compreensão. Mesmo quando tomamos todas as precauções possíveis, há uma dificuldade imensa de ficar continuamente atentos ao que está sendo dito e "antecipar as perguntas capazes de se inscreverem 'naturalmente' na continuidade da conversação". Basta termos feito uma única entrevista para saber disso, constata Bourdieu. Não estamos livres "do efeito de imposição que as perguntas ingenuamente egocêntricas ou simplesmente desatentas podem exercer".[6] E, mais grave ainda, não estamos livres de levar a sério as respostas assim obtidas, que nada mais são do que artefatos produzidos pelos próprios entrevistadores.

Nos filmes de Eduardo Coutinho em cujas pesquisas participei, as orientações que o diretor nos deu foram bastante genéricas, passíveis de sofrer modificações com o trabalho em andamento, mas baseadas em posturas bastante próximas das elaboradas por Bourdieu, embora de forma muito mais intuitiva e informal. O que é no entanto particular aos procedimentos do cineasta é sua opção por perguntas que não suscitem "opinião".

Como regra geral, Coutinho não quer saber o que tal pessoa pensa sobre política, fatos atuais, movimentos sociais; está interessado em saber onde o personagem nasceu, casou, estudou, se teve filhos, o que faz, como conheceu o marido, o namorado, como foi parar ali. Em suma, faz perguntas que qualquer pessoa pode responder a partir de sua experiência de vida. Por isso ele insiste em usar o termo "conversa", e não a palavra entrevista, mais ligada aos especialistas. A opinião é, no seu entender, o que mais propicia uma fala pré-fabricada, retomada sem originalidade ou força. Inversamente, quando as pessoas contam suas vidas, quando se narram a partir de experiências pessoais, aumentam consideravelmente as chances de se obter uma fala viva, e as opiniões que podem surgir emergem misturadas a essas experiências, portanto mais vigorosas, como vimos em *Babilônia 2000*.

Eduardo Coutinho está interessado em saber onde o personagem nasceu, cresceu, estudou, como conheceu o marido, o namorado, como foi parar ali. Oswaldo e Geicy se conheceram por um anúncio de jornal.

Nada disso contudo se decide em definitivo, nem garante uma boa entrevista. Em meio à pesquisa para o *Edifício Master*, por exemplo, quando as entrevistas pareciam não render, Coutinho sugeriu, para nosso espanto, que fizéssemos perguntas de "opinião", o que de pouco adiantou. De todo modo, princípio bom é aquele que pode ser eventualmente mudado, se necessário for. Ao contrário dos filmes anteriores, não havia um tema dominante (religião) ou um acontecimento (passagem do ano) compartilhado pelos moradores e que pudesse propiciar um início de conversa. A relação com Copacabana era necessariamente discutida em algum momento da entrevista, mas estava longe de ser central. Tínhamos uma pequena lista do que deveríamos abordar, e nela estavam incluídos, além de um resumo da história de vida e das características pessoais de cada morador, descrições dos objetos e estilo de decoração dos apartamentos.

Se prestarmos atenção às perguntas de Coutinho em seus filmes, muitas vezes ouvimos ele dizer: "Explica isso para mim." Como por exemplo em *Santo Forte*: "Atéia? O que quer dizer atéia?". Ele não toma por conhecida a palavra "atéia", mas, antes, pede explicações e obtém como resposta uma belíssima maneira de definir o termo, distante de qualquer definição que ele mesmo pudesse dar a essa palavra.

Essa é a sua forma de estar "vazio". "Isso é bom ou ruim?", é outra pergunta bastante freqüente. Seja para um morador na favela, para um catador do lixão, para uma garota de programa ou para um operário que trabalha duro. As situações para ele não estão definidas, podem ser boas, ruins ou as duas coisas ao mesmo tempo. Coutinho tenta, na medida do possível, não fazer avaliações sobre o que está vendo ou ouvindo. Em muitos momentos, indica apenas que está à escuta, retomando palavras do próprio entrevistado para que ele desenvolva seu pensamento.

"A música é minha religião", diz um entrevistado; "A sua religião?", pergunta Coutinho. Ou faz um comentário elogioso a partir de algum objeto que está em cena: "Esse retrato bonito. É de quem?". O tempo de duração de uma conversa também constitui elemento essencial para que um entrevistado saia de uma fala pronta para um discurso imprevisto — mesmo para ele — e com força expressiva. Na medida do possível, com essas perguntas, Coutinho tenta ver como as pessoas se entendem e definem a vida que levam, independentemente do que ele mesmo possa achar. O que não quer dizer que acerte sempre, muito pelo contrário.

" Às vezes você intervém e faz a pergunta boa; às vezes você faz a pergunta errada; às vezes eu não falo e sinto que devia ter falado. Você erra a todo momento. Erra e acerta. Não há ciência nisso. Às vezes uma pergunta imbecil gera uma resposta absolutamente fantástica. Ou você dubla, o que eu sou contra, ou vai assim mesmo. Agora, o pior de tudo é quando você simplesmente não respeita o silêncio, que podia dar em alguma coisa, porque fica ansioso demais. Mas é muito difícil, pois a pessoa pode estar sofrendo... "

Outros momentos reveladores da postura de Coutinho podem acontecer quando os personagens o questionam ou se rebelam contra ele. Ao falar das dificuldades de conseguir um emprego com a idade que tem, Roberto, que é camelô e está doente, pergunta a Coutinho: "O senhor quer me dar um emprego?". Recebe do diretor, que decididamente não sabe o que dizer, uma resposta quase incompreensível. O camelô o interrompe e diz ironicamente: "O senhor é uma pessoa muito simpática, muito amável e eu lhe agradeço, mas a realidade é a realidade." Coutinho manteve na montagem sua resposta titubeante. Poderia cortá-la, se quisesse. Mas se ela está ali é porque ele quis — e alguns críticos esquecem disso; quis aparecer ali gaguejando, meio patético, sem saber o que dizer, porque é assim que diversas vezes as relações se dão, sem muito controle, mesmo para quem dirige o filme.

Um pequeno episódio ocorrido durante a pesquisa foi bastante revelador dos equívocos e mal-entendidos que podem se produzir em uma entrevista — no caso, com um morador que tinha colado na porta do apartamento a imagem de Che Guevara — para mim, uma marca singular em meio à mesmice cinza de todas as portas. Interessei-me e quis saber mais, vendo naquela imagem algum ponto de contato entre nós e ele. Primeiro conversamos, eu e Geraldo Pereira, com a mulher do morador, que ficou visivelmente incomodada com a pergunta sobre a foto e tratou rapidamente de dizer que o marido não era guerrilheiro. Quando voltamos para falar com ele, que é chefe de segurança de um grande banco, ele primeiro riu e nos disse em seguida que podia também ser a foto de Hitler, pois o que lhe interessava era o lado "militar" de Che. Fiquei tão estarrecida que na hora não consegui falar muita coisa. Mas no final da conversa fiz questão de lhe dizer por que, ao menos para mim, Che e Hitler não se equivaliam.

Coutinho decidiu entrevistar o mesmo rapaz, e quando lhe perguntou sobre a imagem na porta, ele simplesmente respondeu que não falaria sobre aquilo. Esse desfecho me leva a crer que o meu "saber" sobre esses personagens históricos acabou de alguma forma inibindo e bloqueando o que ele poderia dizer da associação que fazia entre Hitler e Che Guevara. Eu não estava em uma situação social ou política que me obrigasse a discutir aquele despautério. Encontrava-me em situação de pesquisa, porém me vi tão emocionalmente tomada pela associação, que perdi a possibilidade de entender qual o ponto de vista do homem ao dizer aquilo e descobrir o que ele realmente compreendia por "Che" e por "Hitler". Talvez um "como assim?" ou um "explica isso para mim" tivessem sido suficientes para que desenvolvesse sua lógica, e eu pudesse entender as razões dele, sem necessariamente lhe dar razão. Talvez não.

Roberto se locomove com dificuldade e ganha a vida como camelô. Durante a entrevista, diz que emprego é difícil, especialmente para ele, e pergunta a Eduardo Coutinho: "Você quer me dar um emprego?".

De toda maneira, um pouco depois, já tendo intuitivamente absorvido o golpe, pude escutar sem me manifestar uma declaração do síndico em relação à administração do prédio: "Eu uso muito Piaget, quando não dá certo, eu parto para Pinochet." Esses personagens mais uma vez podem parecer incomunicáveis e pertencentes a contextos inconciliáveis, mas são obrigados a polemizar na fala de um entrevistado. Nessa associação, quem sabe, ampliam o conhecimento que temos do universo em que ele vive.

Portanto, por mais cuidados que possamos tomar, há sempre uma infinidade de fatores a nos lembrar que não se trata em absoluto de uma relação "virgem" entre um emissor, de um lado (o entrevistado), e um receptor, do outro, cheio de boas intenções (pesquisadores, cineastas). É uma conversa em meio a um turbilhão de informações fragmentadas, conhecimentos díspares, avaliações mútuas disparatadas, sensações, sentimentos e predisposições dos mais diversos tipos, impossíveis de serem todos eles controlados.

Dos cerca de 70 moradores entrevistados no edifício Master ao longo das três semanas de pesquisa, Coutinho escolheu 37 para serem filmados, dos quais dez acabaram não entrando na montagem final. Ao contrário de *Babilônia 2000*, o diretor realizou quase todas as entrevistas, mas sempre acompanhado de um dos pesquisadores que conhecia o morador. A exaustão emocional que sentimos durante a pesquisa também foi vivida por Coutinho na filmagem. "Lá tem escassez, e não miséria, e a violência é muito mais simbólica. Então eu acho que você lida com a substância da vida mesmo, dos velhos, dos moços. Cinco ou seis pessoas por dia, tocar a campainha, eu não conheço a pessoa e ela me entrega coisas intensas, tanto na alegria como na dor."[7]

Foram sete dias de filmagem em uma semana sem qualquer acontecimento marcante na vida do prédio. Um limite temporal estabelecido por questões de produção — e também porque Coutinho prefere trabalhar assim —, mas que não se torna elemento constitutivo do filme, como no caso de *Babilônia 2000*. Em outros termos, os dias poderiam ter sido alternados ou espalhados ao longo do mês, e nada de essencial mudaria no filme. Uma segunda câmera gravou, como nos filmes anteriores, as entrevistas da equipe principal. Uma terceira equipe permaneceu na portaria do prédio para registrar o que parecesse interessante: movimento de entrada e saída dos moradores, conversas entre os porteiros, andanças do síndico pelo prédio; personagens que iam às compras, os que iam à praia ou saíam para passear com o cachorro. Nada disso foi usado, mas Coutinho ainda não sabia, embora intuísse que o filme seria totalmente montado a partir das imagens rodadas no interior do prédio, a maioria captada dentro dos apartamentos, com pouco espaço para a movimentação dos moradores.

Foi pago a cada entrevistado um pequeno cachê simbólico que foi visivelmente bem-vindo. Eles falariam mesmo sem cachê, mas o pagamento imprimiu à relação uma dimensão mais formal, profissional, cada vez mais necessária na prática documental. Os moradores estavam sempre em casa na hora marcada. Não se podia garantir que iriam fazer parte do filme, porque tudo depende da montagem, e isso pode ser muito frustrante. Estabelecer um tipo de interação em que o entrevistado se sinta bem durante a filmagem e efetuar esse pequeno pagamento pode diminuir as expectativas. Coutinho já havia utilizado esse procedimento de forma intermitente em alguns dos documentários anteriores. Em *Santo Forte* ele não apenas pagou um cachê a todos os personagens, como também inseriu essas imagens em três momentos da edição final. Em *Babilônia 2000*, pelas circunstâncias da filmagem, não foi possível pagar a todos os entrevistados. Falamos com um número muito grande de pessoas e o orçamento era pequeno. Em *Edifício Master*, filmaram-se todos os pagamentos, mas nenhum deles foi incorporado à montagem final.

O público, o privado e as imagens em circuito fechado

Edifício Master ficou com uma hora e 50 minutos, duração bastante ousada para um documentário brasileiro, especialmente no caso de um filme que reúne basicamente pessoas falando. A economia narrativa foi ao extremo do processo iniciado em *Santo Forte*. Não há um som que não seja sincrônico à imagem; nenhuma voz, murmúrio, nenhuma música ou assobio que passe de um plano a outro; se há um corte na imagem, há inexoravelmente um corte também no som. É ainda um filme em que o prédio jamais é visto de fora; todos os planos são feitos do ponto de vista de quem está no seu interior. Assim como em *Babilônia 2000*, a ausência desse tipo de plano indica a recusa em impor uma distância em relação ao universo filmado. É como se o ponto de vista objetivo da câmera estivesse debilitado e impossibilitado de dar uma imagem generalizadora e integral do que estamos vendo. Contudo, se do morro da Babilônia víamos a praia de Copacabana, víamos o céu, um "fora", em *Edifício Master* não há mais qualquer visão do exterior — das janelas dos conjugados vêem-se apenas outras janelas; no Master, o mundo desapareceu.

Não é à toa que a primeira imagem do filme é a de uma das câmeras de vigilância. Nela, Coutinho está chegando com parte da equipe. Se há uma retomada do procedimento habitual do cineasta afirmando que estamos assistindo não ao "real" propriamente, mas ao encontro de uma equipe de cinema com um determinado universo, este já surge envolto na imagem de uma câmera de controle. A equipe é desde o início colocada também sob o olhar dos outros. Estamos filmando, diz o filme, mas também somos filmados, indicando ao espectador uma espécie de circuito fechado, uma perda de mundo em favor unicamente das imagens — e isso marcará *Edifício Master* de diferentes maneiras.

A vigilância concreta que atinge a equipe é vivida de forma bem mais aguda pelos moradores. Foi gerada tanto pela insegurança e a violência comum a qualquer grande cidade brasileira quanto pela história específica do prédio, reforçando a dimensão de "vigilância pública" já presente na relação com as imagens mediáticas. O Master havia sido um "antro de perdição", como lembra a primeira personagem, que só tivera fim com a gestão do então síndico.

Primeira seqüência de *Edifício Master*: a equipe sob vigilância.

Os primeiros depoimentos fazem um breve inventário da nova situação — "pessoas de 'malgrado' saíram", "hoje é um prédio familiar", "queria colocar o prédio bonito, digno, decente, isso graças a Deus eu consegui"; e dos métodos utilizados para essa reforma moral e administrativa, que, associados às câmeras de vigilância e a seguranças que vemos circular pelo prédio, apontam para um traço central do cotidiano nas grandes cidades contemporâneas: intensificação e generalização do controle.

Viver em uma metrópole não significa mais, como em grande parte do século XX, dissolver-se na massa e no anonimato, flanar pelos espaços públicos. Vive-se agora em locais fechados (shopping centers, condomínios, edifícios etc.), invadidos por técnicas carcerárias, onde se é permanentemente vigiado e punido, se preciso for. A imagem do cinema, arte por excelência do século XX, foi perdendo espaço no cotidiano para a imagem de televisão, vídeo, telas de computador e câmeras de vigilância. E o espectador de cinema, que aprendeu a freqüentar a sala escura, a participar de um ritual coletivo, a praticar "a intimidade no meio da multidão",[8] foi se transformando em um telespectador muitas vezes solitário e aprisionado na privacidade doméstica, deslizando entre essas diferentes telas.

Coutinho traz portanto para o interior do filme uma tensão constitutiva da atualidade, em que se conjugam paradoxalmente isolamento e visibilidade: tudo ver, tudo exibir e ao mesmo tempo enclausurar, afastar, coagir, separar. E traz essa tensão para a própria estética de *Edifício Master*. Além das imagens captadas diretamente dos monitores das câmeras de controle, grande parte dos planos inseridos entre os depoimentos é impregnada pelo olhar de vigilância: planos do corredor escuro; planos fixos de apartamentos mobiliados, anônimos, vazios, vistos do mesmo ângulo; planos fixos das janelas; imagens que parecem ter sido registradas automaticamente por uma câmera parada, sem a presença do operador. Se há algo que surge diante dessa câmera — um garoto, um gatinho, uma mulher, uma criança —, ela apenas registra a passagem desses "elementos", sem acompanhar o movimento.

No entanto, nas conversas com os moradores do Master, Coutinho não se atém à questão da vigilância, da mesma forma que nos morros do Rio de Janeiro ele não se concentra no tráfico ou na polícia diretamente, deixando para as entrelinhas a violência. A partir da quarta entrevista, as referências ao prédio praticamente desaparecem. As imagens das câmeras de vigilância e dos seguranças estarão lá, a nos lembrar da situação, mas o que interessa é a vida dos moradores em seus conjugados e suas estratégias de sobrevivência em meio a essa condição de isolamento e visibilidade.

Controle permanente: seguranças circulam nos corredores do Edifício Master.

A polifonia e a ausência de comunidade

Como é possível colocar lado a lado camelô, costureira, prostituta, técnico de futebol, estudante, músico, funcionária pública, empregada doméstica, professora de inglês, ator aposentado, poetisa e despachante — sem resvalar para o pitoresco? Como fazer coexistir viúvos, solteiros e casados, de diferentes origens, idades, opções sexuais — e isso fazer algum sentido em um filme? O fato de todos os personagens morarem em um único prédio é um elemento absolutamente crucial para evitar o folclórico, a simples diversão, a caricatura. Limita as escolhas do diretor, que se atém a uma espécie de "pré-montagem" já oferecida pelo lugar onde escolheu filmar, e não vai procurar no prédio ao lado personagens mais carismáticos ou com um perfil mais típico.

O Master, sim, é típico de Copacabana. Há muitos outros iguais a ele, como indicam as imagens finais, em que vemos as janelas do edifício vizinho. Nesse filme, portanto, Coutinho se deu ao luxo de incluir personagens com graus de interesse variados, alguns até bastante óbvios, mas que funcionam juntos — e muito bem — em um documentário que aborda justamente a multiplicidade de experiências em um edifício de apartamentos de uma grande cidade. Para obter esse resultado, o filme teve que reunir muitos personagens e ser necessariamente longo.

Mas como organizar essa diversidade, evitando conotações ou elos indevidos entre os depoimentos? Não havia nada que justificasse a inclusão de um personagem antes ou depois do outro. Coutinho queria evitar os princípios da dramaturgia tradicional: um personagem forte e um fraco, uma cena triste e outra alegre, um jovem e um velho. "Não podia ficar mecânico." A opção foi seguir a ordem em que os personagens foram filmados, mas de modo radicalmente diferente do que vimos em *Babilônia 2000*, que respeitou a cronologia da filmagem porque a passagem do tempo era fundamental.

Em *Edifício Master*, a ordem de filmagem foi aleatória e seguiu as facilidades de produção, e por isso justamente interessou Coutinho. Mas não era uma "prisão". O diretor fez alterações na ordem quando lhe pareceu necessário, quando ela conotava demais: separou três personagens que cantavam em seqüência, duas senhoras que falavam de suicídio e deslocou o personagem que cantava "My way" do final — ele havia sido o penúltimo a ser gravado — para o meio do filme. Seria "uma chantagem emocional" com o espectador, diz Coutinho, o próprio final dramatúrgico clássico, clichê mesmo, reconfortante, acolhedor, pacificador, em oposição a toda a sua obra. Já a jovem estudante que dá o último depoimento — perguntando a Coutinho "o senhor é quem?", afirmando que é muito difícil pensar no que vai ser na vida e dizendo "não me imagino na verdade nada" —, ao contrário, produz uma fala final que se inscreve plenamente na trajetória de todos os seus filmes. Uma frase aparentemente anódina, que faz eco à convicção do diretor de que é impossível concluir, no sentido de dar um "fechamento", não apenas a um documentário como também a um personagem.

O isolamento e a diversidade dos personagens de *Edifício Master* fizeram com que a dimensão polifônica já presente na obra de Coutinho se manifestasse com muito mais força neste filme. A multiplicidade de vozes e de pontos de vista não se inscreve, como nos documentários anteriores, em um campo social comum, muito pelo contrário. Morar em um prédio não faz "comunidade"; nenhum morador diz "nós", como vimos na favela, onde apesar de todas as diferenças há coesão social e uma oposição central entre morro e asfalto. Em *Edifício Master*, o espaço comum dos encontros se acha efetivamente arruinado.

O filme evoca um texto de Borges que fala de "uma certa enciclopédia chinesa", que divide os animais em: a) pertencentes ao Imperador; b) embalsamados; c) domesticados; d) leitões; e) sereias; f) fabulosos; g) cães em liberdade; h) incluídos na presente classificação; i) que se agitam como loucos; j) inumeráveis; k) desenhados com um pincel muito fino de pêlo de camelo; l) etc.; m) que acabam de quebrar a bilha; n) que de longe parecem moscas".[9] Nessa classificação, o único fio de ligação é a ordem alfabética. No prédio, o que liga os moradores entre si, na maior parte dos casos, é unicamente a ordem numérica dos apartamentos e dos andares. A trajetória de vida da costureira aposentada não cruza em nenhum momento com a da garota de programa ou da jovem que foi expulsa de casa pelo pai alemão porque ficou grávida. Embora sejamos todos evidentemente marcados pelas condições históricas em que nos encontramos, cada personagem traz consigo condições sociais específicas, expressa uma situação particular. E o filme acompanha o personagem na direção proposta, sem jamais torná-lo "objeto" — o que é fundamental para os efeitos que o documentário produz.

Do mesmo modo que não há imagem alguma do exterior do prédio, os moradores do Master não são vistos "de fora"; deles não é dada uma visão integral e fechada, eles não possuem uma identidade estável, não são exemplos de uma determinada realidade. O que assistimos é, antes, ao modo como elaboram o ponto de vista sobre si mesmos e sobre o que os cerca. Já vimos em *Santo Forte* uma primeira abordagem desse movimento de tornar o entrevistado sujeito, e não objeto de um filme. Vimos também como isso foi uma questão presente para os documentaristas brasileiros a partir dos anos 60 e as estratégias utilizadas por Coutinho para fazer filmes com os outros, e não sobre os outros. Aqui, porém, podemos desenvolver um pouco mais a idéia, pois se na favela poderíamos supor uma simpatia mais imediata do cineasta e indiretamente do espectador pelos personagens pobres — "o sal da terra" —, a situação no Master se modifica, e a adesão é menos evidente. Há casos em que os personagens caminham em direção oposta àquela que imaginamos ser a do diretor, como Maria Pia, a empregada doméstica espanhola que defende sem constrangimentos a inexistência da pobreza no Brasil e a lógica do patrão: "Não existe pobreza, isso é da cabeça das pessoas, é palhaçada, que pobreza nada ..."

Esse pensamento é tão difícil de compartilhar quanto aqueles proferidos pelo protagonista de *Theodorico, Imperador do Sertão*. E é por isso que esse pequeno documentário realizado para o *Globo Repórter* em 1978 já anunciava claramente uma postura que seria constante e crucial em toda a obra de Coutinho: não julgar o outro, não objetivar o entrevistado. A posição fica mais clara aos nossos olhos justamente quando ele, em princípio, não concorda com o que está sendo dito. "É só querer trabalhar, rapaz! Lido com os pobres há 40 anos, eles mentem, você nem sabe como eles fazem..." Coutinho, a sua maneira, estimula a entrevistada a desenvolver a lógica interna do que está dizendo: "Mas são preguiçosos?", pergunta, sem qualquer entonação de reprovação ou desacordo. São pequenas intervenções que levam a personagem a elaborar melhor o seu ponto de vista, que emerge necessariamente

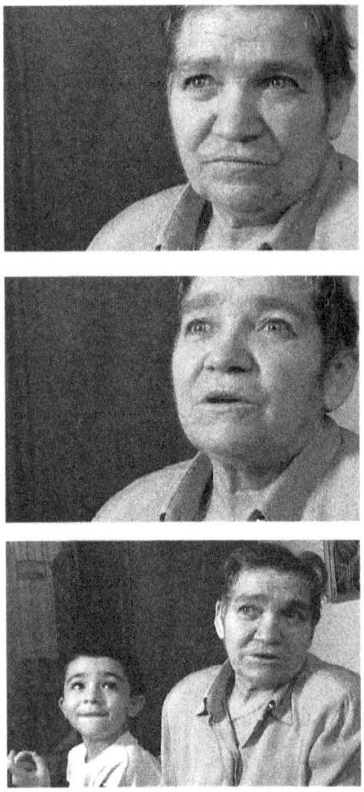

Maria Pia, empregada doméstica, ao lado do neto: "Não existe pobreza, isso é da cabeça das pessoas."

na interação com o cineasta. "Preguiçosos, não querem trabalhar. Não gostam, porque nem para buscar remédio nos postos eles vão. E se a gente dá o remédio, eles esquecem de tomar. Esquecem!", diz Maria Pia.

É esse tipo de procedimento artístico, freqüente no cinema de Coutinho, que Mikhail Bakhtin define como "polifônico" — conceito que cria a partir da análise da obra de Dostoiévski. Nesse "novo modelo artístico do mundo" definido por Bakhtin, o autor não é mais o centro do mundo, e a obra não expressa mais unicamente seu campo de visão e sua concepção de mundo. O autor não está nem acima nem abaixo de seus personagens, mas em uma intensa negociação narrativa, na qual os personagens também exercem suas próprias forças. Não são "escravos destituídos de voz", mas "gente livre, capaz de postar-se ao lado de seu criador, capaz de não concordar com ele e até rebelar-se contra ele".[10]

Além disso, Maria Pia não está no filme apenas para dizer isso; essa não é a sua "verdade" única e exclusiva. Fala também da sua vinda da Espanha sozinha, aos 17anos, do esforço de toda uma vida para criar e formar os filhos, da economia que fez do seu salário mínimo, que lhe permitiu voltar à Espanha. Exprime carinho pelo neto que está ao lado, fala com tristeza da situação de separação do filho. Em outros termos, o filme não fornece dela uma imagem fixa, a mesma do começo ao final da conversa, mas uma imagem em movimento, complexa, contraditória. No que ela conta, não nos cabe julgar, mas tentar entender os motivos que a levam a pensar assim, sem que sejamos cúmplices de suas idéias. E compreender que, se estivéssemos no seu lugar e tivéssemos a sua história, talvez fôssemos e pensássemos como ela.

Há portanto uma dimensão inteiramente ativa nesse método de se relacionar com os personagens, criando uma unidade inusitada, distante de qualquer suposta neutralidade ou rejeição do ponto de vista do autor. Trata-se, antes, de uma relação original, extremamente difícil, entre sua concepção de mundo e a dos seus personagens.

Ser ou não ser visto

"Eu sei que pode ser feio, mas muitas vezes fico contente quando subo ou desço no elevador sozinha, ... porque sei que não vou ter que ver nem ser vista", afirma Daniela, professora de inglês, exprimindo em seu depoimento — um dos mais longos e fortes do filme — uma atitude corriqueira da vida em uma grande cidade: a reserva como forma de autopreservação. O contato com as pessoas lhe é difícil, quase não consegue olhar para o diretor. "Eu tenho esse problema, só forço a barra quando vou a uma entrevista de trabalho." Problema que ela define como "neurose e sociofobia", agravado pela "aglomeração típica do vaivém em Copacabana". "Eu não sei se são pessoas demais, ou calçadas muito estreitas, ou uma fusão desagradável dos dois elementos."

Para não sucumbir a esse excesso de estímulos, Daniela impõe reserva, um comportamento até mesmo antipático, que pode ser "feio", mas é fundamental para sua sobrevivência. Naquilo que diz, discorre sobre o que a envenena na vida urbana, mas revela também o que a fortalece, sua "válvula de escape": a pintura e a poesia. Mostra para o diretor uma tela, *A floresta do meu desespero*: "São os olhares que colocam a selva de pedra como um lugar em que há muita paranóia, muita invasão, em que de alguma forma parece que estamos sempre sendo assistidos. Esteticamente é ridículo, mas eu não ligo, porque não tenho pretensão, e isso aqui no dia foi balsâmico, eu resolvi muitas coisas."

Esse depoimento retoma, concentra e explicita quase didaticamente questões fundamentais para o filme e que atravessam em filigrana diversas falas. Solidão, anonimato, visibilidade; reserva, antipatia e até mesmo aversão em relação aos outros, vistas como reações absolutamente necessárias sem as quais a vida na grande cidade se tornaria insuportável.

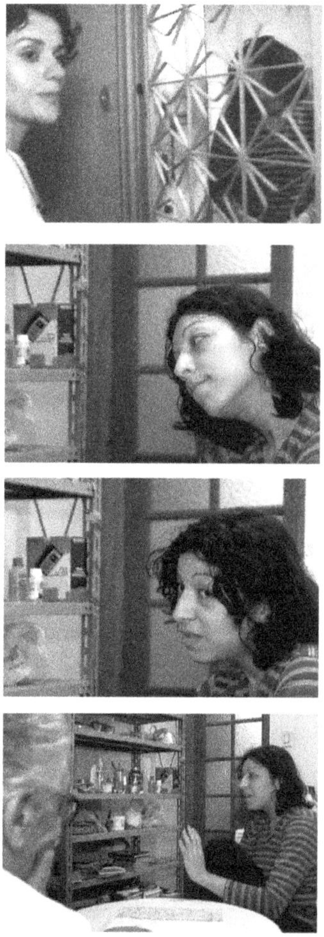

Daniela, que abomina o vaivém de Copacabana, não consegue olhar para o diretor. Diz que tem problemas de "neurose e sociofobia", em um dos melhores depoimentos do filme.

"O que me incomoda é o barulho, conviver com a vida das outras pessoas entrando pelo vão da janela. Copacabana? É aterrorizante. Na grande maioria, eu adoraria matar as pessoas que esbarram em mim, os ambulantes, o caos do trânsito", diz a jovem mãe solteira. "O que me incomoda hoje é que a realidade de Copacabana impregna muito a vida da gente. É demais, pelo amor de

Deus, não digo que males sociais devem ser combatidos, eliminados e tratados. A sociedade não é asséptica, mas é demais. ... É mais a concentração, não é o fato de eles serem diferentes", reclama um dos personagens.

À primeira vista esses comportamentos podem parecer sombrios, desumanos, frios. São no entanto formas legítimas de se defender do que Georg Simmel chama de "perigos típicos da metrópole". Se fôssemos reagir a todos os contatos que temos diariamente em uma grande cidade do mesmo modo como fazemos em um universo menor, ficaríamos fragmentados e chegaríamos a um "estado psíquico inimaginável";[11] completamente indiferentes ou acolhendo sem qualquer discriminação uma multiplicidade de estímulos.

Ao mesmo tempo, apesar de não querer ser vista, da sua sociofobia e do desejo de anonimato, Daniela falou de questões íntimas importantes para o filme, ou seja, para uma exposição pública. De agora em diante será reconhecida no prédio e eventualmente na rua, e ela sabe disso. Estava dormindo quando a equipe chegou. Abriu a porta sonolenta e disse que o problema é "de quem vai assistir", porque "essa é a minha cara". Por que decidiu falar, mesmo ela, que tem tantos problemas? Por que a maioria acaba falando?

As razões por que fazemos ou deixamos de fazer as coisas são sempre múltiplas, e é impossível identificar todas elas. Porém podemos arriscar algumas. Primeiro, a oportunidade de "retomar contato", sair do isolamento, estabelecer, quem sabe, uma nova rede. E para isso os pesquisadores, que ficaram ao todo um mês no prédio, contribuíram, para criar uma relação de afetividade, respeito e interesse que foi reforçada na filmagem. Nesse aspecto, o fato de a equipe não ser conhecida, não pertencer a canal algum de televisão, de o filme levar no mínimo um ano para ficar pronto e de os personagens não saberem muito bem o que é um documentário, tudo faz com que um outro tipo de contato seja estabelecido. Se não evita, pelo menos reduz o desejo excessivo de aparecer e diminui as chances de esse contato gerar a lógica do pior. Um segundo motivo que pode levar os entrevistados a falarem da forma como falam é o fato de sentirem que estão sendo efetivamente ouvidos, e portanto reconhecidos na vida comum. Percebem que não é preciso devassar sua intimidade para interessar os outros.

Para Coutinho, não há impulso mais poderoso no ser humano do que ser escutado e reconhecido, e o filme nos faz perceber isso. O cineasta retoma por conta própria uma reflexão de Pierre Bourdieu a respeito da justificação: "Ninguém pode proclamar verdadeiramente, nem diante dos outros, e muito menos diante de si mesmo, que 'dispensa qualquer justificação'".[12] Querendo ou não, para o bem e para o mal, estamos sempre à mercê do julgamento dos outros. As justificativas que o "mundo social" nos dá e as que nós criamos são instáveis, precárias. Não podemos ser reconhecidos de uma vez por todas: desemprego, crise e insucesso bastam para colocar sob suspeição os méritos do reconhecido. Nesse sentido, é brutal o poder de reconhecimento e legitimação de uma instituição como a mídia, em que basta aparecer para existir.

Há um breve momento na fala de um personagem de *Edifício Master* que aponta para esse movimento de reconhecimento que o próprio filme realiza em relação a seus personagens. É no final da conversa com Antônio Carlos, o gago que não gaguejou, ao relembrar o que o patrão lhe disse quando ele voltou de uma visita à mãe doente. "'Você não precisa me agradecer', eu não esqueço essas palavras, 'porque você não foi porque precisava, você foi porque merecia'." Chora nesse momento de uma forma muito sentida e acrescenta: "Fiquei muito feliz, não sabia que ele tinha por mim, como funcionário, uma consideração tão grande." Esse é um choro que toca pela insignificância da situação e pela pequenez do reconhecimento; é mesmo patético, mas talvez não mais do que os nossos motivos de reconhecimento.

Somos seres "sem razão de ser", contingentes, mortais, e por isso mesmo tomados "pela necessidade de justificação, legitimação, reconhecimento".[13] Contudo, esse ímpeto de ser reconhecido se modifica de acordo com o universo filmado. Na favela, por exemplo, as dificuldades para sobreviver são de tal ordem, que os moradores estão menos disponíveis para as misérias existenciais. Em *Edifício Master*, a experiência da solidão, a insignificância e a perda de sentido de uma existência rondam mais radicalmente o cotidiano. Duas personagens falam em suicídio e uma pessoa se jogou pela janela na véspera de iniciarmos as filmagens. "As histórias do Master parecem ter mais necessidade de serem contadas", diz Coutinho. Essa talvez seja a dimensão mais comovente de *Edifício Master*: o filme justificou, legitimou e singularizou aquelas existências inessenciais, repletas de pequenos dramas, sem grandes eventos, com poucas alegrias e que em princípio não interessavam a ninguém. Deslocou o nosso olhar e nos fez entrar nas particularidades de cada personagem, afastando a indiferença que sentimos em relação ao que é comum nas circunstâncias cotidianas da vida.

Claustrofóbico em muitos momentos, *Edifício Master* não deixa de indicar fissuras e microrresistências, mesmo em um universo tão enclausurado. Para alguns personagens, pode ser a música, a poesia, a pintura: dona Nadir adora cantar e ouvir discos antigos; seu Henrique escuta "My way" dois sábados por mês; o ex-técnico de futebol compõe nas horas vagas; Laudicéia pinta janelas para o mar e muitas vistas de Copacabana; Eugênia faz versos. Para outros, pode ser o namorado ou o companheiro: a jovem que namora um americano; a viúva que arranjou um namorado; o casal que se encontrou por anúncio no jornal.

Seu Henrique escuta a canção "My way" dois sábados por mês. Canta a música diante da câmera.

O próprio filme faz com que esses personagens se abram, apresentando-os uns aos outros, fazendo uma espécie de mediação. Por isso entre os depoimentos não há somente as imagens de controle; há também as da equipe batendo nas portas, entrando nos apartamentos, pedindo a um morador para não fazer barulho, circulando pelo prédio; e uma seqüência no corredor, em que um grupo de mulheres leva um bolo de aniversário a uma amiga. Dessa maneira Coutinho consegue mostrar que, apesar do controle e da domesticação dos novos dispositivos técnico-sociais, não há universos inteiramente fechados nem verdade final sobre os indivíduos, e que sempre haverá uma via de escape. Por caminhos indiretos, *Edifício Master* não deixa também de suscitar no espectador um certo otimismo em relação à vida.

Edifício Master e a mídia: "Dê a sua nota também!"

Edifício Master foi o filme de Coutinho que mais sucesso fez desde *Cabra Marcado para Morrer*. Ganhou o prêmio de melhor documentário no Festival de Gramado, no qual teve sua primeira exibição pública em agosto de 2002. Ficou vários meses em cartaz e atingiu um público de aproximadamente 85 mil espectadores. Desta vez o diretor trabalhou arduamente na divulgação organizada pela Videofilmes: foi a inúmeras entrevistas na televisão (*Programa do Jô*, *Marília Gabriela*, *Vitrine*), participou de vários debates que se seguiram às exibições nas faculdades e em diferentes salas de cinema. A cobertura da mídia foi calorosa, com críticas entusiastas e reportagens variadas em jornais, revistas e programas de televisão, contribuindo decisivamente para o sucesso do filme.

Contudo, parte significativa da mídia apreendeu *Edifício Master* de forma que merece alguns comentários, pois recoloca no final do percurso a tensão do filme com as imagens mediáticas sob um novo ângulo. Uma reportagem é particularmente exemplar do que aconteceu no momento em que o filme entrou no fluxo das imagens e das informações para ser divulgado. A *Revista Programa* do *Jornal do Brasil*, publicada na sexta-feira 22 de novembro, dia em que o filme estreou nas salas do Rio de Janeiro, apresentou a seus leitores uma tabela listando todos os personagens de *Edifício Master*. Colocava ao lado, além de uma pequena definição, notas que avaliavam o que havia de "tocante, curioso ou engraçado" nos relatos. "Dê a sua nota também", dizia a matéria, convidando o leitor a interagir, a participar de uma apreciação que perdia de vista qualquer relação com a crítica de cinema. Assim, Maria Pia, "a espanhola linha-dura", recebeu 8,7. Nadir, "uma senhora feliz com seu teclado", agradou bem menos: 6,3.

Essa tabela constrangedora atingiu em cheio os personagens do filme. Eles ficaram expostos, indefesos, sem direito a qualquer justificação diante de notas que variavam de 5,7 a 9,3. Se as distinções entre ficção e documentário são tênues em muitos filmes, colocadas em questão em vários outros, difíceis e desnecessárias de serem estabelecidas de maneira definitiva, em pelo menos um aspecto há uma diferença radical entre esses dois campos cinematográficos: os personagens do documentário são pessoas reais, com existências reais, uma vida fora do cinema. Tornam-se "personagens" depois de um longo processo em que foram pesquisados, filmados e tiveram sua participação reduzida para alguns minutos durante a montagem. Continuam porém a viver depois do filme, e a imagem que se produz delas pode afetá-las, para o bem ou para o mal.

Coutinho é extremamente sensível a essa dimensão do documentário. Não são poucas as imagens e falas que já deixou de editar para não prejudicar as pessoas que conversaram com ele, embora nada seja garantido. "Estou sempre na corda bamba, nunca tenho certeza se provoquei algo negativo nas pessoas." Por mais cuidado que se tome, não há tampouco como impedir a feitura de uma tabela como essa ou de matérias afins. Não há como controlar o que vai ser dito nem como vai ser dito. O *Fantástico* por exemplo entrevistou os personagens do Master e misturou essas imagens às do filme. A mistura ficou "perfeita", entre outras coisas porque os momentos selecionados eram os que tinham mais apelo, como a fala da garota de programa. Esse tipo de captura não é uma fraqueza do filme, que se mantém intacto. Porém imagens e falas não possuem um antídoto "antimídia", não são imunes a uma reordenação, à edição com imagens de outra natureza.

Por que foi para esse filme que aflorou a idéia de dar notas? Por que não se avaliaram da mesma maneira os personagens pobres de *Babilônia 2000* ou *Santo Forte*? Talvez porque se tenha mais pudor em avaliar os pobres do que as camadas médias da população brasileira. Talvez porque a televisão nos estimule cada vez mais a interagir, avaliando, julgando e por fim participando do processo de exclusão de qualquer reality show.

Os excluídos da imagem têm ao menos o prazer de expelir, expulsar os ex-anônimos das telas da televisão. É nessa lógica do audiovisual que a tabela da revista se insere. Ela retira os personagens do fluxo narrativo do filme, seqüestra-os do lugar em que estavam protegidos, em que suas falas estavam ao lado de outras e faziam sentido justamente por estar no conjunto, e os expõe a um julgamento público. Se o filme utiliza inúmeros procedimentos para desprogramar o que estava previsto, a tabela tenta reprogramar, recolocar "as coisas nos seus devidos lugares". Indiretamente sugere também uma nova montagem, na qual estariam excluídos os oito personagens que tiraram notas abaixo de sete. Uma outra consulta poderia ser feita, seguida de nova montagem, e assim por diante, até chegarmos ao vencedor do reality show *Edifício Master.*

Rindo de quê?

Há também outro aspecto na recepção do filme, desta vez no comportamento do público, que provocou constrangimento em muitos espectadores, explicitado em diversas ocasiões nas quais um debate se seguia à exibição: o fato de se rir muito em diferentes momentos das falas dos personagens. Esse tipo de reação já havia gerado incômodo em *Babilônia 2000*. Em *Edifício Master*, porém, riu-se bem mais. No filme anterior, ria-se dos pobres, o que causava muitas vezes mal-estar, desconforto de quem ri, porque não sabe se deve, ou de quem fica sério em relação a quem ri. Em *Edifício Master*, o riso foi mais exibido, menos culpado, mas não deixou de inquietar. Afinal, do que ou de quem se está rindo? Que humor é esse?

Antes de abordar a questão é preciso lembrar que humor, riso e risível nunca foram dimensões do campo do documentário, uma forma de cinema que se constituiu na década de 1920 em oposição à ficção, ao cinema que simplesmente divertia e ao cinema artístico. O documentário era considerado pelos seus defensores moralmente superior à ficção justamente porque era sério e verdadeiro. Tinha uma "função social" a cumprir, tratava da vida real e de pessoas reais, das quais em princípio não se devia rir. Documentário e pensamento sério se associaram portanto desde muito cedo, e o riso, esse prazer "impuro", foi necessariamente excluído.

A idéia de que o riso nos afasta da verdade e induz ao erro está na base de um julgamento ético que atravessa a história do pensamento desde a Antigüidade. Em Platão, a condenação era radical: tanto o riso quanto o risível eram considerados "prazeres falsos, experimentados pela multidão medíocre de homens privados de razão".[14] Em Aristóteles, o riso era tolerado dentro de certos limites, por ser uma especificidade humana: o homem, dizia, é o único animal que ri. De toda maneira, até pelo menos o século XVIII, o sério e a gravidade coincidiam com a verdade, e, em contrapartida, o não-sério traduzia o espaço do não-verdadeiro. A partir de então, começou a se configurar uma ruptura em direção a uma teoria positiva do riso, que se torna aquilo que pode propiciar outra forma de estar no mundo.

Na abordagem moderna, o riso é a possibilidade de ultrapassar o mundo e o ser que somos. "E que seja tida por nós como falsa toda verdade que não acolheu nenhuma gargalhada", afirma Nietzsche, cuja filosofia tem importância fundamental na afirmação do riso como aquilo que permite ao pensamento sério se desprender dos seus limites e alcançar o "impensável", o que não pode ser pensado. Contudo, embora se atribua ao riso, ao humor, esse estatuto quase redentor do pensamento moderno, ainda estamos impregnados dessa concepção clássica do risível. Alguns campos são mais vulneráveis do que outros, e apesar de todas as modificações que o documentário sofreu ao longo da sua história, ele é ainda especialmente marcado por essa concepção.

Se formos buscar as origens do humor no documentário, veremos que ele acontece primeiramente no cinema-verdade francês, especialmente nos filmes de Jean Rouch baseados na fala do outro, na maior parte dos casos africanos de diferentes países. Tanto nas narrações dos personagens principais, em *Eu, um Negro* (1958) ou *Jaguar* (1967), quanto nas conversas de *Crônica de um Verão* (1960), ou nas peripécias de *Cocorico Monsieur Poulet* (1974), há momentos de muito humor e graça. Essa situação nos permite pensar que o cinema que problematiza as relações entre a imagem e o real, o cinema questionador da própria tradição do documentário é que cria condições para que possam surgir o risível, o riso e o humor. Contrariamente, toda vez que o documentarista quiser produzir uma "boa" representação do real, sempre que quiser captar a "verdade" do mundo e tiver uma "missão" a cumprir, o riso — cuja natureza é complexa e contraditória, que nega e afirma ao mesmo tempo — torna-se pouco confiável e terá poucas chances de emergir.

É durante a fala dos personagens de *Edifício Master* que o riso acontece, mas de forma diferente da que vemos nos filmes de Rouch. O que provoca inquietação é o fato de se estar rindo, em muitos momentos, à revelia de quem fala, sem que os personagens tenham desejado produzir esse efeito ou sequer tenham consciência de que aquilo que dizem é risível. É um humor não provocado por um gesto de direção ou montagem, pensado desde o roteiro, como é o caso de *Ilha das Flores* (1989), de Jorge Furtado — que utiliza ironia e paródia para falar de uma situação grave e ao mesmo tempo colocar em questão convenções do documentário.[15] No *Master*, rimos — alguns mais, outros menos — quando o síndico articula na mesma frase Piaget e Pinochet; quando uma senhora diz que não se matou por causa da C&A; quando outra decide falar "a verdade" do seu casamento diante do marido; quando Daniela explica suas neuroses e novamente quando Maria Pia fala mal dos pobres. Em outros termos, somos nós, espectadores, que percebemos "matéria risível" nas palavras e modos de dizer dos personagens. Rimos de uma troca de letras em uma palavra ("estáuta de bronze"), do ritmo e da entonação de várias falas.

É um riso bom? Regenerador? Malevolente? Preconceituoso? Ele distancia? É possível controlar esse riso e dar a ele uma "boa" direção? Um traço essencial do riso é justamente sua ambivalência, sua ambigüidade: ele pode ter um potencial regenerador e criador de uma desordem libertadora; pode nos fazer ver o mundo com outros olhos; mas também pode ser um riso de superioridade, um rir dos defeitos e fraquezas alheias, reafirmando a ordem estabelecida.

O essencial, me parece, é que *Edifício Master* não propõe o riso como forma de sedução do público. Coutinho jamais faz pacto com o espectador contra o personagem, nem efetua um corte para enfatizar a palavra errada, o pensamento estapafúrdio, o patético, tendo como objetivo produzir humor. Se há esses aspectos nos depoimentos, eles estão sempre associados a outras questões, a outras dimensões do personagem. O cineasta sabe muito bem o que há de risível em muitas falas, dos perigos e da força desse risível — que um certo público vai rir quando ouvir Maria Pia dizer que a pobreza no Brasil é palhaçada, por exemplo. Sabe também que outros espectadores não vão rir, porque pensam da mesma forma que ela.

O que fazer? Dizer a "verdade", que a pobreza no Brasil existe sim, fazer um filme panfletário, dirigido, com uma mensagem específica e clara? Talvez esta seja a única maneira de evitar leituras selvagens recusadas pelo filme, mas que os espectadores insistem em fazer a partir de esquemas próprios de interpretação. Esse tipo de cinema já foi feito, não mudou o mundo nem o pensamento de ninguém, pelo menos da forma como se acreditava.

A aposta do diretor, portanto, é que o potencial de riso existente no filme consiga perturbar certas estabilidades da visão de mundo do espectador — ou pelo menos de alguns espectadores; que ao escutar um personagem dizer orgulhosamente "eu era umas das estáutas de bronze", o espectador ria não apenas da troca de letras — que não deixa de ser engraçada —, mas consiga vislumbrar nessa frase a possibilidade de um mundo diferente do seu, de uma ordem diferente da sua, em que ser uma das estátuas de bronze era importante; e compreenda, nesse movimento, a relatividade de tudo o que existe; que ele ria do ritmo e do jeito de Daniela falar, do modo como ela conta e ao mesmo tempo analisa sua vida — "isso no dia foi balsâmico" —, e que esse riso o aproxime do mundo dela, que talvez não seja muito diferente do nosso; que ele ria da surpresa, do acaso, do inesperado de palavras, frases, exclamações, pensamentos; que esse riso possa ser uma abertura para uma compreensão maior de todos aqueles universos e que ele se inclua no que está rindo; que ele ria também com os personagens e não se limite a rir deles.

Bacon permanece mudo durante a "conversa" com Eduardo Coutinho.

Essa é uma aposta no potencial do riso como aquilo que pode eliminar barreiras, pois a seu modo, intuitivamente ou não, Coutinho sabe o que Bakhtin afirmou em vários textos: "O que é autenticamente grande deve comportar um elemento de riso, caso contrário fica ameaçador, aterrorizante ou grandiloqüente e, em qualquer caso, limitado."[16]

Há somente um momento em *Edifício Master* que me parece problemático, em que o riso do público responde diretamente ao exibicionismo excessivo do entrevistado. Trata-se da conversa de Coutinho com o casal que expõe suas mazelas, Carlos e Maria Regina. Carlos começa dizendo que o casamento vai bem. Ela ri ironicamente e diz ao marido: "Conta a verdade..." Instala-se então no que há de mais terrível em sua vida, desqualifica inteiramente o marido e desfia um rosário de pequenos horrores domésticos — tentativa de suicídio, ciúmes mútuos, impossibilidade da vida em comum — que culmina na formulação que faz para dizer o número de filhos que tem: "Vinte e dois filhos, contando com 15 abortos".[17] É verdade que ela disse coisas bem mais graves que foram cortadas na edição. Contudo, ao contrário dos outros personagens, o desejo dela era se expor da pior maneira possível, agravar uma história de vida já dramática, e talvez por essa razão não devesse estar no filme. Mas esses são riscos inerentes ao trabalho de Eduardo Coutinho, aos quais ele prefere definitivamente se expor, em lugar de construir obras fechadas, sérias, concluídas e com mensagens que caminhem em apenas uma direção.

Notas

1. O edifício Master possui, nessa transformação, características semelhantes àquelas detectadas por Gilberto Velho em pesquisas pioneiras em dois prédios em Copacabana: a primeira, de 1969, sobre o número 200 da rua Barata Ribeiro, edifício que se tornou célebre; e a segunda, de 1970, sobre o edifício Estrela, que deu origem ao livro *Utopia urbana*.

2. Trata-se na verdade da intensificação de um processo de retração da vida pública, cujas origens remontam a meados do século XIX. O domínio público se transformou em um espaço de troca de revelações. A crença contemporânea é de que a aproximação entre pessoas é um bem moral, e a aspiração dominante é desenvolver a personalidade individual, por meio de experiências de aproximação, e não mais de diversidade. Ver Richard Sennett, *O declínio do homem público, as tiranias da intimidade.*

3. Zygmunt Bauman, *Em busca da política*, p.77.

4. Ivana Bentes, "Guerrilha de sofá ou a imagem é o novo capital", 2002.

5. Jean-Louis Comolli,, "Sob o risco do real", p.101.

6. Pierre Bourdieu, «Compreender», p.695-6 e 701. Nesse texto o autor analisa uma série de entrevistas realizada sob sua direção.

7. Eduardo Coutinho, entrevista ao site criticos.com.br

8. Carlos Monsiváis, citado por Canclini, p.179.

9. Citado por Michel Foucault, *As palavras e as coisas.*

10. Mikhail Bakhtin, *Problemas da poética de Dostoiésvki*, p.92. Bakhtin toma emprestado ao campo da música a noção de polifonia, chamando a atenção para o fato de ela ser apenas uma analogia figurada. A relação de Dostoiévski com seus personagens é, para Bakhtin, governada pelo mesmo conjunto de condições que prevalece em todo discurso, e não pode ser, portanto, separada da concepção de linguagem do pensador russo, abordada no capítulo sobre *Santo Forte.* O intenso conflito que há entre a nossa palavra e a do outro em qualquer troca cotidiana aparece também na escrita de Dostoiévski.

11. Georg Simmel, "A metrópole e a vida mental", p.17. A atitude *blasé*, segundo Simmel, seria uma outra forma de autopreservação, na qual "os nervos encontram na recusa a reagir a seus estímulos a última possibilidade de acomodar-se ao conteúdo e à forma da vida metropolitana".

12. Pierre Bourdieu, *Meditações pascalianas*, p.290.

13. Ibid., p.293.

14. As modificações nas relações do riso com o pensamento ao longo da história são extremamente interessantes e fecundas. Retomo, aqui, de uma forma bastante geral, algumas idéias desenvolvidas longamente por Verena Alberti em *O riso e o risível na história do pensamento*, p.45.

15. *Ilha das Flores* integra o que podemos chamar de cinema reflexivo, aquele que desconfia de vez dos poderes de representação da imagem e quer tornar explícitas as convenções do documentário. É um tipo de cinema que afirma a não-autenticidade da imagem e do som e usa com freqüência estratégias como desconstrução, interação, ironia, paródia ou sátira. Na maior parte dos casos, o uso do humor é feito de modo negativo e formal, e o autor se coloca de fora do objeto em questão.

16. Mikhail Bakhtin, *A estética da criação verbal*, p.374. Algumas características que Bakhtin identifica no grotesco do carnaval estão presentes nessa forma de riso que tento identificar aqui. Ver *A cultura popular na Idade Média e no Renascimento, o contexto de François Rabelais.*

17. Cezar Migliorin chama atenção para esse aspecto em "Edifício Master: personagens à deriva", artigo inédito que discute a relação entre a estrutura do filme e a fragilização de alguns de seus personagens.

Peões: adeus à "classe operária"

9

Ao longo dos primeiros meses de 2002, Eduardo Coutinho e João Moreira Salles começaram a dedicar maior atenção ao filme que fariam juntos sobre a eleição presidencial. A iniciativa partiu de Salles, que queria fazer um documentário sobre a campanha política e, ao mesmo tempo, dirigir em parceria com Coutinho. O processo eleitoral vinha a calhar, uma vez que a idéia original era acompanhar os dois candidatos que iriam para o segundo turno — Luiz Inácio Lula da Silva e provavelmente José Serra —, sendo necessários portanto dois diretores. Depois de muitas conversas, Coutinho sugeriu uma alteração: em vez de acompanhar um segundo candidato, filmar os operários do ABC paulista,* companheiros de Lula e que haviam participado das grandes greves nessa região de São Paulo no final dos anos 70. Na verdade, esse era um antigo projeto de Coutinho e que lhe pareceu interessante realizar no momento em que Lula estava prestes a se tornar presidente:

> "Todo fato histórico tem uma dimensão que é cotidiana, das pessoas que estão na massa, se dissolvem na massa. Você pode jogar essa idéia em qualquer quadro histórico: pega, virando 180 graus, um comício do Hitler, com cem mil carinhas: quem são esses caras? Festejos do fim da Segunda Guerra Mundial, e você vê aqueles anônimos; quem eram? O que me interessa é esse lado."

Durante um certo tempo, duas idéias caminharam paralelas: Lula e os operários de São Bernardo do Campo, ou Lula e o candidato que fosse para o segundo turno. Em agosto, um pouco antes do Festival de Gramado, João Salles e Coutinho foram conversar com Lula, e o que ele disse foi decisivo para a escolha da primeira opção: "Ganhando ou perdendo, a minha campanha é histórica; eu só existo e sou o Lula porque existiram as greves do ABC." Aquela era a quarta campanha do candidato, talvez a última. Se tivesse

*Região formada pelos municípios de Santo André, São Bernardo do Campo, São Caetano e Diadema.

perdido, a derrota teria, segundo Coutinho, uma dimensão trágica, a do Brasil que não muda nunca. Seria portanto uma campanha histórica também de outra maneira. Com a decisão tomada, o diretor se concentrou em São Bernardo do Campo e nas trajetórias dos metalúrgicos que participaram das paralisações de 1978, 1979 e 1980;[1] enquanto isso, João Salles acompanhava a campanha de Lula pelo Brasil.

As filmagens de Coutinho e Salles começaram um pouco antes da votação do primeiro turno e se desenrolaram de modo independente — as duas equipes se encontraram apenas uma vez, quando Lula foi fazer um comício em São Bernardo do Campo. No final da campanha, já estava claro para os diretores que havia um excesso de material das duas equipes e que seria necessário fazer no mínimo dois filmes. "O ponto de convergência do que estamos filmando é o Lula, e desse centro saem dois feixes", dizia João Salles às vésperas da votação do segundo turno. "É a mesma coisa contada de duas maneiras diferentes. E cada narração tem a sua autonomia. Você pode assistir a um só filme, mas é melhor assistir aos dois; vai entender mais do fenômeno vendo os dois. Para entender o Lula, tem que entender de onde ele veio."[2]

Ascensão e queda do "operário" no cinema

Em *Edifício Master*, Coutinho colocou em cena personagens das camadas médias da população brasileira que a princípio não interessavam a ninguém, como ele mesmo muitas vezes enfatizou. O tema o atraiu justamente pela ausência de aura daqueles personagens banais, sem qualquer "interesse histórico", impotentes para realizar qualquer mudança social. Em *Peões*, Coutinho dá uma reviravolta nessa posição e se defronta com o que há de mais mítico no cinema político — e no pensamento de esquerda — desde pelo menos os anos 20: o operário, a classe operária, o proletariado urbano, "os modernos trabalhadores assalariados" sobre quem se depositaram, durante boa parte do século XX, as esperanças de um novo mundo, as possibilidades de uma transformação radical da sociedade.

As imagens cinematográficas contribuíram, em vários momentos do século XX, para a construção de um imaginário centrado no embate entre burguesia e proletariado, uma espécie de narrativa clássica repleta de obstáculos, conflitos e etapas a serem cumpridas, mas com um final inevitavelmente feliz: a destruição do capitalismo e a vitória do socialismo. "Proletários de todos os países, uni-vos!". As palavras finais de Marx e Engels no *Manifesto comunista* ganharam o mundo e o cinema engajado, expressando o que havia de mais crucial no processo revolucionário: união, organização e conscientização dos trabalhadores. É esse conselho que Sergei Eisenstein dá aos trabalhadores soviéticos no início de seu primeiro longa metragem, A *Greve* (1924), que inaugurou o "cinema de massas revolucionário" da antiga URSS[3] e fazia do povo o verdadeiro sujeito da história. Nesse filme, que coloca em cena as diferentes etapas de uma greve ocorrida em 1912 e duramente reprimida pela polícia czarista, não há personagens individuais. Os operários formam o herói coletivo, seguindo a teoria da "tipificação" de Eisenstein, em que os atores eram importantes não como indivíduos, mas como "tipos". Foi efetivamente no cinema soviético dos anos 20 que essa narrativa teve seus momentos de maior glória. Mas ela reermergiu com muita força, e também com vários deslocamentos, nos cinemas novos e militantes das décadas de 1960 e 1970.

No Brasil, o operário é personagem raro no cinema até a segunda metade dos anos 70;[4] não foi praticamente abordado pelo Cinema Novo, que privilegiou o camponês ou o nordestino como expressão maior do povo pobre e oprimido. *Viramundo* (1965), de Geraldo Sarno, é uma das exceções e trata das condições de vida e trabalho dos nordestinos que migraram para São Paulo, indo trabalhar na indústria. Foi a mobilização política dos operários do ABC no final dos anos 70 que fez com que o cinema, e particularmente o documental, se voltasse com especial atenção para o mundo operário. Assim, surgiram filmes realizados no calor da hora, inseridos na ação e obedecendo na montagem à cronologia dos fatos, distantes da postura sociológica dos documentários dos anos 60. Eram produções independentes ou ligadas a entidades sindicais que anunciavam novos tempos no contexto político brasileiro e revelavam, nas palavras de Leon Hirszman, "um passo na consciência de classe no Brasil".[5]

Entre as paralisações ocorridas naquele período, a mais filmada foi a de 1979, na verdade a primeira greve de massa desde 1964, mobilizando cerca de 140 mil metalúrgicos. Os principais eventos da greve estão registrados: assembléias, piquetes, confrontos violentos com a polícia, discursos de Lula, o aparato militar deslocado para São Bernardo, prisões, participação ativa da igreja, apoio da sociedade civil, negociações e o final da greve. Há também em alguns filmes imagens do interior da fábrica, da linha de montagem e das condições de vida dos operários. Alguns documentários se limitam, na medida do possível, a acompanhar os acontecimentos e contribuir concretamente para a mobilização dos trabalhadores; outros articulam a greve a um contexto social e político mais amplo, sugerindo justificativas, laços e interpretações. A importância de Lula para a mobilização da categoria é uma questão que atravessa todos eles, com abordagens diferenciadas. Embora muitos operários e o próprio Lula afirmem, depois da intervenção no sindicato, que a greve continuaria com ou sem ele, a força de Lula junto aos trabalhadores para manter a paralisação e imprimir diretrizes ao movimento é nítida em várias seqüências.

A partir da segunda metade dos anos 80, o operário, esse personagem tão simbólico, foi desaparecendo pouco a pouco das imagens documentais, expressando na verdade mudanças nas temáticas das preocupações sociais. Talvez o próprio vídeo de Eduardo Coutinho, *Volta Redonda, Memorial da Greve*, de 1989, seja uma espécie de "canto de cisne" do operariado no documentário brasileiro da década. As diferentes formas de exclusão social começaram a ganhar espaço na produção documental, ao lado de manifestações religiosas, culturais e questões ligadas às minorias. Já a maior parte da produção do cinema ficcional iria abandonar por alguns anos os temas sociais e políticos em favor de uma estética influenciada pela publicidade — que faz da história do cinema, especialmente dos gêneros do cinema norte-americano, um reservatório de formas a serem retomadas, copiadas ou parodiadas à exaustão.

Não foi apenas o cinema, contudo, que deixou de se interessar pelos operários. A condição operária foi sendo gradualmente apagada do imaginário político, cultural e mediático[6] em vários países do mundo ocidental. No Brasil, a presença constante e singular, no cenário político internacional, de Luiz Inácio Lula da Silva e do Partido dos Trabalhadores (PT) nos últimos 20 anos manteve mais vivos os valores da "classe operária" — construídos ao longo de uma luta sindical e política que teve seu momento de maior força na virada da década de 1970.

Coutinho decidiu filmar os operários do ABC em um período no qual eles voltavam a interessar alguns setores da mídia, em função da virtual eleição de Lula à Presidência da República. Este, porém, foi um interesse passageiro, que durou poucos meses e terminou com algumas reportagens depois do resultado do segundo turno. Evidentemente Coutinho não queria abordar "a classe operária", como não o fez com "a classe média", nem camadas sociais em geral. Ele filma pessoas, insiste em dizer; mas os anônimos que queria abordar não eram operários quaisquer, e sim os que estiveram juntos em um combate comum em favor de benefícios coletivos, em uma luta marcada por valores partilhados, como solidariedade e fraternidade. O compromisso mútuo que havia entre essas pessoas não era familiar nem de amizade, mas vinculado a esperanças e interesses coletivos.

Nesse filme o cineasta voltou-se portanto para um universo no qual as fronteiras entre o público (a atividade sindical, a prática política) e o privado (a vida cotidiana) ainda existem — mesmo que, em muitos casos apenas residualmente. Isso é totalmente diferente do mundo de *Edifício Master*, em que problemas sociais e humanos são considerados de "natureza" privada, dizem respeito apenas aos atingidos por eles — o pobre é visto como culpado da sua condição— e devem ser resolvidos de forma individual.

A pesquisa em um campo ampliado

"Ei metalúrgico, você está nessa foto?", dizia uma pequena reportagem do jornal do sindicato de São Bernardo do Campo na edição de setembro de 2002, convidando os operários para uma reunião com a equipe de pesquisa de Eduardo Coutinho. O objetivo do primeiro encontro era mostrar às lideranças do movimento grevista, sindicalistas e pessoas envolvidas nas mobilizações uma seleção de fotografias e imagens de cinco documentários* realizados na época das grandes greves, de modo a tentar identificar personagens para o filme. A tarefa era, desde o início, sabidamente dura, levando em conta a "diáspora" que ocorreu na região.

"De 1979 para cá, sumiram aproximadamente 90 mil postos de trabalho. E muitos operários que foram demitidos nas greves não são mais metalúrgicos", diz Coutinho. Com isso, a produção ficou bem mais complicada e dispendiosa, além de exigir um trabalho intenso dos pesquisadores, que só foi possível em função da ajuda do sindicato, fundamental para a realização do documentário. Ao longo de três semanas a equipe realizou mais duas projeções para reconhecimentos e conversou com cerca de 60 pessoas, na grande maioria mineiros e nordestinos, alguns poucos do interior de São Paulo e do Sul do Brasil.

Seção de reconhecimento organizada pela produção de *Peões*. Eduardo Coutinho explica para ex-líderes sindicais o filme que então começava a realizar.

Desde o início a idéia de Coutinho era filmar pessoas comuns, aqueles que participaram das greves sem ter necessariamente prestígio ou uma militância mais intensa; verificar essa adesão anônima, maciça e firme que havia possibilitado tamanha

---

* São eles ABC *da Greve* (1979/1990) de Leon Hirszman; *Greve de Março* (1979) e *Linha de Montagem* (1982) de Renato Tapajós; *Greve* (1979) de João Batista de Andrade; e ABC *Brasil* (1980) de Sérgio Péo, José Carlos Asbeg e Luiz Arnaldo Campos.

mobilização. Muitos líderes sindicais e militantes mais assíduos foram trabalhar nas prefeituras que o PT conquistou desde a época na região; outros disputaram eleições, tornaram-se parlamentares, "pessoas que, por definição, não podem dar o que você quer, porque têm uma coisa a vender, que é a imagem pública deles, e têm muito a perder", diz Coutinho. "O que um anônimo tem a perder é muito menos".

Muitas vezes foi difícil explicar essa opção a quem teve uma participação importante na greve e queria participar do documentário, "o que era absolutamente legítimo para um filme que contasse a história política e social da greve, mas não era o nosso caso", lembra o diretor. Ele procurou, fora da órbita dos mais conhecidos, saber como haviam se articulado vida pessoal e vida política ao longo do processo e o que acontecera com esses trabalhadores mais de 20 anos depois.

Se as sessões de reconhecimento funcionaram, não foi muito fácil localizar as pessoas identificadas e, em alguns casos, convencê-las a falar. Os contatos deviam ser feitos por telefone, e não diretamente, como no edifício Master ou nas favelas. Isso dificultou inicialmente a relação, conta Cristiana Grumbach, assistente de Coutinho desde *Santo Forte* e coordenadora de uma equipe de quatro pesquisadores (Antônio Venâncio, Cláudia Mesquita, Daniel Coutinho e Leandro Saraiva). Também foi difícil encontrar operários que não estivessem dentro desse universo da militância, trabalhadores que houvessem participado da greve, mas que continuassem a vida longe do sindicato.

Foi necessário então montar uma "estratégia de ataque" e pesquisar bairros habitados essencialmente por metalúrgicos. Nessa procura, a pesquisa descobriu alguns personagens importantes e também uma associação chamada Varzeaalegrense, que reunia moradores de uma pequena cidade no interior do Ceará que migraram para trabalhar na indústria. Era uma associação de ajuda mútua entre conterrâneos e acabou levando Coutinho a colocar em prática sua idéia inicial de filmar, no Nordeste, metalúrgicos aposentados. Assim, pouco antes do segundo turno das eleições presidenciais, a equipe viajou para Várzea Alegre, e ali Coutinho conversou com dez pessoas que tinham trabalhado na região do ABC.

Em *Peões*, portanto, a locação não tinha as características dos filmes anteriores do diretor, nada parecido com uma favela ou um prédio. Tratava-se não apenas da cidade de São Bernardo do Campo, onde a equipe permaneceu por quase 50 dias, mas também de Santo André, São Caetano, Diadema e ainda Várzea Alegre, no Ceará. E o universo de possíveis personagens era imenso: os milhares de operários que participaram das grandes greves. Essa ampliação do campo de pesquisa e filmagem imprimiu efetivas mudanças à metodologia que Coutinho havia utilizado nos seus últimos três documentários. O universo não se limitava pela localização geográfica, e sim pelo fato de os entrevistados terem compartilhado de um momento político importante da história do Brasil, quando a história pessoal de muitos deles se misturou à grande história.

Em outras palavras, o dispositivo de filmagem do diretor, sua forma de abordagem de um universo tão amplo, o "como filmar", não estavam desta vez ligados essencialmente ao presente dos personagens, mas à memória pessoal e coletiva de um determinado grupo social que teve no passado uma experiência comum. Outra estratégia central do dispositivo, e que serviu para dar um recorte e focar um pouco mais a pesquisa, foi buscar pessoas que haviam sido filmadas ou fotografadas, o que foi possível em muitos casos, mas não em todos. "Se fosse uma regra", diz Coutinho, "seria o ideal: só entra no filme quem está em foto ou filme e não é famoso, não é figura pública", mas não houve tempo de pesquisa suficiente. De toda maneira, "um dispositivo que baixa um pouco a bola do filme: ele é apenas uma tentativa de encontrar pessoas 20 anos depois e contar um pouco da trajetória delas."

Este procedimento tem aspectos convergentes com o utilizado por Coutinho em *Cabra Marcado para Morrer*. Naquele filme, o diretor também partia de imagens rodadas 17 anos antes para estimular a memória de um grupo de camponeses com uma experiência política comum no passado. Contudo, as imagens do primeiro *Cabra Marcado* foram geradas em uma experiência incluindo o próprio diretor e interrompida de forma violenta pelos militares em 1964 — o que não era absolutamente o caso das imagens utilizadas em *Peões*. Tampouco foi o caso de tentar resgatar trajetórias com a preocupação histórica existente em *Cabra Marcado*, documentário no qual se inseriram, em vários momentos, informações a respeito dos personagens principais, do contexto político da época, das lutas camponesas no Nordeste e das filmagens de 1964.

Memória coletiva, memória do cinema

As informações existentes em *Peões* são poucas, mas essenciais para que possamos situar as narrativas individuais que compõem o filme. O mundo operário em questão no documentário não tem qualquer origem obscura. Foi gerado em um contexto de mudanças econômicas e políticas que estimulou a industrialização brasileira no final da década de 1950 e a instalação de empresas multinacionais na região do ABC paulista, dando início à produção automobilística no Brasil. Essa é uma informação que o filme nos dá logo no começo,[7] sob a forma de letreiros, seguida de outros marcos importantes: a intervenção nos sindicatos e a restrição radical ao direito de greve com o golpe militar de 1964.

A partir daí, os letreiros se alternam com imagens extraídas de documentários da época das grandes greves: a primeira greve de massa da classe operária depois do golpe, em 1979, quando Luiz Inácio da Silva liderava 140 mil grevistas; a intervenção no sindicato de São Bernardo do Campo e o afastamento da diretoria; a greve de 1980, que parou a indústria automobilística do Brasil por 41 dias; a repressão violenta que se seguiu, além da prisão de Lula e vários dirigentes sindicais; a volta dos metalúrgicos ao trabalho e a demissão de centenas de grevistas. Por fim, o registro do PT na Justiça Eleitoral em 1981, por Luiz Inácio da Silva.

Lula aguarda o momento de falar para os metalúrgicos em greve. Seqüência de *ABC da Greve* (1979-1990), de Leon Hirszman, utilizada por Eduardo Coutinho em *Peões*.

As imagens que entremeiam os letreiros pertencem aos filmes *ABC da Greve* (1979-90), de Leon Hirszman, e *Linha de Montagem* (1982), de Renato Tapajós. Essa dimensão faz com que o documentário de Eduardo Coutinho dialogue não apenas com a memória pessoal e coletiva de um grupo de trabalhadores. Ele interage também com uma certa memória do documentário brasileiro, voltada no final dos anos 70 para as lutas operárias do ABC, que expressavam um momento importante da luta de classes no Brasil. São imagens das assembléias, do entusiasmo de milhares de trabalhadores reunidos, de um confronto com a polícia e com o exército. O mais impressionante nesse prólogo, contudo, é a força de Lula nas assembléias do Paço Municipal e no estádio de Vila Euclides: "Todos vocês sabem o que fazer amanhã de manhã. ... Existe um trabalho a ser feito nos bairros, um trabalho a ser feito nos pontos de ônibus e, o que é mais importante, ninguém ir à porta das fábricas."; ou ainda: "Todos nós sabemos porque estamos em greve. Só não sabe o governo e só não querem saber os empresários. Todos nós sabemos que no mundo inteiro nunca os trabalhadores conseguiram ganhar nada sem que houvesse luta, sem que houvesse perseverança, sem que houvesse disposição de brigar até o fim."

Uma pequena seqüência do então candidato à presidência em uma passeata em São Bernardo, às vésperas do primeiro turno das eleições de 2002, conclui esse trajeto histórico, que Coutinho preferiu apresentar de modo explicitamente lacunar: "Longo demais ficava chato e nunca seria suficiente." É a única imagem de Lula na campanha eleitoral que veremos ao longo do documentário, mas ele estará presente nas imagens do passado e será tema de muitas conversas.

Em seguida surge um plano datado e situado no qual vemos Eduardo Coutinho explicar a um grupo de ex-metalúrgicos o filme que está começando a fazer.

> "Uma parte vai ser a campanha do Lula e a outra parte vai ser as lembranças dos participantes da greve, e preferencialmente os anônimos, os que não ficaram conhecidos. ... e quem apareceu em fotografias ou vídeos daquela época."

Trata-se de uma seqüência que dá notícias das condições de produção do documentário, não mais na voz em off do diretor, como acontece no início de *Babilônia 2000* e *Edifício Master*, mas em imagens captadas durante uma das sessões de reconhecimento organizadas durante a pesquisa e que foram incorporadas ao filme. A qualidade desse material é claramente inferior à do restante do filme, tornando necessária a inserção de legendas na fala do cineasta.

As imagens da equipe, ainda presentes em *Edifício Master*, praticamente desapareceram em *Peões*, mas o que Coutinho mais preza na sua prática documental se mantém, com a inclusão dessa seqüência: explicitar as circunstâncias e a contingência das filmagens; deixar claras, pelo menos em parte, as negociações que precederam o filme. As dificuldades da pesquisa, o foco sobre os anônimos fotografados ou filmados, a forma de identificação, tudo isso pode ser depreendido pelo espectador nessas imagens. "As condições da experiência fazem parte da experiência, essa é a regra", diz o diretor; "nesse filme isso era essencial".

Uma cultura política de novo tipo

Peões nos mostra personagens com participações variadas na mobilização política e diferentes trajetórias ao longo das últimas duas décadas do século XX. Vários foram demitidos por causa das greves e obrigados a procurar outros trabalhos, fazendo o possível para sobreviver. Entre os que conseguiram se aposentar como metalúrgicos, há os que vivem bem, os que vivem modestamente e os que têm de trabalhar em outra atividade para completar a aposentadoria. Duas personagens não eram metalúrgicos, mas participaram ativamente do movimento. Por último, um operário ainda na ativa, mas que só consegue empregos temporários.

O que une esses operários no presente não é o espaço comum da fábrica ou do sindicato, mas uma cultura política — ou fragmentos dela — adquirida na prática, na vivência no interior das fábricas ao longo das grandes mobilizações dos operários do ABC paulista. Nela fica evidente a emergência de um novo sindicalismo no Brasil, forte e independente, que acabou impulsionando a constituição do Partido dos Trabalhadores em 1981. Uma cultura criada pouco a pouco, como reação às condições de trabalho e à má remuneração, e que formou e socializou milhares de trabalhadores pobres e analfabetos, sem qualquer experiência urbana, vindos do campo, da roça, do interior do Brasil durante as décadas de 1960, 1970 e 1980.

Essa cultura é sensível nas imagens dos documentários da época, e por isso Coutinho não se limitou a inseri-las no prólogo. Ao longo do filme e entre vários depoimentos reencontramos essas imagens, que possuem o poder de evocar tanto a memória dos trabalhadores quanto uma certa memória do cinema. Elas envolvem as narrativas individuais e justificam a decisão do diretor de praticamente não incluir imagens de São Bernardo hoje. Coutinho chegou a filmar os locais históricos da cidade, todos vazios: o estádio de Vila Euclides, onde aconteciam assembléias que chegaram a ter 90 mil trabalhadores; a Igreja Matriz para onde foram transferidas as reuniões do sindicato depois da intervenção federal; as fábricas, os locais de piquetes. Mas "o vazio conotava muito", diz o diretor. O filme estaria sugerindo que aquilo que esteve vivo e cheio de calor humano não existia mais, e enfatizava a melancolia natural às imagens do passado. Coutinho filmou também a automação nas fábricas, "imagens impressionantes de robôs trabalhando", mas se recusou a usá-las, porque eram explícitas demais.

As imagens dos filmes em torno das greves estão inseridas no documentário de duas maneiras: ou entram em "tela cheia", como documentos de arquivo, frutos de uma decisão de montagem, ou fazem parte do espaço filmado e aparecem em televisões, nas casas dos personagens. Ao todo, excluindo as do prólogo, há quatro inserções em tela cheia, todas elas centradas em Lula, e quatro "arquivos personalizados", como chama Coutinho.

As cenas de Lula em *Linha de Montagem* são as mais utilizadas. O filme de Renato Tapajós reúne tanto os acontecimentos da greve de 1979 quanto os do movimento de 1980, que fazem integralmente parte da história dos trabalhadores do ABC: além de ter sido produzido pelo próprio sindicato, o documentário é citado por um personagem de *Peões*, que conta como salvou uma cópia do filme da repressão, tirando-o da sede do sindicato escondido em uma sacola. "Tenho muito orgulho de ter salvo o filme, porque era a única história que a gente tinha no momento, e se eles levassem, a gente ia ficar sem história nenhuma, ia ter que voltar à estaca zero."

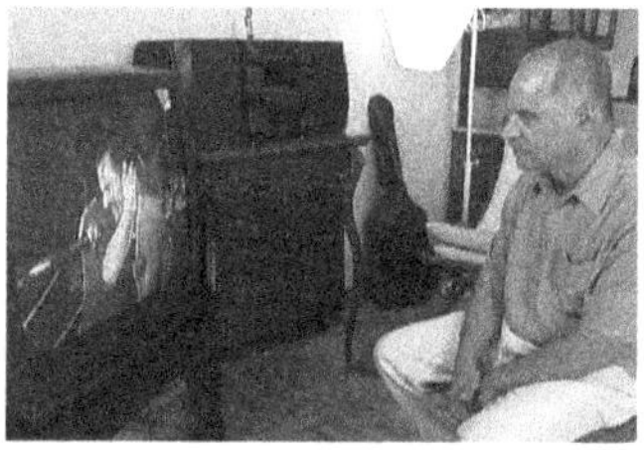

O ex-líder sindical Djalma Bom assiste a uma seqüência do filme *Linha de Montagem* (1982), de Renato Tapajós. Na tela, Djalma canta em um show de apoio aos metalúrgicos na greve de 1979.

O líder e a massa é a cena mais recorrente nas imagens selecionadas por Coutinho. Porém, em um dos quatro "arquivos personalizados", há o trecho de uma entrevista com uma senhora falando sobre as dificuldades do dia-a-dia e dizendo que apóia o marido. Trata-se de uma seqüência de *Greve*, de João Batista de Andrade, o documentário que mais se aproxima de operários que não fazem parte da liderança do movimento — *Linha de Montagem* se concentra basicamente nos discursos dos diretores do sindicato. Em *Greve*, o diretor tenta saber o que fazem alguns operários quando não estão trabalhando. Há contudo uma certa generalização, um esforço em compor "a vida do metalúrgico" e enfatizar a aridez e o esgotamento das condições de trabalho, que não deixam tempo nem energia para mais nada.

Memórias pessoais

Em *Peões*, Coutinho desloca essa abordagem e nos põe diante de uma variedade de vidas operárias, um grande número de práticas políticas, uma multidão de formas de lidar com o trabalho na fábrica — multiplicidade difícil de ser abordada e até mesmo identificada no contexto político do final dos anos 70. De certa maneira, em vez de olhar o mundo a partir de palavras fortemente carregadas — "o operário" por exemplo, mas também, como já vimos, "o camponês", "o favelado", "o catador de lixo", "o classe média", "o crente", essas "grandes noções eternas"[8] utilizadas para dar unidade ao que não tem —, Coutinho faz com que elas implodam e nos apresenta diferentes formas de expressar a condição operária de um determinado grupo. Assistimos, ao longo dessa operação realizada pelo filme, a constituição mútua de uma identidade e de uma memória coletiva e identidades e memórias individuais.[9] Nela, a situação de sofrimento no universo da fábrica — com tarefas

Miguel, que fora operário-padrão e sindicalista destemido, pediu demissão da Volkswagen para abrir um salão de forró que não deu certo.

árduas e regras de convívio penosas entre quem mandava e quem obedecia — convivia com o que Coutinho chama de "ética do trabalho bem-feito", a satisfação de realizar um bom trabalho, saber manusear as máquinas, ter uma competência específica.

"Eu era o melhor torneiro-mecânico da Villares", diz com orgulho seu Antônio, colega de Lula na fábrica que aproveitava sua habilidade no torno e as horas de folga no trabalho para fazer peças de uso doméstico de aço inoxidável. É com o mesmo sentimento que João Chapéu conta o que dizia seu filho pequeno cada vez que via um caminhão da Mercedez Benz passar: "Pai, aquele caminhão tem uma peça que o senhor fez." Um orgulho distante da concepção marxista de alienação do operário em relação ao que ele produz, de que o objeto produzido se opõe ao trabalhador, "lhe é hostil e estrangeiro",[10] não lhe interessa. As reivindicações por melhorias também estavam ligadas a essa ética e a esse orgulho: era possível ser ao mesmo tempo empregado-padrão e sindicalista digno e destemido, como Miguel, que comandou muitos piquetes na greve de 1980, nos quais levou e deu "muita porrada".

Para se aproximar dos seus personagens, Coutinho recusa a transcendência que envolve "o operário", os lugares-comuns do pensamento de esquerda a respeito de sua "missão histórica". Coloca em campo perguntas sobre o cotidiano na fábrica, a relação com as máquinas, a vida afetiva e o envolvimento prático com as paralisações. Deixa de lado as grandes questões e se atém ao concreto, às experiências de cada operário, fazendo com que a dimensão pública da vida deles seja elaborada de forma absolutamente pessoal, sem os clichês da militância política. E constrói dessa forma o que define como "um filme de câmara sobre um tema épico":

> A contradição é fazer um filme de câmara sobre um tema épico. Isto é, tema épico tratado como música de câmara. Tema épico: multidões, Lula presidente, luta de classes, o que seja, e a pessoa está na sua cozinha, na sua sala; e fala, cada um fazendo o seu pequeno solo.

Portanto, essas não são conversas rápidas nas ruas, nos becos das favelas onde moram ou nas portas de fábrica, como vemos em *ABC da Greve* ou *Greve*. Os personagens desfrutam de tempo e sentem confiança ao falar. Tais circunstâncias fazem com que nos deparemos, talvez pela primeira vez no cinema brasileiro, com operários "em carne e osso", politizados, sem dúvida alguma, mas de um jeito que desconhecíamos: "A coisa que eu acho mais bonita é sindicalismo. Eu acho isso uma coisa linda, tirando dançar, quando eu estava no Norte. Dançar e sindicato..."; ou ainda:

> Participei da greve de 1979 como espectadora, porque meu irmão era metalúrgico, o senhor entendeu? E eu já sentia aquele calorzinho de ver o pessoal, sabe? A greve de 1980 foi a melhor coisa que aconteceu para mim, foi um marco, eu vivi essa greve intensamente, foi que nem um parto, porque desde junho a gente já estava preparando.

Antônio Carlos e George: pai e filho orgulhosos de sua condição operária.

A conversa com o aposentado Antônio Carlos revela vários aspectos e nuanças do trabalho operário. Ele está ao lado do filho George, também metalúrgico eletricista. Em uma reportagem do final de 1975, Antônio Carlos previa esse futuro para o filho. "É desmérito? É desmérito?", pergunta a Coutinho, e ele mesmo responde: "Não, pelo contrário, é orgulho." Essa é uma entrevista divertida pela forma como o pai se expressa e concorda com o filho. Este fala, e o pai balança a cabeça, ou repete a palavra ou a pergunta do filho. George fala dos acidentes de trabalho: "Um dos motivos da greve era a falta de respeito pela vida. O próprio Lula, por que ele não tem um dedo?". E o pai repete: "Isso, o próprio Lula, por que ele perdeu um pedaço do dedo?". Ambos mostram as marcas deixadas pelo trabalho duro: "Dói mais na alma do que na pele. ... É um desmerecimento profissional muito grande. ... Poderia ter sido evitado." Antônio Carlos se orgulha também de ter feito 1.056 horas extras para construir uma casa, o que significa dizer que, ao longo de um ano, só teve três dias de folga. "Deu para comprar uma chácara lá na minha terra, projetando minha vida pós-aposentar, e eu me sinto muito satisfeito."

A fábrica não era apenas lugar do encontro face a face, "cheio de som e fúria", entre capital e trabalho. Era "simultaneamente o campo de batalha para a guerra de trincheiras e lar natural para esperanças e sonhos",[11] onde era possível, apesar de tudo, projetar a vida a longo prazo, trabalhar muito e ter uma compensação no futuro. Embora tenha ficado com seqüelas físicas do trabalho na Volkswagen — repetia dormindo os movimentos que fazia no trabalho, lembrando o operário Carlitos em *Tempos Modernos*, que saía da fábrica a repetir os movimentos da linha de montagem —, a aposentada Conceição diz que não pode "falar mal da Volks". Tem um salário que dá para sustentar o filho e a casa, e agradece muito à fábrica. "Muitos não conseguem chegar nem aonde eu cheguei."

Ser metalúrgico era um estado de espírito e "de coração", algo muito especial, que marcou muitas vidas de modo definitivo. Tê lamenta muito ter sido demitida da Villares; se ela tivesse ficado na luta, tem certeza que se teria tornado diretora do sindicato. "Tenho muita identidade com esse pessoal." Mesmo passados 20 anos, durante os quais trabalhou em muita coisa, inclusive como doméstica, faz uma análise elaborada da situação política brasileira: "O Lula está chegando à presidência, e não o PT. A nossa proposta de PT, quando o PT nasceu, era que o partido jamais ia entrar naquela dos políticos convencionais. ... Nós queríamos que quem votasse no PT fosse voto de consciência."

"Eu trabalhava com uma blusa, óculos, avental de lona, era um robô. As calorias queimavam todas", diz a ex-operária Elza. "Mas isso não era duro?", pergunta Coutinho. "Sabe o que é duro? Duro é você pegar peso no sol. Mas isso não é duro para mim, ... você acostuma." Em outras palavras, duro era o trabalho no campo, de onde vieram milhares de operários fugindo da miséria. Conseguir um trabalho em uma fábrica do ABC era deixar o inferno por uma vida possível, a grande oportunidade de mudar de vida. Uma forma de pensar que impõe um outro modo de olhar trabalhos que parecem insuportáveis à primeira vista. E na fábrica havia os companheiros. A frase que Elza mais gosta é a do hino nacional que diz: "Verás que um filho teu não foge à luta". Ela não fugiu à luta; mostra orgulhosa uma foto na revista *Visão*, na qual aparece em uma manifestação.

A atividade sindical foi em inúmeros casos uma verdadeira escola em que eles aprenderam a ser "metalúrgicos" de verdade, a integrar a "classe operária" e compartilhar de uma luta sindical e política que não se limitava ao Brasil. João Chapéu começou a ler no sindicato as histórias dos outros países e viu que o caminho era aquele mesmo: "Eu não me envergonho de dizer que eu sou comunista. Se eu morresse comunista, para mim era um troféu, e não adianta, vou morrer assim." A dedicação à luta em detrimento da vida familiar era recorrente. A esfera pública da vida desses operários se diferenciava da vida privada, mas não deixava de afetá-la, com ganhos e perdas. Muitos não viram os filhos crescer, mas não se arrependem. Deram sua contribuição e sentem orgulho do que fizeram.

João Chapéu se reconhece em imagens de 1979. Acha a coisa mais bonita do mundo dançar e militar no sindicato.

Coutinho inclui no filme duas personagens que não eram operárias, mas foram "contaminadas" por essa cultura na verdade muito forte na região — em São Bernardo, a maioria da população tem pelo menos um parente metalúrgico. Uma delas chama-se Luiza e cuida há 22 anos da cantina do sindicato, experiência que aguçou a combatividade que já tinha. "Eu sou livre, sempre fui. Em tudo: namoro, política, filho, cozinhar, lavar. Tenho minhas mágoas, às vezes choro, xingo, mas sou livre. Saio aí fora, eu sou livre. A minha simpatia é brigar, xingar — eu adoro —, falar palavrão — eu adoro." Luiza metia-se nas conversas dos metalúrgicos e ajudava nas panfletagens. "Toda política do sindicato e do PT passou ali dentro daquela lanchonete, e eu ouvindo." Quando conheceu o marido, ele não trabalhava, limitava-se a dormir. "Nessa época ele dormia bem. Foi metalúrgico depois que me conheceu. Ele queria furar a greve, e a gente brigou muito. Tivemos um grande desentendimento e eu joguei uma pedra nele."

O fim de um mundo[12]

O fato de *Peões* ter sido filmado durante 30 dias seguidos não conta especialmente no filme; a passagem do tempo não provoca alterações no que está sendo filmado. Não sabemos em que ordem os personagens foram gravados, e as movimentações da campanha eleitoral não são questão para eles. No entanto, três momentos do documentário estão datados, e não por acaso são justamente os que conectam o filme com o presente das filmagens e do Brasil. Os dois primeiros, como já vimos, estão no início: a passeata em que vemos Lula às vésperas da eleição do primeiro turno e a reunião com os líderes sindicais para o reconhecimento dos possíveis personagens. A terceira seqüência com data é a entrevista com o último personagem do filme, um operário chamado Geraldo, no dia das eleições do segundo turno.

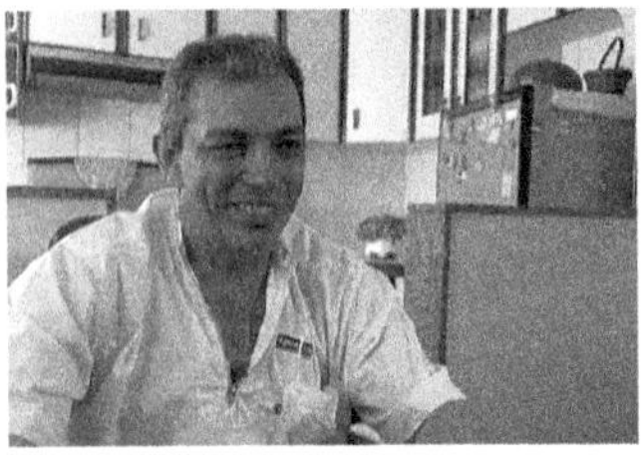

Geraldo, último entrevistado, descreve para Eduardo Coutinho as durezas da vida de peão hoje em dia.

Geraldo trabalha no Paraná e veio a São Bernardo exclusivamente para votar. Com ares de ator de filme italiano, sintetiza em sua fala as durezas e as mudanças da vida do "peão" dos anos 70 e dos "peões" da atualidade. Trabalha agora por contrato temporário, mas nos últimos anos trabalhou pouco; com mais de 40 anos, ficou mais difícil ainda. Diz que não quer que os filhos passem o que passou. Pode até sentir saudades da vida na fábrica, mas dos colegas, e não do trabalho. "É duro, é duro." Em seguida a essa entrevista entram os letreiros dizendo que Lula foi eleito presidente da República no dia 27 de outubro de 2002 com mais de 53 milhões de votos.

O depoimento desse trabalhador que foi companheiro de Lula indica, de uma certa maneira, as condições atuais de vida e trabalho de boa parte da classe operária e se diferencia de quase todos os depoimentos anteriores, que se referem basicamente a uma experiência passada. Ser o último entrevistado é um desses acasos "milagrosos" da prática documental, e ainda mais, um personagem que não fora pesquisado.

"É como se eu tivesse feito o filme todo para chegar no Geraldo. Ele tem uma cara fantástica, uma força, um sofrimento, sem ser autolamentativo."

De fato, o que Geraldo diz aponta para um cotidiano repleto de inseguranças, em que o emprego está cada vez mais difícil. Antes, na fábrica de São Bernardo, era um sofrimento também, mas havia os colegas, a luta e chances de uma resistência firme e organizada — agora pequenas diante das incertezas do emprego temporário e da desregulamentação do trabalho. Sofre-se em solidão e as dificuldades não se acumulam em uma "causa comum". Antes, no "capitalismo pesado", com fábricas gigantescas, grande maquinaria e multidões de operários, "os trabalhadores dependiam do emprego para sua sobrevivência; o capital dependia de empregá-los para a sua reprodução e crescimento".[13] Esse vínculo foi sendo gradualmente corroído pelas novas condições de produção do "capitalismo leve", pós-industrial, automatizado, lembradas por um dos personagens do filme:

> Naquela época saía da Ford, entrava na Coca-Cola, saía da Coca-Cola, entrava na Souza Cruz, saía da Souza Cruz. O emprego corria atrás dos trabalhadores; hoje não, hoje o cara fica desempregado e vai ficar assim durante uns três ou quatro anos. Não tem emprego... Aquele posto de trabalho foi eliminado, uma função que precisava de dez pessoas hoje o computador faz sozinho... Como fazer greve com esse povo aí? Só computador!

Nesse novo mundo, o desfecho foi inteiramente diferente daquele previsto por Marx e Engels no *Manifesto Comunista*: o final feliz dessa narrativa redigida em 1848 coube à burguesia, aos donos do capital, e não ao proletariado unido. Isso não significa absolutamente "o fim da história", mas o fim daquela história, ou o fim da crença de que a história teria um fim com o advento do comunismo. Os donos das fábricas se livraram dessa massa de trabalhadores que "infernizava" a vida deles e de quem dependiam. Seguiram seu rumo bem mais leves, literalmente, nas fábricas, e também do ponto de vista moral, isentos de culpas e responsabilidades, porque afinal de contas não há como "virar a roda da história para trás". Essa é a face contemporânea da dominação. Para cada nova vaga, alguns empregos desaparecem e não há trabalho para todos. A dependência mútua entre capital e trabalho foi unilateralmente rompida, e os trabalhadores ficaram abandonados à própria sorte.

A eleição de Luiz Inácio Lula da Silva para a Presidência da República poderia ser vista como final feliz dessa história. Afinal, Lula só existe porque existiu o ABC. Existe em função do desenvolvimento de uma indústria de ponta, que criou no Brasil condições para o surgimento de uma massa operária mais bem qualificada. Esta massa se uniu, conscientizou, organizou em sindicatos e depois em partido, seguindo as etapas previstas pela teoria da revolução. Contudo, a condição dos operários mudou tão profundamente — e a fala do último personagem é expressiva nesse sentido —, que aquela narrativa política não pôde mais se prolongar da forma como fora prevista. O presente se esquivou, corre em outro lugar, e ela caiu no vazio.

Por isso tudo *Peões* talvez seja o filme mais melancólico de Eduardo Coutinho. Ao mesmo tempo que nos faz vislumbrar uma cultura política que trouxe inúmeros benefícios a milhares de trabalhadores, o documentário nos dá claros indícios de seu enfraquecimento, fragmentação e desvanecimento. Essa cultura surgiu de um conjunto de práticas ligadas a relações de trabalho e relações sociais específicas, e seu desaparecimento atinge mortalmente o imaginário construído em torno da "classe operária". Isso não quer dizer que os operários reais desapareceram, muito pelo contrário. Continuam tão ou mais explorados do que no passado. O que desapareceu foi o horizonte de liberação, o imaginário que fazia desta "a classe verdadeiramente revolucionária", que carregava a esperança e "o futuro em suas mãos".[14] *Peões* nos mostra que o espírito de luta, a consciência política, a disposição de brigar, xingar, apanhar e bater por seus direitos se vinculam a um tempo no qual havia emprego. O trabalho na fábrica unia, enquanto o desemprego divide e deteriora o espírito militante e a participação na política.

É nessa dimensão que reside a melancolia do filme. Não se trata, contudo, de dizer que o regime da fábrica moderna era melhor ou pior do que aquele que tomou gradualmente o seu lugar, pois é em cada um deles que surgem e se confrontam liberações e submissões.[15] Os trabalhadores souberam inventar linhas de fuga e possibilidades de resistência a um regime cruel e degradante — essa é uma constatação do filme, e não um lamento nostálgico. Cabe agora procurar novas armas no interior do que nos acontece, do mundo em nossa volta. *Peões* talvez nos dê dados sensíveis para isso.

Notas

1. Em 1978 houve paralisações parciais no interior das fábricas do ABC paulista, sob severa repressão. Em 1979, os metalúrgicos deflagraram a primeira greve geral da categoria depois de 1964, na forma de uma paralisação fora das fábricas, com piquetes e realização de grandes assembléias. Cerca de 140 mil trabalhadores aderiram ao movimento deflagrado no dia 14 de março de 1979, véspera da posse do general Figueiredo na Presidência da República. A greve foi considerada ilegal, e o Ministério do Trabalho interveio no sindicato, afastando a diretoria. Apesar dos ganhos serem praticamente nulos, os trabalhadores acabaram sendo obrigados a suspender a paralisação em troca do fim da intervenção. A liderança de Lula cresceu imensamente no período. Com uma estrutura bem mais sólida, uma nova greve foi deflagrada em 1980, mobilizando cem mil metalúrgicos durante 41 dias. A paralisação obteve amplo apoio da sociedade civil, e a repressão foi duríssima. Houve nova intervenção no sindicato, com a subseqüente prisão dos líderes do movimento e seu enquadramento na Lei de Segurança Nacional.

2. Entrevista com Eduardo Coutinho e João Moreira Salles, realizada por mim no dia 24 de outubro de 2002, em São Paulo, para o jornal *O Globo*. Embora *Peões* faça parte do projeto que Coutinho realizou em parceria com João Moreira Salles, detenho-me apenas no documentário dirigido por ele, por questões de estrutura, e também porque o filme de João Salles estava em plena edição quando terminei de escrever este capítulo.

3. "A *Greve* é o Outubro do cinema", diz o próprio Eisenstein referindo-se ao mês da vitória da revolução russa e início de uma nova era. O diretor reconhecia nos documentários e filmes de atualidade realizados por Dziga Vertov, os Kino-pravda, alguns procedimentos que havia utilizado em *A Greve*. Mas fazia críticas contundentes e repletas de ironia à prática cinematográfica de Vertov. "Não precisamos de um 'Cine-olho' mas de um 'Cine-punho'. O cinema soviético deve rachar os crânios! ... Rachar os crânios com um 'cine-punho', e aí penetrar até à vitória final...". Sergei Eisenstein, "A propósito de uma aproximação materialista da forma", p.49-55.

4. Para mais informações sobre essa questão, ver Jean-Claude Bernardet, "O intelectual diante do outro em greve", p.155-79, e "Operário, personagem emergente", p.29-47.

5. Citado por Helena Salem, p.249. Eis os principais títulos dessa produção: *Greve de Março* (1979), *Linha de Montagem* (1982) e *Nada Será como Antes* (1985) de Renato Tapajós; *Greve* (1979) e *Trabalhadores:*

Presente! (1979) de João Batista de Andrade; ABC *Brasil* (*1980*) de Sérgio Péo, José Carlos Asbeg e Luiz Arnaldo Campos; *O Sonho não Acabou* (1980) de Cláudio Kahns. *Eles não Usam Black-tie* (1981), de Leon Hirszman, é uma ficção adaptada da peça de Gianfrancesco Guarnieri de 1955; mas o diretor integrou a experiência das filmagens de *ABC da Greve*. Filmado em 1979, o documentário foi finalizado apenas em 1990 pelo fotógrafo do filme, Adrian Cooper.

6. É o que constata Jean-Louis Comolli em "Travail au noir", p.101-20.

7. O filme ainda não estava inteiramente finalizado quando terminei este livro. Havia na verdade uma questão bem precisa em relação ao corte final: inserir ou não a seqüência filmada em Várzea Alegre, no Ceará. Em outras palavras, manter a narrativa apenas em São Bernardo do Campo ou "abrir" para uma outra cidade. Depois de muita discussão com João Moreira Salles, Coutinho decidiu, em dezembro de 2003, inserir a seqüência no início do filme. Assim, o filme começa em Várzea Alegre, com conversas entre o diretor e alguns metalúrgicos aposentados. Começa, segundo Coutinho, "com ressonâncias das grandes greves". Em seguida, há o prólogo histórico. Podem aparecer pequenas diferenças nas falas dos personagens citadas nesse texto em relação ao filme pronto, mas nada que modifique a análise que faço aqui.

8. O historiador Paul Veyne faz uma crítica radical às noções que idealizam práticas singulares, em vez de descrevê-las, e dissimulam contornos diferentes de práticas reais. "Foucault révolutionne l'histoire", p.202-42.

9. Ver esses conceitos de Paul Ricoeur no capítulo 3, a propósito de *Cabra Marcado para Morrer*.

10. Karl Marx, «Le travail aliené», p.58.

11. Zygmunt Bauman, *Modernidade líquida*, p.166-7.

12. Retomo aqui o título de um artigo de Pierre Bourdieu em *A miséria do mundo*, em que o autor analisa aspectos da crise, na França, "de um sindicalismo outrora florescente", com o fechamento de inúmeras fábricas que empregavam grande número de operários, em benefício de pequenas empresas com poucos empregados; essas mudanças que acarretaram demissões em massa, a interrupção da admissão e a deterioração gradual do espírito militante e da participação na política.

13. Zygmunt Bauman, op.cit., p.166. Capitalismo pesado e leve são noções utilizadas por Bauman neste livro.

14. Karl Marx e Friedrich Engels, "O Manifesto Comunista", p.18.

15. É Gilles Deleuze quem faz essa afirmação, ao analisar a passagem das "sociedades disciplinares" para as "sociedades de controle", nas quais a fábrica, que constituía os indivíduos em corpos tanto para os patrões quanto para os empregados, foi substituída pela empresa, que opõe os indivíduos entre si. "Post-Scriptum sobre as sociedades de controle", p.220.

"Qual a razão para querer fazer agora um filme em um distrito rural do Nodeste? Porque eu quero fazer o contrário da cidade grande. Cidade grande é *Peões*, *Master*, *Babilônia* — tudo isso é cidade grande. Agora eu quero voltar para o campo, mas sem tema. Uma vila rural que mal tenha televisão. O meu prazer seria encontrar um núcleo geográfico e fazer um filme inteiramente neste lugar, sem pesquisa e com uma equipe mínima, quatro ou cinco pessoas.

"Não há por que ter um tema. O que é a vida em uma vila? E por que no sertão nordestino? Porque lá a invenção verbal é muito forte. O lugar no Brasil onde se inventa melhor é no sertão. Podia ser também no vale do Jequitinhonha [Minas Gerais].

"Qual é o risco? Pode não dar filme, ficar em vídeo ou ser um média metragem. *Boca de Lixo* não teve pesquisa, mas também não havia investimento de dinheiro. Filmamos os primeiros dois dias e voltamos três meses depois. Havia etapas, enquanto em um projeto como esse, não. Você vai para o Nordeste e não volta mais até acabar o filme.

"De repente vai parar em uma cidadezinha e erra, porque o objeto pode não ser bom. Não é fácil em uma vila dessas as pessoas aceitarem uma equipe. Se há pesquisa, pode-se preparar, escolher antes. Mas chegar com a câmera para filmar é diferente. Acho que podia dar uns telefonemas antes para cidades próximas, ver se tem hotel, estrada de terra, checar uma ou duas cidades com os seus distritos e tentar obter um mínimo de informação. O resto é mapa, mas os mapas não dizem nada. Só no campo você acha a locação, e o distrito é aquela coisa que não tem nem delegacia.

"Uma outra hipótese seria pegar um carro, sair de João Pessoa, na Paraíba, ir até a fronteira com o Ceará e fazer um filme na estrada. São 500, 600 quilômetros de mata agreste, sertão e tal. De repente você vê uma estrada de terra que vai não se sabe para onde, decide entrar e acha um lugar extraordinário. É uma hipótese, mas eu acho dispersiva demais.

"Ou ainda revisitar os lugares clássicos do documentário feito na Paraíba, incluindo uma filmagem coordenada por Mário de Andrade nos anos 30...

"Não é que a pesquisa não seja necessária. É que, em um lugar que é longe, primeiro, você diminui o custo; e segundo, parte para a surpresa total. É o acaso mesmo. Mas o negócio é que você já está no campo, tem um prazo de filmagem, e nesse prazo tem que descobrir as pessoas, criar o filme e filmar. Pode dar certo ou não. Você chega em uma cidade, conversa, pede, liga a câmera no tripé ou na mão.

"A vontade que eu tenho é finalmente usar o tempo morto, filmar uma mulher preparando a comida, trabalhando no pilão, sei lá, e isso durar cinco minutos. Não que eu não pudesse fazer isso na cidade, com momentos repetitivos, que isso também tem. Não é porque estou em uma cidade primitiva, não é isso. É que tenho uma vontade enorme de fazer assim, as pessoas fazendo coisas anódinas mesmo, no pilão, preparando lenha, sem falar. Não se trata de paisagem, é como se fosse uma etnografia do gesto.

"O acaso é fascinante, mas também não o acaso total, porque senão não existe filme. O acaso acontece, mas você o controla, separando o bom acaso do mau, do inútil."

"Outra vontade que tenho é fazer um filme numa cidade dessas e seguir algumas trajetórias: um filho que foi para São Paulo; um personagem que vai viajar; sair atrás dos familiares; se encontrar uma mulher cujo filho está em Rondônia, ir para lá. O filme não acaba, porque toda pessoa leva a outra. Mas não há como orçar isso, não se sabe quanto dinheiro vai ser preciso, quanto tempo a viagem vai durar, não se tem como fazer a produção, só em condições semiprofissionais.

"Esses são filmes que nunca vão receber financiamento, porque não há roteiro possível. Um cineasta pegou uma lista telefônica e fez um filme todo em cima de um sobrenome; outro fez sobre todos os caras que tinham nascido dia 21 de janeiro de 1957, sei lá. Essa é uma forma de limitar um pouco o caos, porque o caos é insuportável, o caos do mundo vira reportagem. O acaso é fascinante, mas também não o acaso total, porque senão não existe filme. O acaso acontece, mas você o controla, separando o bom acaso do mau, do inútil.

"Isso eu falo agora, a seis meses de um projeto possível que em princípio vou realizar, graças ao João [Moreira Salles] e à Videofilmes. Não posso começar agora porque tenho que finalizar Peões. Na verdade, que filme quero fazer? Não existe o 'filme da minha vida'. Até lá posso encontrar um outro dispositivo e realizar algo no Rio de Janeiro, fazer um outro filme, em vez deste rodado no Nordeste — este que na verdade não sei qual é.

"Tudo isso depende da saúde física, da saúde moral, da vontade, enfim, tudo é sempre contingente, tudo é uma possibilidade. Se fosse daqui a um mês. ... Mas daqui a seis meses, eu não sei o que isso pode significar, e é nessa coisa duvidosa que a gente vive. Só sei que será um filme sem pesquisa e em um universo distante, o que torna a filmagem mais irreversível. Ou dá certo ou não dá..."

Fichas técnicas dos filmes comentados neste livro

>> Peões (2004)

(35mm)
Direção: Eduardo Coutinho. *Assistência de direção*: Cristiana Grumbach. *Direção de fotografia e câmera*: Jacques Cheuiche. *Câmera adicional*: Lauro Escorel. *Segunda câmera*: Cristiana Grumbach e Antônio Venâncio. *Som Câmera adicional*: Cristiana Grumbach. *Som direto*: Márcio Câmara. *Montagem*: Jordana Berg. *Pesquisa*: Antônio Venâncio, Cláudia Mesquita, Cristiana Grumbach, Daniel Coutinho e Leandro Saraiva. *Still*: Cristiana Grumbach e Marcio Bredariol. *Direção de produção*: Beth Formaggini. *Produção executiva*: Mauricio Andrade Ramos. *Produção*: Videofilmes.

>> Edifício Master (2002)

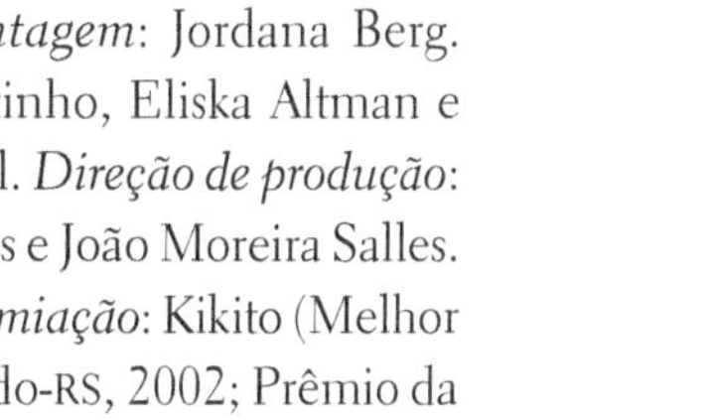

(35mm, 110 min.)
Direção: Eduardo Coutinho, inspirado em uma idéia de Consuelo Lins. *Assistência de direção*: Cristiana Grumbach. *Direção de fotografia e câmera*: Jacques Cheuiche. *Câmeras adicionais*: Cristiana Grumbach, Geraldo Pereira, Marcio Bredariol e Eliska Altman. *Som direto*: Valéria Ferro. *Montagem*: Jordana Berg. *Pesquisa*: Consuelo Lins, Cristiana Grumbach, Daniel Coutinho, Eliska Altman e Geraldo Pereira. *Still*: Cristiana Grumbach e Marcio Bredariol. *Direção de produção*: Beth Formaggini. *Produção executiva*: Mauricio Andrade Ramos e João Moreira Salles. *Produção*: Videofilmes. *Finalização e distribuição*: Riofilme. *Premiação*: Kikito (Melhor Documentário), XXX Festival de Cinema Brasileiro de Gramado-RS, 2002; Prêmio da Crítica (Melhor Documentário), Mostra Internacional de Cinema de São Paulo, 2002.

>> Babilônia 2000 (2001)

(35mm, 80 min.)
Direção: Eduardo Coutinho. *Assistência de direção*: Cristiana Grumbach. *Direção de fotografia*: Jacques Cheuiche. *Câmera*: Jacques Cheuiche, José Rafael Mami-

gonian, Ricardo Mehedff, Sergio Sbragia. *Câmera*: *Som direto*: Paulo Ricardo Nunes e Ivanildo da Silva. *Montagem*: Jordana Berg. *Direção de filmagem*: Consuelo Lins, Eduardo Coutinho, Daniel Coutinho, Geraldo Pereira e Cristiana Grumbach. *Pesquisa*: Consuelo Lins, Cristiana Grumbach, Daniel Coutinho e Geraldo Pereira. *Still*: Zeca Guimarães. *Direção de produção*: Beth Formaggini. *Produção executiva*: João Moreira Salles e Mauricio Andrade Ramos. *Produção associada*: Cristiana Grumbach e Sergio Sbragia. *Produção*: VideoFilmes, Cecip, Donald K. Ranvaud e Eduardo Coutinho. *Apoio*: TV Zero. *Finalização e distribuição*: Riofilme. *Premiação*: Prêmio da Associação Brasileira de Documentaristas – ABD, Festival É Tudo Verdade, 2001; V Festival de Cinema de Recife (Melhor Fotografia e Melhor Som), 2001; Prêmio Associação Paulista de Críticos de Arte – APCA (Melhor Documentário), 2001; II Festival de Cinéma Brésilien de Paris – França (Melhor Filme por voto popular), 2001.

>> Santo Forte (1999)

(35mm, 80 min.)

Direção: Eduardo Coutinho. *Assistência de direção e segunda câmera*: Cristiana Grumbach. *Direção de fotografia e câmera*: Luis Felipe Sá e Fabian Silbert. *Som direto*: Valéria Ferro e Paulo Ricardo Nunes. *Montagem*: Jordana Berg. *Pesquisa e consultoria*: Patrícia Guimarães. *Pesquisa de personagem*: Cristiana Grumbach, Daniel Coutinho, Patrícia Guimarães e Vera Dutra dos Santos. *Direção de produção*: Cláudia Braga. *Produção executiva*: Claudius Ceccon, Dinah Frotté e Elcimar de Oliveira. *Produção de finalização*: Ricardo Mehedff. *Produção*: Cecip. *Apoio*: Itaú Cultural – Rumos Cinema e Vídeo. *Finalização* e *distribuição*: RioFilme. *Premiação*: Prêmio (Finalização de Produção) Office Catholique du Cinéma – OCIC; Prêmio Margarida de Prata, 1999 CNBB; Prêmio Associação Paulista de Críticos de Arte – APCA (Melhor Filme Brasileiro de 1999); Prêmio Especial do Júri, XXVII Festival de Cinema Brasileiro de Gramado, 1999; Prêmio do XXXII Festival de Cinema Brasileiro de Brasília (Melhor Filme, Roteiro, Montagem e Prêmio da Crítica), 1999.

>> Os Romeiros de Padre Cícero (1994)

(vídeo, 38 min.)

Direção: Eduardo Coutinho. *Direção de fotografia*: Mario Ferreira, Nilton Pereira. *Som direto*: Paulo Ricardo Nunes, Alan Schmidtbauer. *Assistência de câmera*: Marcio Bredariol, Francisco Torres. *Edição*: Pablo Pessanha. *Still*: Jarbas de

Oliveira. *Música*: Tim Rescala. *Produção executiva*: Thereza Jessouroun. *Produção*: Cecip, ZDF. *Co-produção*: TV Zero, Ibase, TV Viva, Arte.

>> BOCA DE LIXO (1992)

(vídeo, 50 min.)

Direção: Eduardo Coutinho. *Direção de fotografia*: Breno Silveira. *Fotografia adicional*: Luiz Augusto Tigu, Estevão Pantoja. *Som direto*: Flávio Protásio Ceccon. *Som adicional*: Aloysio Compasso, Antônio Gomes. *Edição*: Pablo Pessanha e Thereza Jessouroun. *Produção executiva*: Thereza Jessouroun. *Produção de campo*: Alvarina Souza Silva. *Música*: Tim Rescala. *Produção*: Cecip. *Finalização*: Iser Vídeo. *Premiação*: Grand Prix V Encontro de Cinema da América Latina de Toulouse (França), 1993; um dos quatro vídeos brasileiros selecionados para o Input – International Network of Public Television, Bristol (Reino Unido), 1993; Vídeo-Fil-Vídeo de Guadalajara, México (Melhor Documentário), 1993; Festival de Leipzig (Prêmio Produção Jornalística), 1993; Margarida de Prata, CNBB (Melhor Documentário), 1993.

>> O FIO DA MEMÓRIA (1991)

(16mm, 115 min.)

Direção: Eduardo Coutinho. *Assistência de direção*: Sérgio Goldenberg. *Direção de fotografia*: Adrian Cooper. *Som direto*: Cristiano Maciel. *Montagem*: Gilberto Santeiro. *Música*: Tim Rescala. *Pesquisa*: Sérgio Goldenberg. *Pesquisa sobre Gabriel Joaquim dos Santos*: Amélia Zaluar. *Produção executiva*: Eduardo Escorel e Lauro Escorel Filho. *Produção*: Fundação de Artes do Estado do Rio de Janeiro – Funarj. *Patrocínio*: Secretaria de Estado da Cultura do Rio de Janeiro. *Co-produção*: Television Española S.A. *Produção associada*: Channel 4, La Sept, Tropicolor INC., E.C.Filmes, Cinefilmes. *Distribuição em vídeo*: Riofilme e Sagres Vídeo. *Premiação*: XX Festival Cinematográfico Internacional de Montevidéu (Melhor Documentário Ibero-Americano), 1992.

>> VOLTA REDONDA - MEMORIAL DA GREVE (1989)

(vídeo, 42 min.)

Direção: Eduardo Coutinho e Sérgio Goldenberg. *Direção de fotografia*: Mário Ferreira. *Assistência de câmera*: Marcondes B. Barbosa. *Fotografia adicional*: Miguel Angel Gomes. *Som direto*: Antônio Gomes. *Edição*: Alice Grisoli Costa. *Narração*: Francisco Milani. *Produção*: Iser Vídeo e Diocese de Volta Redonda.

>> SANTA MARTA, DUAS SEMANAS NO MORRO (1987)
(vídeo, 54 min.)
Direção: Eduardo Coutinho. *Assistência de direção e edição*: Sérgio Goldenberg. *Direção de fotografia*: Breno Silveira. *Fotografia adicional*: Guilherme Fassheber. *Som direto*: Jorge Saldanha. *Som adicional*: Flávio Ceccom. *Assistência de som*: Bruno Fernandes. *Edição*: Pablo Pessanha. *Direção de produção*: Frederico Morais. *Produção executiva*: Breno Kuperman. *Produção*: Iser Vídeo.

>> CABRA MARCADO PRA MORRER (1964-1984)
(35mm, cor, 119 min.)
Direção: Eduardo Coutinho. *Direção de fotografia*: Edgar Moura (1981) e Fernando Duarte (1964). *Assistência de fotografia e segunda câmera*: Nonato Estrela. *Som direto*: Jorge Saldanha. *Montagem*: Eduardo Escorel. *Música*: Rogério Rossini. *Produção executiva*: Zelito Vianna. *Produção associada*: Joaquim Pedro de Andrade e Vladimir Carvalho. *Produção*: Mapa Filmes e Eduardo Coutinho. *Premiação*: Tucano de Ouro (Melhor Filme), Prêmio da Crítica, Prêmio OCIC e Prêmio D. Quixote, I Festival de Cinema, Televisão e Vídeo do Rio de Janeiro – FestRio, 1984; Grande Prêmio, Cinéma du Réel, Festival Internacional do Filme Etnográfico e Sociológico de Paris, 1985; Prêmio do Júri Evangélico, da Crítica Internacional e da Associação Internacional de Cinemas de Arte, XXXV Festival de Berlim, 1985; Golfinho de Ouro do Cinema, Governo do Estado do Rio de Janeiro; Festival do Novo Cinema Latino-Americano de Havana (Melhor Documentário), 1984; Grande Prêmio, Festival Internacional de Cinema de Tróia, Portugal, 1985; Prêmio Especial do Júri, Festival de Salso, Itália; Prêmio Air France (1985).

>> THEODORICO, IMPERADOR DO SERTÃO (1978)
(16mm, cor, 49 min.)
Globo Repórter
Direção: Eduardo Coutinho. *Fotografia*: Dib Luft. *Som direto*: Jair Duarte. *Montagem*: Waldir Barreto e Wilson Bruno. *Produção*: Rede Globo.

Cinebiografia

>> **Eduardo Coutinho** (São Paulo, 1933)

1964 Dirige *Cabra Marcado para Morrer*, cujas filmagens são interrompidas pelo golpe militar.

1965 Co-roteiriza A *Falecida*, de Leon Hirszman.

1966 Dirige um dos episódios do longa-metragem *ABC do Amor: O Pacto* (ficção, 35mm, 30 min.).

1967 Co-roteiriza *Garota de Ipanema*, de Leon Hirszman (ficção, 35mm).

1968 Dirige *O Homem que Comprou o Mundo* (ficção, 35mm, 100 min.).

1971 Dirige *Faustão* (ficção, 35mm, 103 min.).

1973 Co-roteiriza *Os Condenados*, de Zelito Vianna, baseado no romance homônimo de Oswald de Andrade.

1975 Co-roteiriza *Lição de Amor*, de Eduardo Escorel, baseado no romance *Amar, verbo intransitivo*, de Mário de Andrade.

1976 Co-roteiriza *Dona Flor e seus Dois Maridos*, de Bruno Barreto, baseado no romance homônimo de Jorge Amado.

1975-84 Dirige vários documentários em média metragem para o *Globo Repórter* (Rede Globo), entre eles, *Seis Dias em Ouricuri* (1976), *Superstição* (1976), *O Pistoleiro da Serra Talhada* (1977), *Theodorico, Imperador do Sertão* (1978), *Exu, uma Tragédia Sertaneja* (1979), *Portinari, o Menino de Brodósqui* (1980).

1981-4 Retoma as filmagens de *Cabra Marcado para Morrer* e lança o filme em 1984.

1985-86 Dirige um dos programas da série *Caminhos da Sobrevivência*, coordenado por Washington Novaes e exibido na TV Manchete.

1987 Dirige o documentário *Santa Marta, Duas Semanas no Morro* (vídeo, 54 min.).

1988 Roteiriza a série *90 Anos do Cinema Brasileiro* da TV Manchete.

1989 Co-dirige o documentário *Volta Redonda — Memorial da Greve* (vídeo, 39 min.) e dirige *O Jogo da Dívida* (vídeo, 58 min.).

1989-91 Dirige o documentário em longa-metragem *O Fio da Memória*, premiado no festival de Montevidéu.

1992 Dirige o documentário *Boca de Lixo* (vídeo, 50 min.).

1994 Dirige o documentário *Os Romeiros de Padre Cícero* (vídeo, 37 min.).

1995 Dirige *Mulheres no Front* (vídeo, 37 min.).

1996 Dirige *Seis Histórias* (média metragem em vídeo).

1997 Dirige *Casa da Cidadania* (média metragem em vídeo).

1999 Lança o documentário em longa metragem *Santo Forte*.

2001 Lança o documentário em longa metragem *Babilônia 2000*.

2002 Lança o documentário em longa metragem *Edifício Master*.

2004 Lança o documentário em longa metragem *Peões*.

Bibliografia

ARAÚJO, I. "Brasil dos excluídos". Folha Ilustrada, *Folha de S.Paulo*, 6 de outubro de 1992, p.4.

ALBERTI, V. *O riso e o risível na história do pensamento*. Rio de Janeiro: Jorge Zahar/ Editora Fundação Getulio Vargas, 1999.

AVELLAR, J. C. "O homem com a câmera", *Comunicação & Política*, vol.II, n.4, agosto-novembro, 1995.

___. (org.). *O processo do Cinema Novo*. Rio de Janeiro: Aeroplano, 1999.

BAECQUE, A. e C. Delage. *De l'histoire au cinéma* (Col. Histoire du temps présent). Bruxelas : Éditions Complexe, 1998.

BAKHTIN, M. *Problemas da poética de Dostoiévski*. Rio de Janeiro: Forense Universitária, 1977.

____. *O marxismo e a filosofia da linguagem*. São Paulo: Hucitec, 1995.

____. *A cultura popular na Idade Média e no Renascimento: O contexto de François Rabelais*. São Paulo/Brasília, Hucitec, 1999.

____. *A estética da criação verbal*. São Paulo: Martins Fontes, 2000.

BAUMAN, Z. *Em busca da política*. Rio de Janeiro: Jorge Zahar, 2000.

____. *Modernidade líquida*. Rio de Janeiro: Jorge Zahar, 2001.

BAZIN, A. "Luis Buñuel", in ____. *O cinema da crueldade*. São Paulo: Martins Fontes, 1989.

___. *O Cinema: Ensaios*. São Paulo: Brasiliense, 1991.

___. *Orson Welles*. Lisboa: Horizonte, 1991.

BENTES, I. "Guerrilha de sofá ou a imagem é o novo capital". Suplemento Mais!, *Folha de S. Paulo*, 31 de março de 2002.

____. "Estéticas da violência no cinema". *Interseções, Revista de Estudos Interdisciplinares*, Dossiê Cinema & Ciências Sociais, n.1. Rio de Janeiro, Programa de Pós-Graduação em Ciências Sociais, Uerj, 2003.

BERGSON, H. *Les deux sources de la morale et de la religion*. Paris: Quadrige, PUF, 1982.

BERNARDET, J.C. "A voz do outro". In Adauto Novaes (org.). *Anos 70: Cinema*. São Paulo: Europa, 1979-1980.

____. "Operário, personagem emergente". In Adauto Novaes (org.), *Anos 70: Cinema*. São Paulo: Europa, 1979-1980.

____. *O nacional e o popular na cultura brasileira*. São Paulo: Brasiliense, 1983.

____. "Cinema e religião". In Ismail Xavier (org.). *O cinema no século*. Rio de Janeiro: Imago, 1996.

____. "Vitória sobre a lata de lixo da história". Folhetim, *Folha de S. Paulo*, 24 de março de 1985. Anexado à reedição de *Cineastas e imagens do povo*. São Paulo: Companhia das Letras, 2003.
____. *Cineastas e imagens do povo*. São Paulo : Brasiliense, 1985.
____. "Le documentaire". In ____. *Le cinéma brésilien*. Paris : Centre Georges Pompidou,1987, p.165-76.
Bizern, C. (org.). *Cinéma documentaire : Manières de faire, formes de pensée*. Liège: Addoc/Yellow Now, 2002.
Bourdieu, P. (org.). *A miséria do mundo*. Petrópolis: Vozes, 1999.
____. *Meditações pascalianas*. Rio de Janeiro: Bertrand Brasil, 2001.
Canclini, N. G. *Consumidores e cidadãos*. Rio de Janeiro: Editora UFRJ, 1996.
Carvalho, Vladimir. Entrevista a *Cinemais* n.16, *Revista de Cinema e Outras Questões Audiovisuais*. Rio de Janeiro, março/abril 1999, p.23.
Certeau, M. *A invenção do cotidiano: Artes de fazer*. Petrópolis: Vozes, 1996.
Comolli, J. C. "Le détour par le direct", *Cahiers du cinéma*, n.209 e 211, 1969.
____. "Sob o risco do real", "Cinema contra o espetáculo", "Como filmar o inimigo?". *Catálogo do 5º Festival do Filme Documentário e Etnográfico*. Belo Horizonte, novembro de 2001.
____. "Travail au noir". In ____. *Le thème de la parole ouvrière, Images documentaires*, n.37/38, Paris, Associação Images documentaires, 2000.
Coutinho, E. "Un cinéma de dialogue rejeté par la télévision". *Catalogue du cinéma du réel*, Paris, Centre Georges Pompidou, 1992.
____. "O artista precisa ensinar e aprender". Entrevista a Marcos Barros Pinto, Jornal dos Bairros (Ipanema), *O Globo*, 21 de maio de 1984, p.4.
____. "Coutinho: um filme "contra heróis". Entrevista a F. Molica, *O Estado de S. Paulo*, 2 de dezembro de 1984, p.2.
____. "A realidade por quem a faz". Entrevista a Pedro Tinoco, Tribuna Bis, *Tribuna da Imprensa*, 18 de agosto de 1988, p.1.
____. "A cultura do transe". Entrevista a Inácio Araújo e José Geraldo Couto, Mais!, *Folha de S. Paulo*, 28 de novembro de 1999, p.1.
____. Entrevista a José Carlos Avellar, *Cinemais* n.22, *Revista de Cinema e Outras Questões Audiovisuais*, março/abril, 2000.
____. Entrevista a Cláudia Mesquita, *Valor*, 2 de janeiro de 2001, p.9.
____. "A caminho do Nordeste". Entrevista à Ana Maria Galano.
Daney, S. *Devant la recrudescence des vols de sacs à main*. Lyon : Aléas, 1991.
____. *L'exercice a été profitable, Monsieur*. Paris : Pol, 1993.
____. *Persévérance*. Paris : Pol, 1994.
Deleuze, G. *Lógica do sentido*. São Paulo: Perspectiva,1974.
____. *A imagem-tempo, Cinema 2*. São Paulo: Brasiliense, 1990.
____. *Conversações*. São Paulo: Editora 34, 1992.
Deleuze, G. e F. Guattari, *Mil platôs*, vol.2. São Paulo: Editora 34, 2002.
Eisenstein, S. "A propósito de uma aproximação materialista da forma" (1925). *Ciclo de cinema clássico soviético*. Lisboa: Cinemateca Portuguesa/Fundação Calouste Gulbenkian, 1987.

FOUCAULT, M. *O que é um autor?*. Lisboa: Passagens, 1982.

____. *As palavras e as coisas*. São Paulo: Martins Fontes, 1985.

____. "Nietzsche, a genealogia, a história". In Manoel de Barros da Motta (org.). *Ditos e escritos II, Michel Foucault: Arqueologia das ciências e história dos sistemas de pensamento*. Rio de Janeiro: Forense Universitária, 2000.

GERVAISEAU, H. *O abrigo do tempo*. Tese de doutorado. Rio de Janeiro: Escola de Comunicação, UFRJ, 2000.

GODARD, J. L. *Godard par Godard*. Paris: Cahiers du Cinéma, 1985.

GUEDES, J. J. F. *Figuras do real: A história do Brasil na arte do cinema*. Dissertação de mestrado. Rio de Janeiro: Escola de Comunicação,UFRJ, 1994.

GUIMARÃES ROSA, João. *Grande Sertão: veredas*. Rio de Janeiro: Nova Fronteira, 1988.

HARDT, Michael. "A sociedade mundial de controle". In E. Alliez (org.). *Gilles Deleuze: Uma vida filosófica*. São Paulo : Editora 34, 2000.

ISHAGHPOUR, Y. *Cinéma contemporain*. Paris : La Différence, 1986.

LIMA Jr, W. "O cinema 'cúmplice da vida' de Eduardo Coutinho". *Filme Cultura*, n.44, abril-agosto, 1984, p.33-6.

LINS, Consuelo. *Deux voyages à travers l'Amérique: Une approche kaléidoscopique du documentaire*. Tese de doutorado. Paris : Universidade de Paris 3, 1994.

LINS, Consuelo, H. Gervaiseau e A. França. "O cinema como abertura para o mundo: introdução ao pensamento de Serge Daney". In *Cinemais* n.15, *Revista de Cinema e Outras Questões Audiovisuais*, janeiro-fevereiro, 1999.

LUZ, R. *Filme e subjetividade*. Rio de Janeiro: Contracapa, 2002.

NICHOLS, B. *Representing reality*. Indianopolis: Indiana University Press, 1991.

MARX, K. "Le travail aliené". In ____. *Manuscrits de 1844*. Paris: Editions Sociales, 1972, p.58.

MARX, K. e F. Engels. "O Manifesto Comunista". In vários autores, *O Manifesto Comunista 150 anos depois*. São Paulo/Rio de Janeiro: Fundação Perseu Abramo/ Contraponto, 1998.

MATTOS, C.A. *Walter Lima Jr, viver cinema*. Rio de Janeiro: Casa da Palavra, 2002.

MACHADO, A. *Máquina e imaginário, O desafio das poéticas tecnológicas*. São Paulo: Edusp, 1993.

NINEY, F. *L'épreuve du réel à l'écran: Essai sur le principe de réalité à l'écran*. Bruxelas: De Boeck, 2002.

NOVAES, R. "Violência imaginada: João Pedro Teixeira, o camponês no filme de Eduardo Coutinho". *Cadernos de Antropologia e Imagem*, UERJ, ano 2, n.3, 1996.

PACHECO, O. M. C. A. *Sujeito e singularidade: Ensaio sobre a construção da diferença*. Rio de Janeiro: Jorge Zahar, 1996.

PARENTE, A. *Narrativa e modernidade*. Campinas : Papirus, 2000.

PIAULT, M. H. *Anthropologie et cinéma*. Paris: Nathan, 2000.

RAMOS, F. e L. F. Miranda. *Enciclopédia do cinema brasileiro*. São Paulo: Senac, 2000.

ROSSET, C. *O princípio de crueldade*. Rio de Janeiro : Rocco, 1989.

ROUCH, J. "Le vrai et le faux". *Traverses*, n.47 (Ni vrai ni faux). Paris: Centre Georges Pompidou, 1989.

Rouch, J. e E. Morin. *Chronique d'un Été*. Paris: Domaine Cinéma, 1962.

Salem, H. *Leon Hirszman, o navegador das estrelas*. Rio de Janeiro: Artemídia/Rocco, 1997.

Schnaiderman, B. *Turbilhão e semente: Ensaios sobre Dostoiévski e Bakhtin*. São Paulo: Duas Cidades, 1983.

Schwarz, R. "O fio da meada". In ___. *Que horas são? Ensaios*. São Paulo: Companhia das Letras, 1987.

Sennett R. *O declínio do homem público: As tiranias da intimidade*. São Paulo: Companhia das Letras, 2001.

Simmel, G. "A metrópole e a vida mental". In Otávio Velho (org.). *O fenômeno urbano*. Rio de Janeiro: Zahar, 1979.

Sodré, Muniz. *O monopólio da fala*. Petrópolis : Vozes, 1981.

Veyne, P. "Foucault révolutionne l'histoire". In ____. *Comment on écrit l'histoire*. Paris : Seuil, 1978.

Wiseman, F. "Un américain à Saint-Denis". *Cahiers du Cinéma*, n. 567, abril, 2002, p.28.

Xavier, I. *O cinema brasileiro moderno*. São Paulo: Paz e Terra, 2001.

____. *O discurso cinematográfico, opacidade e transparência*. Rio de Janeiro: Paz e Terra, 1984.

Créditos das ilustrações

Arquivo pessoal de Eduardo Coutinho, p.19, 61, 190; *Fotos de Cláudia Sanz*, p.101, 103, 106, 114; *Fotos de Cleumo Segond*, p.79; *Fotos de Cristina Grumbach*, p.149, 167; *Fotos de Edgar Moura*, p.47, 50, 53; *Fotos de Márcio Bredariol*, p.142, 193 (*Edifício Master*); *Fotos de Mário Rocha*, p.36, 37; Fotos de Paulo Martins, p.18; *Fotos de Zeca Guimarães*, p.124, 132, 133.

As imagens não incluídas na lista acima foram reproduzidas diretamente dos filmes de Eduardo Coutinho, e seu uso foi gentilmente autorizado pelos produtores e co-diretores indicados nas fichas técnicas dos filmes (ver p.193ss). As imagens dos filmes *ABC da Greve*, de Leon Hirszman (p.176) e *Linha de Montagem*, de Renato Tapajós (p.179) foram reproduzidas com autorização de Maria Hirszman e Renato Tapajós, respectivamente.

Todos os esforços foram feitos para identificar as fontes das imagens aqui reproduzidas. Estamos prontos a dar os devidos créditos caso se manifestem.

Agradecimentos

Ao Sérgio e ao Joaquim, por tudo.
A Eduardo Coutinho, pela disponibilidade e paciência.

E por motivos diversos e em várias etapas deste livro: a Beatriz Jaguaribe, Beth Formaggini, Bianca Byington, Cezar Migliorin, Cristiana Grumbach, Daniel Garcia, Eduardo Escorel, Flávia Castro, Geraldo Pereira, Irma Hirszman, Ivana Bentes, João Moreira Salles, João Pedro Hirszman, Jordana Berg, José Carlos Avellar, Júlia Mariano, Leilah Landim, Maria Hirszman, Patrícia Silva, Sérgio Flaksman, Sérgio Góes, Sérgio Goldenberg, Raquel Zangrandi.

A Julieta Roitman, que com seriedade e dedicação me ajudou muitíssimo na pesquisa.